上海市精品课程教材

高职高专"十二五"规划教材

上海"十二五"重点图书出版规划项目

连锁经营管理原理

周 勇 冯国珍 主编

图书在版编目(CIP)数据

连锁经营管理原理 / 周勇,冯国珍主编. —上海:立信会计出版社,2011.9(2022.2重印)

高职高专"十二五"规划教材.连锁经营管理系列

ISBN 978-7-5429-3084-2

Ⅰ.①连… Ⅱ.①周… ②冯… Ⅲ.①连锁经营-高等职业教育-教材 Ⅳ.①F717.6

中国版本图书馆 CIP 数据核字(2011)第 185692 号

责任编辑　　赵志梅
封面设计　　周崇文

连锁经营管理原理
LIANSUO JINGYING GUANLI YUANLI

出版发行	立信会计出版社		
地　　址	上海市中山西路 2230 号	邮政编码	200235
电　　话	(021)64411389	传　真	(021)64411325
网　　址	www.lixinaph.com	电子邮箱	lixinaph2019@126.com
网上书店	http://lixin.jd.com		http://lxkjcbs.tmall.com
经　　销	各地新华书店		
印　　刷	江苏凤凰数码印务有限公司		
开　　本	710 毫米×960 毫米	1/16	
印　　张	16.5	插　页	1
字　　数	303 千字		
版　　次	2011 年 9 月第 1 版		
印　　次	2022 年 2 月第 6 次		
书　　号	ISBN 978-7-5429-3084-2/F		
定　　价	38.00 元		

如有印订差错,请与本社联系调换

"连锁经营管理"专业系列教材
编委会

主　任　冯伟国
副主任　乔　刚　曹　静
编　委（以姓氏笔画为序）
　　　　王胜桥　冯国珍　刘　斌
　　　　池丽华　汪　明　沈荣耀
　　　　易艳红　周　勇　郑　蓓
　　　　赵文竹　徐慧群　曹　静

序 Preface

"连锁经营管理"专业是20世纪90年代我国内地商业营运模式发生重大变革、并在上海市首先出现"连锁经营"模式的背景下,由上海商学院于1998年率先创设的、旨在培养商业管理高技能人才的高等教育专业。2001年,该专业获批为上海市第一批高职高专教育教学改革试点专业,当年10月,经上海市教委报教育部批准为全国第二批高职高专改革试点专业。由于该专业在建设过程中首创实质性"产学研"全面结合模式、联手行业专家首创全国连锁企业的行业标准、首创培养"连锁经营"高技能人才的主干课程系列教材以及教学成果被全国有关高校广为应用,继荣获2005年高等教育上海市教学成果一等奖之后又荣获2005年高等教育国家级教学成果二等奖。

随着连锁业态在我国各行各业的广为呈现,其内涵越来越清晰、模式越来越丰富、管理手段越来越先进和高效,有关研究也越来越深入。因此,高等教育必须对社会经济的发展予以及时反映,也应当在研究的基础上预判其发展趋势并通过教育教学和对企业实践的指导做出正确引领。

本教材系列由《连锁经营管理原理》、《连锁店营运管理》、《连锁企业商品管理》、《连锁店开发与设计》、《连锁企业物流与配送管理》、《特许经营原理与实务》、《连锁企业信息管理》和《连锁企业人力资源管理》组成，由上海市人力资源和社会保障局组建的上海商贸类专业理事会秘书长曹静老师领衔的专业教学团队具体开发和提升，其编写具有以下特点：

1. 它基于校企合作、双证融通，彰显出鲜明的高等职业教育属性。上海是全国商业发达城市，志在打造国际贸易中心。根据近年的市场调研，在上海商业从业人员中大专以上文化程度者尚不足20%；目前大专层次的毕业生首次就业对应的职场岗位一般是店长助理、店长或营运助理、部门主管；其对应的职业资格等级证书可以是上海市人力资源与社会保障局颁发的"营业员"（三级），也可以是该局颁发的"营销师"（三级）。为此，根据社会企业对高职毕业生的人才培养规格要求，我们先期做了三项"提升"工作。首先是在集团常务副理事长、上海商学院副院长冯伟国教授主持下完成了《各级各类职业教育协调发展研究》[1]，作为上海市教委委托的《上海市中长期教育改革和发展规划纲要（2010—2020）》重点子课题，明确了职教、普职渗透、双证融通、校企合作、集团化办学、中高职贯通等关键词的内涵，对"协调发展"有了思想理念上的"提升"。其次是在集团理事长、原上海商学院院长方名山研究员的主持下，联手百联集团有限公司等行业专家完成了上海市人力资源与社会保障局委托的"营业员（五级）和营业员（食品）（四、三级）职业提升项目"；"营业员（日用百货、五金建材、家用电器）（四、三级）"职业开发项目；"营销师（三、二、一级）职业开发项目"和"营销师（国际商务）（四、三级）职业提升项目"，在完善和健全商贸类职业资格等级证书内涵上实现了"提升"。然后在上述基础上，完成了有关专业教学方案[2]以及核心课程标准的

---

[1] 2011年荣获上海市第十届教育科学研究二等奖。
[2] 2011年荣获上海市第十届教育科学研究三等奖。

"提升"。进而得以基于校企合作、双证融通，组编体现培养高素质、高技能人才需要的适用教材。

2. 它吸纳了我国近年来连锁经营发展的最新理念和典型案例。连锁经营管理自20世纪90年代在我国内地出现以来，获得了突飞猛进的发展，特别是近10年来，各种零售业态和新型的连锁业种不断涌现，连锁经营管理的侧重点和发展趋势也有了新的变化。行业的迅速发展要求教材也必须不断地进行更新。本系列教材在原有教材第一版和第二版的基础上，进行了较大的调整，将近年来连锁经营发展的最新理念、趋势和典型案例融入其中，联合行业、企业专家，共同进行教材提纲的讨论和教材内容的编写，既兼顾教材必须具备的基础知识原理内容，又具有一定的操作实战内容。

3. 它体现了下衔中职、上接本科的职业教育协调发展的思想，是对国家和上海市中长期教育改革和发展规划纲要精神的贯彻和创新实践。由上海商贸职业教育集团牵头，集聚20多家校企单位、百余名专家学者研制和论证完成了包括"连锁经营管理"专业在内、体现"中高职教育有效衔接"思想的8个商贸大类专业教学方案，对各阶段人才培养规格、对应的职场岗位（群）、对应政府主导的职业资格等级证书（含等级）以及课程体系作了具体规划。同时通过对应用型本科的办学定位和人才培养规格研究和实践，勾勒出本科人才乃至未来向专业硕士人才提升的教育教学发展空间。目前，通过依法自主招生，已经在中职与高职教育的有效衔接、专科层次向应用型本科有效提升等方面开始了实质性的改革实践，本系列教材是这种改革探索的继续，也是这种改革探索的成果固化和推进的必要保证。

课程建设是专业建设的重要内容之一，是专业建设改革的核心，是教学研究的重要平台;教材建设是课程教改的重要内容之一,但由于教材编写总有一定的滞后性,同时教师在使用教材过程中也会有不同的把握和处理,因而对教材的认识也应当有较正确的尺度,即:它既是教材,又是学材;既是教学的依据,又是教学中举一反三的起点;既有既往经验成果的积聚意义,又有未来发展的局限性。而且,在主编负责制的教材编写过程中也难免会有不足和疏漏之处,这些都将在教学实践中逐步完善,同时也希望使用者批评指正。

上海商贸职业教育集团秘书长
上海商学院高等技术学院院长　　乔　刚

2011 年 9 月

前 言
<<< Foreword

现在的学校,都非常强调实践教学,学生也非常希望有实践的机会。实践是一个持续的过程与体系,融于实践、源于实践、高于实践、服务实践,这是实践教学的基本要求。

在学校里学习,还是应该以掌握基本原理与基本方法为主,应变与综合能力,靠的是人的综合素质与实践悟性。关于这一点,现代组织管理之父法约尔早就指出:管理教育并不能让所有优秀的学生成为管理者,技术教育也不能把所有学生造就成为工程师。管理者的能力,绝非是从学校获得的,人们能从学校获得的只是管理知识与管理思想,并不是综合解决问题的管理能力。对学生来说,如果学习之前没有经历过实践的锻炼,还是应该多学一点在实践中学不到、学不深的知识、理论与思想。在学习期间,最重要的还是培养人品与人格的力量,在这方面的缺陷是任何知识与技能都无法弥补的。一个人的成长,一不怕没有知识,二不怕没有经验,三不怕没有背景,最关键的是要培养爱好与兴趣,然后才能由专心与专一达到专业的境界。这正如《论语·雍也》曰:"知之者不如好之者,好之者不如乐之者。"

连锁经营首先是一种组织形式,其次才是经营管理技术,它是"道与术"的有机结合。如果按"10年入门、20年入道、30年入定、40年入化"的发展进程来判断,我国连锁经营还处于"入道"到"入定"的过渡阶段,这也是一个转型过程。

本书共分10章,第一至第五章为原理部分:第一章连锁经营概述,介绍连锁经营的发展过程与运作原理;第二章连锁经营组织体系,介绍连锁经营的主要形式与组织模式;第三章特许经营,介绍特许经营的模式、运作方式与法律规范,是连锁经营组织体系的具体化;第四章连锁经营战略与管理技术,介绍连锁经营战略实施的方式与六项技术;第五章商品经营,介绍连锁企业商品经营理念、商品结构功能性定位原理以及商品的常用分类方法,这是管理技术的延伸。第六至第十章为应用部分:分别介绍了超市连锁、便利店连锁、折扣店连锁、专业店连锁、百货店连锁的基本特征、发展趋势与运作模式。

  本书每章开篇的"学习目标"明确了必须掌握的基本内容,"引导案例"提出了值得关注的实践问题,各章节中的"专栏"反映了行业的发展现状或最新的研究发现与成果,最后部分是"本章小结"、"问题思考"与"实践应用",概括归纳了各章的主要内容,提出可以作为学生课后作业或课堂讨论的问题。

  本书体现了校际合作、校企合作的特色,可作为普通高等院校连锁经营管理、工商管理、市场营销、物流管理等专业的教材,也可以作为商业企业、物流企业、连锁企业等从业人员培训教材或参考书。

  为了方便教学,本书配有教学课件和模拟测试题,其他教学资源可登录连锁经营管理原理课程网站(http://cc.sbs.edu.cn)浏览和下载。

  本书由周勇、冯国珍主编,第十章由胡学庆编写,第一章"3L"部分由朱文敏编写,其余章节由周勇、冯国珍合作编写。在编写过程中,我们参考了许多专家学者的著作,在此对这些著作的作者一并致谢!我们真诚希望与同行们互动交流,不断完善教材内容,并邀请更多的专家学者、职业经理人参与教材修订。我们的联系方式:周勇(fhh915@sina.com),冯国珍(fgz@sbs.edu.cn)。

编 者
2011 年 7 月

目录
<<< Contents

第一章 连锁经营概述 ·········· 1
  学习目标 ·········· 1
  引导案例 ·········· 1
  第一节 连锁经营的发展过程 ·········· 2
  第二节 我国连锁经营的发展 ·········· 7
  第三节 连锁经营的基本特征 ·········· 15
  第四节 连锁经营的"3S"与"3L"原理 ·········· 18
  第五节 连锁经营的基本目标与效应 ·········· 22
  本章小结 ·········· 26
  问题思考 ·········· 27
  实践应用 ·········· 27

第二章 连锁经营组织体系 ·········· 30
  学习目标 ·········· 30
  引导案例 ·········· 30
  第一节 零售业态 ·········· 31
  第二节 连锁经营的类型与适用性 ·········· 39
  第三节 连锁经营组织体系的建立 ·········· 43
  本章小结 ·········· 51
  问题思考 ·········· 52
  实践应用 ·········· 52

第三章 特许经营 ·········· 54
  学习目标 ·········· 54

引导案例 · 54
　　第一节　特许经营的含义与特征 · 55
　　第二节　特许经营的运作方式 · 60
　　第三节　我国特许经营法律规范 · 68
　　本章小结 · 77
　　问题思考 · 78
　　实践应用 · 78

第四章　连锁经营战略与管理技术 · 79
　　学习目标 · 79
　　引导案例 · 79
　　第一节　企业战略概述 · 81
　　第二节　连锁企业营运战略 · 86
　　第三节　连锁企业竞争战略 · 92
　　第四节　零售连锁技术 · 98
　　本章小结 · 108
　　问题思考 · 109
　　实践应用 · 109

第五章　商品经营 · 111
　　学习目标 · 111
　　引导案例 · 111
　　第一节　商品经营理念 · 112
　　第二节　商品结构功能性定位原理 · 118
　　第三节　商品分类 · 121
　　本章小结 · 127
　　问题思考 · 127
　　实践应用 · 128

第六章　超市连锁 · 130
　　学习目标 · 130

引导案例 ··· 130
第一节　连锁超市的业态定位 ·· 131
第二节　连锁超市的分类与基本特征 ···································· 136
第三节　连锁超市的业态创新与发展趋势 ······························ 142
本章小结 ··· 147
问题思考 ··· 147
实践应用 ··· 148

第七章　便利店连锁 ·· 149
学习目标 ··· 149
引导案例 ··· 149
第一节　便利店的发展历史与业态特征 ·································· 150
第二节　便利店发展的影响因素与基本类型 ··························· 156
第三节　我国便利店的发展特点与趋势 ·································· 167
本章小结 ··· 180
问题思考 ··· 181
实践应用 ··· 182

第八章　折扣店连锁 ·· 183
学习目标 ··· 183
引导案例 ··· 183
第一节　折扣店的业态特征与基本类型 ·································· 185
第二节　折扣店的发展趋势 ·· 186
第三节　折扣店的经营之道 ·· 189
本章小结 ··· 192
问题思考 ··· 192
实践应用 ··· 192

第九章　专业店连锁 ·· 193
学习目标 ··· 193
引导案例 ··· 193

第一节 专业店的业态特征与基本分类 ………………………………… 194
第二节 专业店的发展过程及趋势 ……………………………………… 196
第三节 专业店的经营之道 ……………………………………………… 198
本章小结 …………………………………………………………………… 205
问题思考 …………………………………………………………………… 205
实践应用 …………………………………………………………………… 206

第十章 百货店连锁 …………………………………………………… 208

学习目标 …………………………………………………………………… 208
引导案例 …………………………………………………………………… 208
第一节 百货店的发展历史与业态特征 ………………………………… 209
第二节 我国百货店的发展特点与趋势 ………………………………… 212
第三节 购物中心的特征与发展趋势 …………………………………… 217
本章小结 …………………………………………………………………… 221
问题思考 …………………………………………………………………… 222
实践应用 …………………………………………………………………… 222

附录 连锁经营术语(SB/T10465—2008) ………………………… 224

主要参考文献 …………………………………………………………… 249

第一章　连锁经营概述

> 1. 了解连锁经营的发展过程。
> 2. 理解我国连锁经营的发展特点。
> 3. 掌握连锁经营的基本特征。
> 4. 掌握连锁经营的3S原理与3L原理。

连锁商店的兴起被称为零售业的第二次革命,它是一种商业经营体系,是指经营同类商品,又属于同一个企业所有或同一个经营体系控制的商店群。这些被纳入同一经营体系的商店,如同一条锁链相互连接在一起,所以被称为"连锁商店"。每一家连锁分店的经营业务不同程度地受总店的控制,总店负责商店选址、房屋和用具的提供、主要人事的安排和教育,以及采购、保管、配送货、广告等经营管理业务;分店的职责是商品销售并进行有效的现场管理。

【引导案例】

沃尔玛公司——全球最大的连锁零售商

沃尔玛公司由美国零售业的传奇人物山姆·沃尔顿先生于1962年在阿肯色州成立。经过40多年的发展,沃尔玛公司已经成为美国最大的私人雇主和世界上最大的连锁零售商。至2010年4月30日,沃尔玛在全球15个国家开设了超过8 445家商场,其中在美国国内有4 364家,另外4 081家分布在全球14个国家,员工总数210多万人,每周光临沃尔玛的顾客2亿人次。2010财政年度(2009年2月1日至2010年1月31日)销售额达4 050亿美元。2010年,沃尔玛公司再次荣登《财富》杂志世界500强榜首,并在《财富》杂志"2010年最受赞赏企业"调查的零售企业中排名第一。沃尔玛公司于1996年进入中国,在深圳开设了第一家沃尔玛购物广场和山姆会员商店。目前沃尔玛在中国经营多种业态,包括购物广场、山姆会员商店、社区店等,截至2010年8月5日,已经在中国20个省的101个城市开设了189家商场。

沃尔玛公司采用连锁经营的方式将独立、分散的商店联合起来,形成全球最大规模的商业经营体系,并将其"低价销售,保证顾客满意"的经营宗旨贯彻到每一家门店,专注于开好每一家店,服务好每一位顾客。20世纪80年代初,沃尔玛总部建立了自己的商业卫星系统,拥有世界上最庞大的民用数据库。通过计算机屏幕,沃尔玛的管理人员可以随时得知万里之外任何一家分店的运行情况,随时控制商品库存和进货。

资料来源:沃尔玛中国网站。

思考题:

1. 零售企业沃尔玛为什么能够成为世界500强第一?
2. 你认为沃尔玛成功的关键因素是什么?

第一节 连锁经营的发展过程

自19世纪中后期,连锁经营方式在美国产生以来,创造了一系列商业奇迹。它已成为制造业、零售业、服务业等众多行业普遍采用的商业组织模式,并不断向海外拓展,形成了国际化连锁经营的发展趋势。如何应对国际商业巨头全面进入中国市场的竞争格局?这是一个无法回避的问题。

一、连锁经营的起因

连锁商店的起因是商业竞争。大商店为了扩大经营规模,首先建立了由众多直营分店组成的连锁体系,这就对中小型商店造成了很大的威胁。于是,中小型商店最终也走上了自愿联合或加盟连锁经营之路。一般认为,美国是连锁经营的鼻祖。早在1859年,美国大西洋和太平洋茶叶公司(简称A&P)建立了世界上第一家连锁商店。这家公司作为同一资本所有者,在全国各地开办分店,实行统一管理、统一经营。这也是世界上最早的直营连锁经营组织。但美国人却认为,连锁商店最早产生于中国。据《美国文献百科全书》和《美国连锁店百年史》称,早在公元前200年,中国商人就创立了拥有许多分店的店铺,实际上这是连锁商店的萌芽。

直营连锁商店在美国出现以后，于1865年又成立了世界上第一个特许加盟连锁组织，即胜家缝纫机公司（Cinger）。其基本做法是：为扩大其产品的销售，在全美各地设置拥有销售权的特约经销店。这种做法经过近150年的演变，目前已成为全世界普遍采用的一种连锁经营方式。

到了1887年，美国130多家食品零售商为了对抗大型连锁公司的垄断，共同投资兴办了一家联合批发企业，为出资的成员企业服务，实行联购分销、统一管理，但成员企业仍保持各自的独立性。这就是世界上第一家被称为"自由连锁"的商业组织。

连锁经营的出现之所以被称为零售业的革命，其主要原因是它从此改变了商业组织的形式，即由单体店向组合店方向发展。把连锁经营称为"零售业的第二次革命"主要是从时间序列角度来看的；从对整个零售业的实际影响来看，应该把超级市场作为零售业的第二次革命，因为连锁商店直到20世纪50年代以后才进入高速发展时期，而超级市场在30年代就已经出现并对当时的零售业产生了较大的影响。

二、连锁经营的发展阶段

社会生产力水平的提高是推动连锁经营发展的客观条件。连锁经营的发展大体上经历了三个阶段：一是19世纪中后期到20世纪50年代，这是连锁经营的萌芽和成长阶段；二是20世纪50～80年代，这是连锁经营的高速发展阶段；三是20世纪80年代以后，这是连锁经营的全面发展时期。由于各国的生产力发展水平以及特定的历史背景和客观条件不尽相同，所以其具体的发展进程也有一定的差异。例如，美国连锁经营的发展情况大致如下。

（一）第一阶段

从19世纪中后期到20世纪50年代是美国连锁经营发展的第一阶段。这一阶段大致可分为产生、成长、回落三个时期。

1. 产生

（1）区间贸易的发展。19世纪初到60年代这一时期，美国形成了以纽约、新奥尔良和芝加哥作为三个顶点的三角区间贸易系统。

（2）区间贸易的发展推动了地区性专业化生产的发展，促进了地区间产品的交流。

（3）专业化生产推动了美国制造业的发展，使美国产品逐步取代了国内市场上的欧洲产品，最终导致国内贸易额超过了对外贸易额。市场的扩大以及贸易量的增加对流通业提出了新的要求。从规模上讲，大规模生产要求商业的规模也相应地扩大，从商业组织形式来说，工厂制度的建立和市场的急速扩大，迫切要求建立专业的营销人员队伍,并通过专业化管理来获得更高的经济效益。美国的连锁经营正是在这样的背景下产生的。

2. 成长

第一次世界大战以后,美国的连锁经营进入了成长期,连锁经营的销售额占整个零售业销售额的比重从 1919 年的 4% 上升到 1929 年的 25%,到 1930 年,美国已有 11% 的零售机构同连锁组织有联系,连锁经营的食品零售额已占到 32%。

3. 回落

美国的连锁经营在 1930～1950 年的 20 年间进入了一个回落期。其主要原因有三点:

(1) 受 30 年代世界性经济大萧条和第二次世界大战的影响。

(2) 连锁店过度扩张,甚至出现了大量不进行独立核算的商店。因此,在其后对此类商店整顿的过程中,连锁店的数量呈现出削减的趋势。

(3) 由于政府立法上的限制和强有力的"反连锁商店运动"的兴起,形成了对连锁商店不利的局面。

(二) 第二阶段

20 世纪 50～80 年代是美国连锁经营发展的第二阶段。这一阶段,美国的连锁经营获得了高速发展,其原因可归之为以下三个方面。

1. 高速公路网的建成

第二次世界大战后,美国建立了国内高速公路网,货运方式逐步由铁路运输转向了以汽车运输为主,到 1967 年,美国载重汽车有 12%(约 200 万辆)集中在批零商业。70 年代以后,高速集装箱汽车已成为美国主要的运载力量,这便为美国连锁经营网点的跨区域布局创造了条件。

2. 电脑技术的广泛应用

扫描技术、电子出纳设备以及电脑联网系统在连锁经营中的应用,保证了连锁经营的高效率和信息传递的及时性,也为连锁公司实施"统一进货、统一库存、统一组织物流、统一核算、统一经营"提供了可靠的技术保证。

3. 各种业态的兴起

20 世纪 30 年代超级市场创建以后,自我服务的销售技术很快被引入连锁商店,从而出现了超级市场连锁店;50 年代郊区购物中心兴起以后,连锁商店也积极打入购物中心,形成了连锁商店与购物中心相辅相成的局面;当 60 年代初折扣商店迅速发展起来时,一些大型连锁公司又毅然加入这一行列。连锁经营方式与各种业态的兼容,是促成美国连锁经营迅猛发展的一个重要原因。

此外,由于市场商品供应的极大丰富以及竞争的加剧,增加了商品销售的困难程度,迫使许多商业企业趋向联合和集中,并由此带动了特许连锁和自由连锁的进一步发展。

（三）第三阶段

从 20 世纪 80 年代到现在是美国连锁经营发展的第三阶段。这一时期，美国的连锁经营出现了三个明显的趋势。

1. 特许经营

特许经营在 20 世纪 80 年代的迅速发展与政府立法有紧密关系。美国的特许经营在 60 年代曾出现过混乱的局面，于是，在 1971 年，加州设立了特许经营的第一个法规。不久，又有 14 个州也制订了类似的法律规范。1979 年，美国联邦贸易委员会又颁布了 FTC 法规。这些法律规范的一个共同特征是要求特许经营公司向投资者及时提供完整、正确的经营信息。特许经营法律规范的颁布，保障了投资者的利益，也维护了合法正派的连锁经营公司的信誉和合法权益，从而使 80 年代以后的特许经营出现了空前繁荣的景象。

2. 国际化

由于国内市场基本趋向饱和，大型的连锁集团为了寻求新的发展机会，便把连锁业务由本土发展到海外市场，从而出现了国际化连锁经营的趋势。目前，美国大约有 33％的连锁公司有海外机构。这些公司开拓海外市场的主要方式是特许连锁，甚至像杰西潘尼(J. C. Penney)和必胜客(Pizza Hut)之类在国内并没有或已停止发展特许店的公司，也往往采取特许连锁的方式来开拓国际的连锁业务。

3. 全面渗透

20 世纪 80 年代以后，连锁经营方式，尤其是特许经营方式已全面渗透到各个行业、各种业态，如餐厅、旅店、休闲旅游、汽车用品及服务、商业服务、印刷服务、人力中介、管家清洁业、住宅新建及改装、便利商店、洗衣店、教育用品及服务、汽车租赁、机器设备租赁、非食品零售业、健身和美容服务、房地产和经纪等。

三、美国连锁经营的经验和教训

我们曾到美国重点考察了富兰克林(Franklin)、维特汉(White Hen)、施耐普昂(Snap-On)、沃尔玛(Wal-Mart)、卡特尔(Cotter)等不同类型的连锁公司，并与美国里沃福律师事务所、凯克曼律师事务所和安达信会计事务所就美国连锁经营的法律规范问题进行了专题研讨，还访问了美国联邦贸易委员会。通过研讨和考察，对美国的连锁经营有如下认识：

（1）美国实行的是自由的市场经济体制，政府对经济的直接干预很少，主要是通过相当繁杂的市场经济法规来规范市场关系和企业行为。在美国连锁经营的发展过程中，政府并没有采取什么具体政策予以支持，在有关连锁经营的州法规和 FTC 法规颁布以前,美国的连锁经营是自然成长和发展的,所以其经历的时间很长。

(2) 美国连锁经营的法规主要是规范特许经营公司的经营行为,对于公司拥有的连锁商店没有专门的法规,只是把公司拥有的连锁商店视同独立公司,由《公司法》、《反垄断法》、《注册法》等有关经济法规来调节。

(3) 美国制定特许经营法规的基本出发点:一是保护消费者和投资者的合法权益;二是贯彻平等竞争原则;三是在特许经营公司向潜在的投资者提供准确而完整的信息的基础上,让投资者自主地进行决策。

(4) 美国的特许经营曾出现过盲目发展的现象,使投资者遭受了很大的损失,还影响到特许连锁公司的形象。直到政府颁布专项法规以后,特许连锁才逐渐规范。鉴于此原因,美国律师建议中国在发展连锁经营过程中,尤其是在引进国外连锁体系时,应当制定法律规范,以保护投资者与合作者的合法权益。

(5) 特许经营与公司拥有的连锁店经营(即直营连锁)在产权关系、法律关系等方面虽然存在着一定的差异,但有一点是一致的,这就是:连锁公司总部必须为连锁店提供全方位的良好服务。美国的特许连锁公司都十分强调为特许店服务的观点,并认为特许总部与特许店是平等互利的合作关系,而不是上下级之间的等级关系。

(6) 连锁经营的成功与否,关键在于连锁公司总部,其具体的影响因素有四:一是必须有知名度较高的企业形象;二是有专项产品和专业经营技术;三是有一大批专业的经营管理人才;四是有效地应用现代化的管理手段。

(7) 连锁经营需要有较高程度的统一,但也不能一成不变,许多连锁经营公司在发展全国性及国际化连锁经营业务时,往往采取差异化策略,即在不同的地区或国家推出不同的产品和服务。同时,也改变了要求连锁店与总店保持完全一致的观点,而鼓励连锁店有所创新。如麦当劳速食店,开始时只有 5 种产品,即汉堡包、奶酪、薯片、牛奶、汽水,而且都是外卖,连锁店想增加新的食品或改进服务方式是绝对不允许的。但后来,麦当劳公司改变了经营策略,鼓励连锁店创新,从而逐渐改变了传统的方式,变成了如今的餐馆式,其供应品种也大大丰富了,而且地区间有一定的差异(如价格),这样便能更好地适应消费者需求的变化以及满足不同地区消费者的差异性需求。

(8) 特许经营之所以具有较高的成功率,不仅与特许连锁公司向连锁店提供良好的服务有关,而且与投资者私人经营具有较高的经营积极性有关。

(9) 美国的连锁经营大致经历了三代,第一代是以石油产品、汽车等产品销售为特征的连锁经营,第二代是以速食店、便利店、超级市场为标志的连锁经营,第三代是以服务业(除批发、零售以外)为发展重点的连锁经营。石油产品的连锁经营在美国是十分成功的,但也有教训,如今他们意识到犯了一个很大的错误,即只注重把产品卖出去,而没有充分注意到控制服务质量。因此,美孚、埃克森等石油公司认为,对零售的终端服务质量应加强控制。

(10) 连锁经营与消费的多样化存在一定的矛盾,尤其是特许连锁的广泛发展,把市场消费引向单一模式,这对于满足消费者多样化的需求以及发展特色经营存在一定的缺陷。但从另一方面来分析,如果能有效地应用连锁经营,尤其是特许连锁的方式,则能使传统特色迅速得以推广和发展。同时,消费者的基本生活需求也确实存在趋同化的发展。一般来说,产品越是标准化,消费的差异性越是小的领域就越适宜于发展连锁经营。

(11) 从连锁经营的发展模式来看,美国人现在认为,用区域转让的方式来发展特许经营是有效的,如百货商店、超级市场、便利商店以及快餐店、服务店、房地产营业所等可用这种形式来发展。所谓区域转让,就是在某一个地区寻找一个总代理人,然后通过这个代理人再去发展连锁店。

(12) 特许经营的投资者只拥有连锁店的部分所有权(如企业形象、经营技术、专项产品等的最终所有权归连锁公司所有)和一定时期内(如20年)的经营权,他实际上始终是为连锁公司经营,而不是为自己的企业经营。从这一点来看,投资特许连锁店还不如自己创牌开店更有发展前途。所以,特许经营并不是对每一个投资者都适用的。同时,也正是由于这个原因,必须要求特许经营公司向投资者提供完整而准确的信息,并用合同的方式来确立特许经营公司与特许连锁店之间的权利义务关系,以帮助投资者在信息充分、权利义务关系明确的前提下,作出符合自己意愿的投资选择。

第二节 我国连锁经营的发展

我国与发达国家相比,连锁经营的起步较晚,大致是在20世纪80年代末90年代初出现的。其应用领域也比较窄,主要集中于超级市场和便利商店。但由于政府的推动和支持,以及企业的积极响应,出现了快速增长的发展势头,尤其是1994年以后,全国掀起了一股连锁经营的热潮。进入21世纪以后,在我国入世、外资进入的背景下,我国连锁经营出现了急速发展的格局。

一、我国连锁经营的发展过程

我国连锁经营的发展过程,大体可分为两个阶段:第一阶段为我国连锁经营发展的初始期,时间大约在20世纪90年代初期至中期;我国连锁经营发展的第二阶段,即成长期,在时间上从1995年开始至今。

(一) 初始期(20世纪90年代初期至90年代中期)

1986年天津立达集团公司创办了天津立达国际商场,并在国内外组建连锁商店,这是我国最早的具有现代特征的正规连锁企业,但当时连锁经营还只是个别现象,没有普遍意义,连锁经营在我国的真正发展是在20世纪90年代。1990年,广东省东莞市烟酒公司创办了"佳美"连锁超级市场;1991年5月,上海市出现了第一家连锁企业——联华超市商业公司;两年后,上海另一家大型连锁公司华联超市公司的6家分店同时开业;1992年,北京西城区副食品公司创办了"希福"连锁店,到1994年,分店发展到30家以上,年销售额达1.25亿元。随后,"希福"连锁店加盟"好邻居",开创了我国连锁企业间的兼并先河。

1993年年初,我国粮食企业也开始连锁经营的试点。到1995年6月,粮食部门在国内12个大中城市开办的各种形式连锁店1 166个。在餐饮行业,我国第一家快餐连锁企业是1991年由上海新亚集团创办的上海新亚快餐食品股份有限公司,该公司后来成为我国第一家上市连锁企业。同期,一些传统名牌老店也加入连锁行列,如"全聚德"烤鸭店、"狗不理"包子店、"荣华鸡"快餐店等。国际上知名的连锁集团也大举进入中国市场,在北京、上海、广州等大城市相继出现了"麦当劳"、"肯德基"、"马克西姆"、"加州牛肉面"等洋快餐的连锁店。这些连锁店的出现及初期运作的极大成功,带动了我国各地特别是沿海开放城市的商业、服务业连锁经营的全面推广。

这一时期,我国连锁经营的发展呈现以下特征:

(1) 企业规模小,经营优势不显著。连锁经营具有效益"后发性"的特点,初期投入大,随着规模扩大,效益递增,但如果达不到相应的规模,企业很可能亏损。而在当时,除"联华"、"华联"、"希福"等少数几家大店外,大多数连锁公司的平均店数不到10家,达不到国际上公认14个分店的平均水平。

(2) 连锁业态形式单一。一般局限在便民连锁、超市连锁等与群众日常生活消费密切相关的商品经营上,在百货、服务等业态尚未形成规模。

(3) 经营档次低,管理不规范。许多连锁企业由于资金、规模的限制,缺少连锁经营必要的设施配备,如商品配送中心、电子信息查询系统、电子结算系统等。所以,多是在连锁门面上做些文章。据不完全统计,1994年,我国超市经营的商品中实行条码化的不到40%。

(4) 连锁企业尚未形成核心竞争力。连锁经营方式在当时还是一种新生事物,许多优越性很难在它的成长期充分发挥出来。

(二) 成长期(1995年至今)

1995年3月,国务院在上海召开了全国部分省市连锁商业座谈会,李岚清到会作了重要讲话,并指出:连锁经营是我国流通领域的一场革命,发展连锁经营在我国社会主义市场经济体制下具有重要意义和广阔前景。同年 6 月,原国内贸易部在成立了全国连锁店指导小组的基础上,颁布了《全国连锁经营发展规划》,加大政府扶持力度和宏观指导,这标志着连锁经营的发展进入了一个新的阶段。

1995 年以后,我国连锁经营的发展呈现以下特征:

(1) 与百姓日常消费密切相关的零售业、餐饮业的连锁经营成为主导形式,如专业店、超级市场、便利店、正餐业和快餐业。例如,据国家统计局、商务部和中国商业联合会联合发布的 2005 年度中国限额以上连锁零售、连锁餐饮业的经营情况报告,2005 年限额以上连锁零售集团(企业)所属门店中,专业店 54 241 个,占 60%;超级市场和便利店分别占 17% 和 12.4%。专业店销售额达 6 085.9 亿元,占限额以上连锁零售集团(企业)销售额 57%(其中加油站的销售额占 35.6%)。超级市场的销售额达 2 848.8 亿元,占 26.7%,百货商店的销售额达 1 157.2 亿元,占 10.8%。2005 年限额以上连锁正餐业和连锁快餐业门店数合计和营业收入合计分别占限额以上连锁餐饮集团(企业)的 86.8% 和 96.9%,其中正餐业门店数 3 208 个,占 37.7%,营业收入为 190.4 亿元,占 49%;快餐业门店数 4 178 个,占 49.1%,营业收入为 186.3 亿元,占 47.9%。

(2) 连锁经营呈现快速发展态势,行业集中度逐步提高,但发展增势逐渐减缓。2000 年中国连锁业百强企业平均销售额近 10 亿元,比 1999 年 6.4 亿元的平均规模增长 53%,同时每家企业的平均门店数也从 1999 年的 48 个增长到 77 个。2005 年,连锁百强零售额占消费品零售总额的比重首次超过 10%,其中销售额超过 200 亿元的有 5 家,超过 100 亿元的有 19 家。2010 年,连锁百强销售规模达到 1.66 万亿元,同比增长 21.2%,百强企业销售额占到社会消费品零售总额的 11%。2000~2010 年的 11 年中,"连锁百强"的销售规模增幅分别为 53%、48%、52%、45%、39%、42%、25%、21%、18.4%、13.5% 和 21.2%。

(3) 连锁经营向多样化发展。在连锁经营的形态上,发展初期以正规连锁为主,但随着这种经营方式的日益推广,特许连锁快速发展,显示出强大的灵活性和优越性。根据发达国家连锁经营发展的经验,特许连锁是很有发展潜力的形式,一般要占到全部连锁企业的 2/3 以上;在连锁经营的业态、业种上,从较早开展连锁经营的超市、餐饮,到百货店、服装专卖、家电、家居建材装饰以及汽车服务、教育培训、家庭服务等;在连锁经营主体上,国有资本、民营资本、海外资本并存,其中民营资本和海外资本的地位日益增强。

(4) 行业竞争加剧,并购重组成为连锁企业规模扩张的重要形式。随着 2004 年我国零售业的全面开放,"并购重组"成为连锁企业规模扩张的重要方式。例如,2005 年"连锁百强"前 10 位中的内资企业共发生收购活动 14 起,在企业规模增长中占有较大比重。家电企业收购活跃,进入百强的家电企业中,50% 采用了并购手段,共进行 8 次并购活动。2007 年"连锁百强"中发生的主要并购案例包括:北京京客隆入主原首联集团,国美电器收购大中电器,武汉商联集团公司组建成立,沃尔玛获好又多的部分股权,步步高收购益阳爱丽丝等。

总体来看,自 20 世纪 90 年代起,伴随着我国经济体制从计划经济向市场经济的转轨过程,在短短的二十余年时间,连锁经营方式得到了突飞猛进的发展,并对中国流通领域产生了巨大的影响,并正在打破中国流通业的传统格局,掌握流通的主导权和话语权。

二、中国连锁百强的发展现状

根据中国连锁经营协会《2010 年度行业发展状况调查》显示,"中国连锁百强"销售规模达到 1.66 万亿元,同比增长 21.2%,增幅高出社会消费品零售总额 2.8 个百分点。百强企业门店总数达到 15 万个,同比增长 9.8%。百强企业销售额占到社会消费品零售总额的 11%,与上年基本持平。苏宁电器集团以 1 562 亿元的销售规模位居中国连锁百强榜首,国美电器、百联集团有限公司、大商集团有限公司、华润万家有限公司分别以 1 549 亿元、1037 亿元、862 亿元、718 亿元的销售业绩排名第二至第五位。百强最后一名的销售额为 22 亿元,比上年提高 37%。2010 年中国连锁百强前十强如表 1 - 1 所示。

表 1 - 1 2010 年中国连锁百强前十强

序号	企 业 名 称	销售规模（万元）	增幅（%）	门店总数（个）	增幅（%）
1	苏宁电器集团	15 622 292	33.5	1 342	41.4
2	国美电器有限公司	*15 490 000	45.0	1 346	15.0
	其中：永乐(中国)电器销售有限公司	890 954	-14.3	60	5.3
	三联商社股份有限公司	101 876	-26.2	6	20.0
3	百联集团有限公司	10 369 291	5.9	5 809	-5.6
	其中：联华超市股份有限公司(含华联)	7 007 723	4.3	5 239	-6.4
	华联集团吉买盛购物中心有限公司	371 436	-5.4	22	0.0
	上海联华快客便利有限公司	184 969	6.2	1 298	0.7
	好美家装潢建材有限公司	165 200	-21.0	14	-41.7
4	大连大商集团有限公司	8 615 769	22.1	170	6.3
5	华润万家有限公司	7 180 000	5.6	3 155	7.8
	其中：苏果超市有限公司	3 682 800	10.8	1 905	2.9
6	康成投资(中国)有限公司(大润发)	5 022 500	24.2	143	18.2
7	家乐福(中国)管理咨询服务有限公司	4 200 000	14.8	182	16.7

(续表)

序号	企 业 名 称	销售规模（万元）	增幅（％）	门店总数（个）	增幅（％）
8	安徽省徽商集团有限公司	4 051 974	17.9	2 915	1.1
	其中：安徽商之都股份有限公司	904 814	24.6	885	－4.6
	安徽省徽商农家福有限公司	265 390	43.9	1 983	3.4
	安徽省徽商红府连锁超市有限责任公司	114 123	12.0	855	－4.3
9	沃尔玛（中国）投资有限公司	＊4 000 000	17.6	219	25.1
10	重庆商社（集团）有限公司	3 821 585	27.2	319	1.9
	其中：重庆百货大楼股份有限公司	2 546 371	15.0	253	4.5

注：① 数字前面带＊为估计值。② 表中所指销售规模包括直营店、加盟店、输出管理的连锁店销售额。③ 销售规模或门店数量以特许加盟为主的企业不列入本表，将纳入之后发布的"2010年特许百强"榜。

通过对2010年"中国连锁百强"的分析可以发现以下状况：

1. 销售规模快速增长

2010年，百强企业的销售规模出现较大幅度增长，达到21.2％，分别比2009年的13.5％和2008年的18.4％高出7.7和2.8个百分点。有18家企业销售增幅超过30％，其中大部分是区域型连锁企业。

2010年，百强企业的店铺数量增幅9.8％，是2006年以来增幅最低的1年（2006～2009年，百强企业开店数量同比增幅分别为26％、17％、24％和19％，总体呈下降趋势）。有18家企业的店铺数量增幅为零或负增长（2008年和2009年分别为7家和16家）。

虽然开店数量增幅下降，但销售规模上升明显，显示出百强企业营运质量的提升。统计显示，百强企业可比店铺2010年销售额平均增长10％左右，扣除物价上涨因素，依然有小幅增长。

2. 外资平均增速高于本土企业

百强中的外资企业主要经营大型超市业态，在该领域逐渐占据主导地位。2010年，主要5家外资大型超市新增店铺140家，新开店数比上年增加了22％。

外资企业总体保持较快的发展速度，且开店和销售增幅基本保持同步。2010年，店铺增幅超过20％的外资企业达到6家（2009年为2家）。

内资企业的开店速度和销售增长普遍低于外资。但部分企业在2010年发展速度抢眼，销售或开店增幅超过40％。

3. 百货店发展速度高于超市

2010年,以经营百货为主的连锁企业占据了1/3的百强席位。35家主营百货的连锁企业的销售额和店铺数量平均增幅分别为23.2%和18.5%,明显高于超市连锁企业。并购成为百货企业扩张的重要方式,为数不少的百货企业在2010年进行了并购。

以超市为代表的快速消费品百强,2010年的销售规模和门店数量增幅分别为13.8%和4.5%,店铺增幅低于2009年,但销售增幅比2009年有所提高(2009年分别为10.2%和9.5%),显示出经营质量的改善。

4. 网上零售、农村店和社区店发展态势凸显

统计显示,2010年,百强企业中有34家开展了网络零售业务,实现销售规模约30亿元。访问量和销售额较大的网店主要集中在家电和百货企业所营运的平台。

此外,农村市场和社区商业逐渐成为零售发展的重要市场。百强企业积极参与农村流通体系建设,新增门店很多是纳入"万村千乡市场工程"的农村店。一些社区超市和便利店通过增设服务设施,延长营业时间,增加服务功能,取得了较好的效果。百货店也在强化其社区渗透能力,开发社区型购物中心。

5. 经营成本大幅上涨

2010年,百强企业面临的最大困难是经营成本的提高,包括租金成本和人工成本。

对优质网点资源的竞争、房地产价格飙升带来房租的大幅度上涨,企业租金成本明显提高,有限的利润被租金吞食,也造成企业新开门店数量的减少。统计显示,2010年,连锁企业续约房租成本平均上涨约30%。

人工成本上升的直接体现是员工工资和福利的增长。对百强企业的抽样统计显示,2010年,人工成本平均上涨15%。此外,人员流失率高以及因此造成的招聘、培训等方面的投入也明显增加。

三、我国连锁经营的发展特点

行业的总体特点是处于成长性发展时期,因为无论流通的总体规模还是企业规模都远远没有达到饱和,发展潜力很大。

1. 快速发展与战略创新相结合

西方国家连锁经营的发展经历了一个自然成长的过程,这个过程是以社会化大生产为基础的,并通过市场法则来自动调节。而在我国,任何一种商业业态或组织形式的产生与发展都经历了一个快速模仿、快速发展、恶性竞争、缓慢退出的过程。凡是快速发展成功的连锁企业,都与战略创新有密切关系。如农工商超市白手起家,经营上的关键因素是经营业态与发展区域的战略创新。

2. 规范与变通相结合

连锁经营强调规范与标准,强调组织的专业化、规划的细节化以及操作的简单化。这是一般原理和常规要求。然而,中国的连锁企业所面临的却是一个恶性的、多变的、不规则的市场竞争环境,业态的发展、经营的方式与管理的信息化程度更是处于初级阶段。在这种情况下,规范与标准的适时变通与调整就显得更为重要。我国连锁经营发展过程,主要积累了四条经验:一是生鲜食品经营与门店规模的发展同步;二是配送中心建设与门店规模的发展同步;三是信息系统建设与门店规模的发展同步;四是标准化管理与门店规模的发展同步。

3. 强势推进与稳中求快相结合

我国连锁经营是在传统经济和传统势力的包围中发展起来的,其发展过程始终面临着来自各方面的阻力与压力。于是,企业经营者的个人风格与个人影响力就显得更为重要,他们对事业的期望、对工作的态度、对员工的要求,以及他们的号召力、感染力、凝聚力等个人魅力与权威,是企业成功发展的决定性因素。但我国连锁经营的未来发展,应该更多地依靠专业团队的群体智慧。

四、我国连锁经营的发展方向

我国连锁经营正在从"以商品为中心"向"以营运为中心"方向转变。无论是计划经济时期还是改革开放以后,商品的毛利率基本上维持在25%以下,过去是批发10%,零售15%,现在25%的毛利率集中在"批零一体化"的大型连锁公司,仍然分为两大部分:前后台各半。所以,如果把连锁公司业绩提升的重点放在对供应商的"压榨"上,企业的生命力将会越来越退化,只有不断提高营运管理能力,主动与供应商保持战略互动合作关系,才是我国连锁经营发展的必由之路。随着网络与信息技术的发展,连锁经营战略也将实现根本性的转变,这是一项长期的战略任务。为了加快"效率化进程",连锁经营需要更快捷、更细化的IT系统以及数据管理的支撑,这是连锁经营发展的未来方向。

1. 提升核心竞争力

从长远来分析,提升核心竞争力是连锁企业生存与发展的根本保证。连锁企业的核心能力应该有三个方面:一是经营规模,经营规模既能创造市场优势,也能消耗经营资源。二是管理技术,有一整套体系化的管理模式、系统与技术,能够像工厂的流水线那样运作。三是整合水平,能够有效地整合供应链,借外力发展,包括制造商、中间商以及其他相关的机构,如通过大批量采购而控制上游企业,同时又锁定了固定的消费群。管理技术是一种"张力",经营规模如果没有"张力"的支撑就会变成一种消耗,不断消耗公司的资源,最后使规模反过来成为一种包袱,当资源难以支撑规模扩张时,连锁体系就会因为"断链"而在顷刻之间轰然崩溃。整合水平是一种"引力",它能够强化"张力",起到"借功发力"的作用。所以,从长远来看,需要重点培养的是"张力"与"引力",这就是最重要的两种核心竞争力。

2. 优化管理方式

从观念来讲,优化管理应该从优化企业文化开始。内资连锁企业基本上是一种"打天下"的文化,这种文化的特点是"人定胜天",不喜欢"游戏规则",个人经验强于集体经验,领导作用大于系统作用,变化多于固化。这种管理方式在小规模发展时期的效率很高,在大规模发展时期就会碰到许多难以控制的问题,问题的关键在于"人管人"存在局限性。所以,如果要继续发展下去,就必须建立"系统管人"的文化机制。从上到下都按照这个原则去变化、去改进,持之以恒,一定会有收获。关键是两点:最高管理者要转变观念,包括用人与评价人的观念,次高层管理者一定要有良好的专业素养。

3. 细化业务管理

业务管理的关键是商品经营能力与经营技术的细化。从现实来讲,如果撇开店铺开发,最关键的是要提高总部的商品管理水平,这是核心,包括供应商的管理、商品结构、毛利结构、配送方式、存货管理、订货管理、卖场空间管理、营销等活动等。商品高于一切,而信息系统是支撑。商品链连接着资金链,商品链如果"动脉硬化",资金链就会出大问题。现在,企业规模越来越大,资金链像一条被拉长的弹簧,虽然开始的时候还有弹性,拉得时间久了,就没有弹性了,甚至会发生断裂,"资金链"一旦断裂就什么都没有了,更谈不上发展。

4. 调整连锁模式

连锁公司在区域内的发展一般是采取直营连锁或直接特许加盟的方式来扩大经营规模。如果要从一个区域发展到其他区域甚至全国各地,就必然会发挥资本的力量,通过合资、联合、收购、兼并等方式,快速扩大经营地域和经营规模,或者采取像 7-Eleven 那样的区域特许方式。但同时也会增加管理的难度,更有可能产生消化不良,兼并者反而成为被兼并者的"猎物"。从区域性公司发展成为全国性公司以后,日常的运营管理主要是通过地区性公司来管理,而不是像地区性公司那样由一个总部直接管理所属的店铺。这时,总部主要是通过战略规划、标准制定、信息监控、资源整合、服务平台来实现对连锁店的管理。于是,组织体系就需要演变成为总部—地区—店铺等多层架构。在这种架构中,信息技术的作用才得以充分地发挥。这是一个演变过程,所以,需要适时调整,形成持续改进的机制,并且信息系统必须具备与业务运作模式动态协调的功能,由此而产生的系统开发和改进模式被称为"随需应变"。

5. 实施差异化经营

从合理使用社会资源、交易成本和满足消费需求的角度来分析,如果不同品牌之间没有差异,不同的品牌就应该组合成为一个品牌。从竞争的角度来分析,没有差异的品牌之间的竞争必然会走向价格竞争的死胡同,最终导致两败俱伤。从中国市场和消费需求的差异化以及中国企业善于应变的特质来分析,中国连锁企业应该实施差异化发展战略,主要包括业态的差异化、商品的差异化和发展区域的差异化,设法避开正面冲击,以自己能发挥优势的方式,做自己具有优势的项目,从而树立自己的经营特色。

发达国家的连锁经营是长期演变的结果,基础比较扎实。我国的连锁经营是急速发展的结果,难免存在诸多问题。所以,在发展我国连锁经营过程中,既要善于学习,又必须注意到中国的特殊情况,敢于创新。在变化的市场,只有变化的企业才能发展,而这种变化首先是基于人的思想观念的变化。总之,我国连锁经营的发展与连锁经营业务的管理应该形成自己的独特模式。

专栏 1-1

苏宁电器集团的连锁发展

苏宁电器(002024)1990 年创立于江苏南京,是中国 3C(家电、电脑、通讯)家电连锁零售企业的领先者,国家商务部重点培育的"全国 15 家大型商业企业集团"之一。经过 20 年的发展,现已成为中国最大的商业企业集团,品牌价值 508.31 亿元。截至 2010 年,苏宁电器连锁网络覆盖中国大陆 300 多个城市,并进入中国香港地区和日本,拥有近 1 500 家连锁店,员工 15 万人,2010 年销售收入近 1 500 亿元,名列中国上规模民营企业前三强,中国企业 500 强第 50 位,入选《福布斯》亚洲企业 50 强、《福布斯》全球 2 000 大企业中国零售企业第一。

苏宁电器以消费者需求为核心,不断创新店面模式,从第一代空调专营店发展到第七代超级旗舰店(EXPO),并形成了以超级旗舰店、旗舰店为主,中心店、社区店、精品店、乡镇店相互补充的店面业态组合,建立了覆盖直辖市→省会城市→副省级城市→地级城市→发达县级城市→乡镇六级市场的连锁网络。2009 年,在国内市场领先的基础上,为了积累国际化经营的经验,并吸收海外电器连锁行业优秀的经营管理理念,苏宁电器收购了日本 LAOX 公司。同年 12 月,又收购了香港镭射电器,进入香港市场,并将以香港为海外发展的桥头堡,探索国际化经营的道路。

第三节　连锁经营的基本特征

连锁经营是一种商业组织形式和经营制度,一般是指经营同类商品或服务的若干个经营单位,以一定的形式组成一个联合体,在整体规划下进行专业化分工,并在分工的基础上实施集中化管理,使复杂的商业活动简单化,以获取规模效益。

连锁经营与传统商业组织形式相比,有以下三个基本特征。

一、组织形式的联合化

连锁经营从其形式来看,是由一个总部和若干个分店组成的经营组织,我国《连锁经营管理规范意见》规定:连锁店应由 10 个以上门店组成。这些门店如同一条锁链相互连接在一起,所以称为"连锁商店"。因此,多店铺联合是连锁经营的基本特征。理解这一特征应把握以下基本要点:

1. 连锁门店必须以经营同类商品或提供同类服务为基础

如超级市场(以下简称"超市")的主力商品是"生鲜食品";便利店的主力商品是"便利服务";专卖店的主力商品是具有著名品牌的系列商品等。如果把经营不同商品的店铺组合在一起实行连锁经营,就很难实现标准化管理和规模效益。

2. 连锁门店与连锁总部具有不同的功能

连锁门店是直接面向顾客的经营单位,其基本功能是销售服务;连锁总部是为连锁门店的经营活动提供必要条件,并指导与监督连锁门店的管理单位,其基本功能是规划设计、服务指导、监督调控。为了使门店集中精力做好销售服务工作,必须有一个健全而坚强的总部,所以"强化总部"是实行连锁经营的基本条件。

3. 多店铺联合组织因产权关系和合作程度的不同而不同

因产权关系和合作程度不同,多店铺联合组织分为"直营连锁"、"特许经营"、"自由连锁"三种基本类型。直营连锁是总部直接投资或控股形式下的组织形式,特许经营和自由连锁则是以独立产权为基础的加盟连锁形式,前者称为"授权加盟",偏重总部与门店之间的纵向关系,后者称为"自愿加盟",偏重门店之间的自愿合作关系。

值得注意的是:连锁经营是标准化的联合。如果只有店名和店貌的统一而无服务和商品的标准化,那就只有连锁经营的"形",而无连锁经营的"神",貌合神离不是连锁经营。

二、经营方式的一体化

连锁经营把传统的流通体系中相互独立的商业职能有机地组合在一个统一的经营体系中,实现了采购、加工、配送、批发、零售的一体化,从而形成了产加销一体化、批零一体化、内外贸一体化的大流通格局,提高了流通的组织化程度。同时,由于连锁公司拥有众多的连锁店,具有大批量销售的终端优势,可以引导生产供应商真正做到"以需定产",从而形成以大商业为先导,以大工业为基础的现代经济格局。理解这一特征应把握以下两个基本要点：

1. 创造连锁优势的前提是达到基本规模

连锁经营要实行标准化与专业化管理，客观上也要求有一个"基本规模"，达不到基本经营规模就没有连锁优势，就会出现亏损。连锁公司的形象对吸引最终消费具有极为重要的作用，而树立企业形象的基本途径则是通过门店的销售服务，门店越多，形象的影响力就越强。门店数越多，销售量越大，对上游企业的吸引力也就越强，就越能获得上游企业的支持。可见，扩张是连锁经营的永恒主题。

2. 供应链管理是一体化经营的核心

连锁公司有两个供应链：一个是外部供应链，主要是指连锁公司与制造商、代理商、批发商、服务商等外部供应商之间的关系，如商品及时调配供应；另一个是内部供应链，主要是指连锁总部、配送中心、连锁门店之间的关系，这三者的关系不协调，就会出现低效率。连锁组织就像一台功能复杂的机器，总部是发动机，配送是传动装置，外部是输油管道，门店是工作轮，只有相互协调配合，才能产生效能。

值得注意的是：连锁经营是专业化的一体化。一体化经营与专业化分工相结合，从根本上改变了传统的经营方式。

三、管理方式的信息化

一体化经营与专业化分工的有效性，主要取决于连锁公司的管理水平。管理的理想是效率，在小规模的单体企业，为了提高效率可以采取比较灵活多样的管理方式。但在大型连锁公司，管理效率只能依靠信息化。理解这一特征应把握以下基本要点：

1. 业务活动的流程化

业务流程要规定做什么和怎么做，如在大型超市公司不仅有采购、验收等核心业务的流程，还有如"洗手"这样的小流程，规定了"按正确的频率和方法洗手"的标准。

2. 业务流程尽可能固化

固化业务流程的办法有两个：一个是用制度与规则等成文的规则来规范，这种办法称为"语文管理"，是传统的制度化管理，执行过程仍然具有很大的弹性；另一个是用信息系统来固化，把业务流程固化在电脑信息系统中，这种办法称为"数学管理"，是现代的制度化管理，执行过程只能按照既定的指令与要求来操作，人的随意性被控制在最小范围之中。

3. 培训先导

流程化与固化是把个人经验上升为集体经验的过程，也是经验上升为标准的过程，但要人人按照标准操作，还必须选择合适的人员，并按标准对这些人员进行培训,只有把标准与掌握标准的人结合起来,把信息化与掌握信息化技术的人结合起来,才能真正实现信息化管理。所以,推行流程化与信息化管理,必须培训先导,而且要做到持续培训。

值得注意的是:信息化的结果是简单化,但信息系统并不是万能的。人永远是最能动的因素。人非机器,机器开关一开就会自动工作,人是有感情与情绪的,工作状态不仅受系统与专业技能的影响,更受环境与心理的影响。如果员工心中有事,就有可能出差错。所以,有些问题是不可能依靠教育训练等培训方式来解决的,除了规则、流程、系统的固化等以外,还应该建立严格的管控体系。

第四节 连锁经营的"3S"与"3L"原理

从上述三个特征的分析可以导出连锁经营的 3S 原理,即标准化(Standardization)、专业化(Specialization)、简单化(Simplification)。联合化是形,标准化是神;一体化是标,专业化是本;信息化是因,简单化是果。

连锁经营以连锁店的开发为基础,而连锁店的开发则必须符合 3L 原理,即地域(Location)、商圈(Location)、立地(Location)。首先要从战略上明确发展区域,其次要从策略上布局适宜的商圈,最后要从细节上考虑店铺的具体情况。

一、连锁经营的 3S 原理

规模化经营要求标准化管理,进而要求业务流程、信息系统、专业培训与标准化要求相适应,从而导致:部门专业化与人员专业化,结果是简单化与高效化。

(一)标准化管理的基本概念

标准化是 3S 原理的核心,专业化是手段,简单化是目标与结果。

(1) 标准化(Standardization)。标准化是指为持续性地生产、销售预期品质的商品而设定的既合理又较理想的状态和条件,并能反复使用的经营系统。标准化运作推动了专业化,其结果是简单化。

(2) 专业化(Specialization)。专业化是指企业或个人等在某方面努力追求卓越,将工作特定化,并进一步寻求强有力的能力和开发创造出独具特色的技巧及系统。这种专业化既表现在总部与各成员店及配送中心的专业分工,也表现在各个环节、岗位、人员的专业分工,使得采购、销售、送货、仓储、商品陈列、橱窗装潢、财务、促销、公共关系、经营决策等各个领域都有专人负责。例如:采购的专业化、库存的专业化、收银的专业化、商品陈列的专业化、店铺经理在店铺管理上的专业化、公关法律事务的专业化、店铺建筑与装饰的专业化、经营决策的专业化、信息管理的专业化、财务管理的专业化、教育训练的专业化。

（3）简单化（Simplification）。简单化是指连锁系统整体庞大而复杂，必须将财务、货源供求、物流、信息管理等各个子系统简明化，去掉不必要的环节和内容，以提高效率，使"人人会做、人人能做"。为此，要制定出简明扼要的操作手册，职工按手册操作，各司其职，各尽其责。

一般来说，标准化程度以及所产生的效益与企业规模成正比，规模越大就越需要推行标准化管理，由此带来的效益也更高。对中小企业来说，掌握标准化营运管理的基本原理，并努力践行，也将有助于企业的发展壮大。

（二）标准化营运管理的核心要素

标准化营运管理方式有四层含义：一是建立标准；二是选择合适的人员；三是按标准对人员进行培训；四是把标准与掌握标准的人结合起来，以创造出效益。简单地说，标准化管理＝标准＋执行标准的人。标准化管理有以下两个核心要素。

（1）建立标准。建立标准的过程是一个持续改进的过程，大型连锁公司应该设立专业机构以推进标准化营运管理的发展。营运管理的标准，主要表现在两个方面：一是企业整体形象标准化，二是作业、流程与管理的标准化。总部、门店及配送中心对商品的订货、采购、配送、销售等各司其职，并且制定规范化规章制度，整个程序严格按照总公司所拟定的流程来完成。商店的开发、设计、设备购置、商品的陈列、广告设计、技术管理等都集中在总部，总部提供连锁店选址、开办前的培训、经营过程中的监督指导和交流等服务，从而保证了各连锁店整体形象的一致性。

（2）执行标准的人。企业由硬件、软件与活件三项基本要素组成。硬件是指物资设备与设施等有形要素，软件是指系统、程序、文化、制度等无形要素，活件是指人的要素。制定了标准以后，最关键的是要通过人去实施标准，人是最活跃的要素，比"硬件"与"软件"更难管理。一是要基于适当的教育、培训、技能和经验，使各类人员能够胜任工作；二是要在执行标准的过程中持续改进。

专栏 1-2

沃尔玛对消费者的四大食品安全承诺

沃尔玛对消费者有四大食品安全承诺，这些承诺可以理解为服务顾客的基本标准。

（1）个人卫生：带病员工不可处理食品；按正确的频率和方法洗手；处理即食食品必须戴一次性手套和口罩；正确的衣着，食品工作区没有个人物品。

（2）随时清洁：食品工作区清洁无虫害；处理即食食品的设备和器具每4小时清洗和消毒一次；食品的上方没有滴落的冷凝水；下水道清洁无堵塞。

（3）保持分开：生食与即食食品分开；没有未经允许使用的食物成分；清洁化学品与食品分开存放；有正确的标识。

（4）温度控制：热展示食品保持在60℃以上；冷藏食品保持在5℃以下；冷冻食品保持在−18℃以下；正确填写所有温度记录。

为兑现这些承诺，沃尔玛业务发展部在商场设计时便融入了对食品安全的考虑，按照食品安全与虫害控制的具体要求，为各家商场配置了冷热展柜、大型净水器、专业食品加工设备等硬件设施，为商场软件管理打下良好的基础。在软件管理方面，商场质量保证组通过政策制定、员工培训、监督检查等软件管理措施进一步规范商场内员工操作。沃尔玛食品安全程序，包括食品安全卫生手册、食品安全审核手册、散装食品管理政策、回收召回程序等各个方面。在培训方面，2006年还推出高级管理人员培训课程，内容包括：微生物知识、良好卫生规范（GHP）、危害分析和关键控制点（HACCP）、公司政策与程序、国家质量卫生法规等，帮助员工和管理人员了解食品卫生知识。监督检查方面，通过第三方进行食品安全审核（FSA）检测、每月营运标准检查和综合虫害管理检查，评价商场执行操作情况，并针对问题作出改进。

二、连锁经营的3L原理

3L原理体现了连锁经营组织网络化布局的基本思维方式。"地域"、"商圈"和"立地"的英文表述都是Location，都是指网状布点时要考虑的空间环境与条件，但其实际含义却存在很大的差别，地域选择是战略思考，商圈选择是策略思考，立地选择是细节思考。

（一）地域

地域，或称"区位"、"区域"。连锁经营企业之所以需要并且能够进行地域选择，是因为"在宏观国民经济运行或区域经济发展过程中，由于人类社会活动的相互影响、相互制约和相互联系，以企业为核心的各微观经济活动主体之间存在着以技术经济联系为基础的投入产出联系和分工合作关系，从而使不同的地域空间位置所受到的市场约束和资源约束不同，经济活动成本、市场交易费用、经济收益的地域空间差异成为客观存在，总体表现为不同地域空间的经济利益差别与矛盾"。这种现实的经济利益差别与矛盾，就是连锁经营企业网络化布局时的依据。

连锁企业根据自身的资源与技术实力条件和企业战略性利润与长远绩效目标的要求，借助于战略营销理论所提供的市场环境分析方法，结合自身在"3S"方面的条件来关注和分析、评判目标区位的优势和劣势，再按区位优势的大小对经济利益各不相同的地域进行排列，进而确立本企业将要为之服务的地域空间。此工作模式的不断复制,最终使连锁经营企业在战略层面上实现网络化布局,并借此来控制和影响一个广阔的市场空间。因此,选择优势地域进入并逐渐强化在该优势地域的存在,是连锁企业网状布点的基本思路,同时也成为连锁企业区别于单体企业的重要特征之一。

（二）商圈

商圈(Trading Area),不是指以某连锁经营企业为圆心、以步行几分钟所划出的、由若干同心圆组成的空间领域,而是指连锁经营企业服务的顾客所分布的范围和密度。从实践的角度看,商圈可以近似地认为是到某店铺来的八成顾客所居住(或上下班)的区域。从具体操作的角度看,一个连锁店,若在地图上标明其每一位顾客来自何处,连锁总部及其各加盟店就可以清楚地看清顾客的分布和每一商店所在地区的顾客密度。

就某连锁企业而言,其商圈又可以分成主要商圈(Primary Trading Area)、次要商圈(Secondary Trading Area)和边缘商圈(Fringe Trading Area),并因此而呈现出商圈的层次性。主要商圈指最接近商店并具有高密度顾客群的区域,通常此区域50%～80%的顾客来店购物;次要商圈指位于主要商圈以外顾客密度较低的部分,其顾客光顾率通常只有15%～20%;边缘商圈则居于次要商圈以外,属于本企业商铺的辐射区,顾客密度更低,此区域顾客光顾本企业的概率一般只有10%上下。

一般说来,商圈的形成受服务区内人口条件、交通条件和吸引力条件,以及商店类型、商店规模、居民居住模式、居民生活方式的影响而呈动态变化,因此,主要商圈、次要商圈和边缘商圈之间的关系也非一成不变。尤其在商业竞争日渐激化的现在,一个连锁经营企业的商圈不仅会时常与现有竞争者的商圈重叠与冲突,还会跟未来竞争者的商圈重叠与冲突。这种对手之间商圈重叠与冲突的现象是影响连锁企业市场占有率和营业额高低的重要原因。

所以,连锁企业考虑其网络化分布时进行商圈的选择和评估,除了考虑连锁企业本身的条件以外,分析顾客的购买行为模式和规律,合理利用主要、次要和边缘商圈之间的互补效应,尽可能准确地评估竞争者商圈的范围及其影响力,使本企业在交通枢纽、自然环境、人文环境、行政性环境、竞争环境等若干方面的客观作用下,寻找到一个最为有利的生存与发展条件。这便是连锁企业区别于单体企业的又一明显特征。

（三）立地

立地也叫"店址"(Address)。正确选址,是连锁企业网络化布局战略实施的基础和关键。就"基础"而言,分布于各战略节点上的分店犹如一宏大建筑的基础构件,支撑起连锁企业的基本业务并保证整体的正常运行。关键节点的选择正确与否,还关系到连锁企业是否能够拥有大纵深宽平面的网络布局,进而关系到企业生存与发展的协调性和稳定性。一般说来,在遵章经营的前提下,加盟者数量的增加意味着连锁大厦基础的加强和运营稳定性的上升,加盟者数量的减少则意味着连锁大厦基础的削弱和运营稳定性的下降。而加盟者数量的变化,直接意味着构成连锁大厦基础的各支撑点的改变。因此,"立地"的选择,就是网络节点的选择,设置分号或筛选加盟店的过程,就是构建连锁大厦基础的过程。另外,就"关键"而言,选址的正确与否,关系到连锁企业感知市场变化的"触角"是否灵敏。通常在"市场导向"的商业环境中,企业感知市场变化的能力强弱,将直接关系到其竞争战略的制定水准与实施结果,关系到连锁企业应对市场突发事件的能力高低,关系到企业服务大众的质量和水平。因此,网络化布局中节点的选择和评估,是连锁企业最应重视,也最能够显现其专业化水平的部分,它是连锁企业商圈战略、地域战略是否有效的最根本的基础和依据。

第五节 连锁经营的基本目标与效应

由于经济利益驱动,企业始终存在一种扩张的期望,并通过扩大规模来提高本企业产品的市场占有面,从而建立规模优势,稳固市场地位。

一、连锁经营的基本目标

连锁经营的基本目标就是追求规模效益,它不仅迎合了企业扩张的心态,而且也摆脱了传统经营方式对其获得规模效益的束缚。

规模效益一般是指工业生产中产出总量(或总收益)增加与投入要素量(或生产成本)增加之间的比例关系,其内在的规律是:当生产规模较小时,扩大投入要素量(即扩大生产规模)能使产出总量增加的倍数大于投入要素量增加的倍数,这种情况称为规模效益递增,这时扩大生产规模有利于企业提高经济效益;当生产规模扩大到一定程度时,如果继续增加投入要素量,就会使产出总量增加的倍数与投入要素量增加的倍数大致相等,这种情况称为规模效益不变,这时扩大生产规模虽然能提高企业的总收益,但并不能提高企业的经营效率,只能维持原有的收益/成本水平;当生产规模的扩大超过了一定的度,如果继续增加投入要素量,就会出现产出总量增加倍数小于投入要素量增加倍数的情况,这称为规模效益递减,这时扩大生产规模不仅会降低企业原有的收益/成本水平,而且还有可能降低企业经济效益的绝对水平。

可见,企业所追求的应该是一定生产规模范围内的规模效益,以避免出现规模效益递减的状况,使投入要素所发挥的效益维持在最佳水平。因此,当一个工厂的生产规模发展到一定程度,而该产品的市场需求量仍在增加时,要继续扩大产量,往往通过建立分厂的途径来解决供需矛盾。最早运用这种办法的是美国的福特汽车公司,其后,如美国的可口可乐公司以及其他一些大公司也纷纷采用这种方式,效果显著。分厂制的创立标志着生产企业连锁经营的开端。就零售业、餐饮业或服务业而言,也同样存在着传统经营方式对其获得规模效益的束缚。

零售业的大百货公司高度集中,综合经营虽然满足了消费者集中性、多方面的购物需求,同时由于大量城市流动客源的存在而实现了一定的规模效益。但是,其单体规模的扩张会受到人口、购买力、交通条件以及企业自身服务设施等诸多因素的制约,因而其经营规模实际上是有发展极限的。如果其经营规模超过了一定的度,就难以取得有效的规模效益,并会出现规模效益递减的状况。尤其是随着城市居民住宅区由市中心区域向郊区的外移,市中心出现了"空虚化"状况,而城市则有"多中心化"的发展趋势,这就在客观上制约着商业企业单体卖场规模的扩张,因而试图通过单体卖场规模的扩大来获取规模效益的办法,难以广泛地被零售业所接受。我国近几年来由于片面追求单体卖场规模,有些百货公司的营业面积达到几万甚至十几万平方米,花了大量的投资,而结果并没有达到预期的规模效益,其原因除了经营管理方面的问题以外,最主要的是在开展规模经营的过程中没有清醒地认识到客观条件的制约以及规模效益递减规律的影响。

在零售业以及餐饮业和服务业还存在着另一种不利于有效地实现规模效益的传统经营方式,即小企业的分散经营。小企业虽然广泛地渗入各个有购买力的区域,能以灵活应变的手段适应消费者的需求。但是,传统的小企业大多数是以分散经营的形式而存在的,其经营能力有限,服务水平参差不齐,各家单一作战、相互竞争、你死我活,因而也难以适应社会化大生产发展和现代消费需求的变化。

为了摆脱规模经营中的传统束缚,使企业获得新的发展机会,大企业率先走上了连锁经营的道路。因为连锁经营能实现专业化经营和分散化设点相结合,集中采购与分散销售相结合,从而解决了规模经营与消费的分散性之间的矛盾。

大企业通过自己投资开设连锁分店或专卖权转让等方式而逐渐形成了连锁经营网络以后,对中小企业经营构成了很大威胁,最终也迫使许多中小企业逐渐走上了连锁经营的道路。

二、连锁经营的综合效应

连锁经营的规模效益,主要可以通过两种方式来实现:一是追求单体商场规模,如发展大型的百货公司、综合性的超级市场、购物中心等;二是追求整体经营规模,即通过广泛布点、组合经营、分散销售,来实现规模效益。连锁经营所采用的是第二种形式的规模经营,其最显著的优势在于能有效地解决规模经营与消费分散性之间的矛盾。一方面,区域上相对分散的众多连锁店深入消费腹地,适应了消费的分散性、区域性和多中心化等特征;另一方面,连锁公司的统一管理能将分散性、小规模的商业机构组合成为一个规模庞大的营销系统,形成在集中前提下的分散和分散基础上的集中的规模经营格局。因而,它具有下述经济意义和社会效应。

(一) 共享效应

连锁经营的共享效应主要表现为以下三个方面。

1. 企业形象

连锁店采用统一的企业形象,具有比其他独立企业较高的知名度,其产品和服务更容易进入其他独立企业不易触及的市场。由于品牌的高知名度,消费者比较容易信任和接受,进而有较高的购买意愿。所以,连锁公司一旦创立了良好的企业形象,便能使所有的连锁店都共享由此带来的效益。

2. 广告宣传

广告对商业的重要性是人人皆知的,但并不是每一家企业都有能力支付巨额广告费用的,尤其是独立经营的小规模商店,一般都没有能力在大众传播媒介做广告宣传。连锁公司的广告宣传一般都由总部统筹负责,费用由各连锁店分担,所以连锁公司的规模越大,就越有能力进行广告宣传。连锁公司庞大的经营规模为进行广泛的广告宣传提供了条件,整体的广告宣传大大减少了费用,并能使每一家连锁店由此而得益。

3. 技术服务

连锁公司能为连锁店提供一系列技术服务,如统一采购、集中配送、资金融通、财务指导、商店设计、商品陈列、业务培训等。对于公司总部来说,只要设计出一套标准化的模式就可以普遍应用,大大降低了公司的设计费用。对连锁店来说,由于公司总部能提供良好的技术服务,简化了连锁店的经营业务,从而能使连锁店实行简单化的经营。

(二) 扩张效应

连锁经营的扩张效应主要表现为以下三个方面:

1. 广泛地吸引合作者

由于连锁经营具有统一的企业形象、良好的企业商誉、广泛的销售网点以及巨大的销售数量,所以能广泛地吸引供应商、中间商和投资者,并积聚大量的资本,这就为连锁经营业务的扩张奠定了坚实的基础。

2. 较低的投资风险

由于连锁经营所追求的是整体的经营规模,单体经营规模不必求大,无论在创立、改组及经营风险等方面都比大规模的单体经营具有更强的适应性、灵活性和简便性,所以其规模的扩张也就比较容易。同时,由于消费者比较容易认同统一的企业形象,所以,各家连锁店的投入期就比较短,甚至一进入市场就可能立即被消费大众所接受。此外,由于连锁店以连锁公司总部的技术服务为后盾,经营的成功率较高,而投资风险较低。

3. 标准化的扩张

世界上著名的一些连锁公司大部分是在 20 世纪 50 年代以后创建的。在短短的几十年时间里,他们的连锁店已发展到了几千家,甚至上万家。其原因何在？关键在于标准化。有了一套标准化的经营模式和经营技术,就能使连锁公司的经营规模像细胞分裂那样迅速扩张,而且每一家连锁店都能够保持一致。经营扩张所需要的资本主要来源于四个方面:一是自有资本的直接投资;二是向金融机构借款;三是连锁公司转制为上市公司,通过发行股票筹资;四是通过特许经营吸引投资者直接投资经营。从国外连锁经营的现状来看,发行股票和发展特许经营是最重要的两种方式。

(三) 整合效应

连锁经营的整合效应主要表现为两个方面。

1. 提供统一的消费模式

连锁经营能为消费者提供标准化的商品和服务,从而为消费者建立了统一的消费模式。如麦当劳速食店,公司向客人保证,无论在哪一个地方的麦当劳速食店吃汉堡包,其大小、分量、质量和味道完全一样。这种统一的消费模式每天吸引着几千万名顾客光临,使其年销售额达到几百亿美元,而且逐渐成为美国文化的一个有机组成部分。其原因就在于统一的消费模式实际上规范了消费者的消费行为,这种规范虽然与消费的多样性和差异性存在着一定的矛盾,但是它大大简化了消费者的购买过程,消费者在决定购买之前无须进行比较、分析和选择。随着生活和工作节奏的加快,消费者在购物过程中更注重省时、简便和可靠的质量,以便有更多的时间去学习、工作或享受。统一的消费模式正好迎合了这一消费潮流,因而受到消费大众的普遍欢迎。

2. 整合企业的市场行为

连锁公司可以把分散的零售商组成一体,用统一的质量标准、服务水平以及价格管理准则等,去指导、监督和调控所属企业的市场行为,使其趋向公平、合理、规范和有效,从而提高了市场的组织化程度,增强了消费者的信心和满意程度。连锁经营的整合效应不仅体现在零售环节上,它对制造商、批发商、原材料供应商等也都具有整合效应,连锁公司可以利用自身的经营优势,迫使他们按照市场消费者的需求和连锁公司的经营要求来进行产品设计和开发,从而使市场的流通体系形成了以消费需求为导向,工商紧密配合或批零一体化经营的有效格局。

专栏 1-3

零售从传统走向现代

记得小时候从宁波来上海,必然要去逛南京路,印象最深的是:楼高店多。当时的最高楼是24层国际饭店。其实,24层在很多50岁以上的上海人心目中是一种"高的象征"。后来才知道,国际饭店居然是20世纪30年代远东第一高楼。南京路上的商铺,新中国成立前以"西施"、"永安"、"新新"、"大新"四大百货公司最著名。建国后这些店铺都被改名了,大新公司改为"市百一店"、永安百货改为"上海十百"(后于1988年改为"华联商厦",2005年又恢复了老店名"永安百货")。连接这些大店的就是各种各样的专业特色小店,这些小店就是南京路的魅力所在。在20世纪80年代中期以后的20多年中,南京路发生了翻天覆地的变化,变化的结果——大楼越来越多,小店越来越少。但南京路步行街的"张小泉剪刀店"还在使用传统的结款方式:服务员预收货款后,连同货单用夹子挂在连接商店出纳的一根钢丝上,轻轻一推,钱票就过去了,坐在高处的出纳收了钱票后再将零钱与发票通过钢丝发回来。

这种优雅、环保、人性与便利的传统店铺,如今越来越少,取而代之的则是各种连锁店。连锁店通过规模化经营、标准化管理,向消费者提供统一的产品与服务,提高了商业营运效率,也较好地适应了快节奏的消费趋势。连锁店与日常生活紧密相连,购物或休闲,食品或百货,家电或建材,几乎每个零售行业都拥有若干家连锁公司,其经营规模正在持续扩大。

另一个值得关注的趋势是网上购物越来越成为消费者可以接受的,甚至是令人喜欢或首选的购物方式。经营"实体店"的连锁公司也试图适当改变以往的零售方式,向电子零售方向发展。IT行业为了适应这一发展趋势,还成立了"中国电子零售精英沙龙"(China Electronic Retail Elite-salon,简称CERE)。所有这一切都预示着延续了千百年的零售业,将会发生一系列重大的变革。

未来虽然难以预料,但有两点可以肯定:第一,顾客的体验与心智感受越来越重要;第二,顾客的满意度来自企业的信念以及组织内部的协同。

零售是一个特别需要灵感的行业,因为它面对的是越来越广泛而深入的"心灵需求"。我国的零售业正处于成长发展期,不仅需要固化,更需要变化;不仅需要变化,更需要变革。变化、变革与固化相结合,技术、感悟与创新相结合,这才是发展之本。

本 章 小 结

1. 发达国家连锁经营的发展大体上经历了三个阶段:一是19世纪中后期到20

世纪 50 年代,这是连锁经营的萌芽和成长阶段;二是 20 世纪 50～80 年代,这是连锁经营的高速发展阶段;三是 20 世纪 80 年代以后,这是连锁经营的全面发展时期。

2. 我国的连锁经营的发展过程,大体可分为两个阶段:第一阶段为我国连锁经营发展的初始期,时间大约在 20 世纪 90 年代初期至中期。我国连锁经营发展的第二阶段,即成长期,时间上从 1995 年开始至今。

3. 连锁经营是一种商业组织形式和经营制度,是指经营同类商品或服务的若干个经营单位,以一定的形式组成一个联合体,在整体规划下进行专业化分工,并在分工的基础上实施集中化管理,使复杂的商业活动简单化,以获取规模效益。连锁经营与传统商业组织形式相比,有三个基本特征,即组织形式的联合化、经营方式的一体化、管理方式的信息化。

4. 连锁经营的基本目标就是追求规模效益,连锁经营需要达到一定的经营规模才能实现规模效益,关键是"链",具体包括:

组织链——战略架构、目标体系、组织系统、管理机制、营运标准、监控体系。

商品链——商品定位、供应链关系、采购系统、物流系统、销售系统。

信息链——业务信息、财务信息、营运信息、管理决策信息、决策支持系统。

资金链——资金筹集、投资决策、业务运作、商品周转、供应链管理。

人才链——经营顾问、战略管理、营运管理、业务运作。

5. 连锁经营的 3S 原理,即标准化(Standardization)、专业化(Specialization)、简单化(Simplification)。其中联合化是形,标准化是神;一体化是标,专业化是本;信息化是因,简单化是果。连锁经营以连锁店的开发为基础,而连锁店的开发则必须符合 3L 原理,即地域(Location)、商圈(Location)、立地(Location)。

1. 为什么连锁经营方式能够创造一系列商业奇迹?
2. 简要概括 3S 原理和 3L 原理。
3. 为什么说特许经营是连锁经营最发达与最规范的形式?
4. 简述组织链、商品链、信息链、资金链、人才链的相互关系。
5. 我国连锁经营的持续发展需要解决哪些关键问题?

2000～2009 年中国连锁百强增幅 K 线图说明什么?

中国连锁经营协会自 2000 年起,统计和发布中国连锁百强排行情况。根据中国连锁经营协会历年来发布的"中国连锁百强排行"画出的连锁百强增幅 K 线图,如图 1-1 所示。

图 1-1 2000~2009 年连锁百强增幅 K 线图

资料来源:中国连锁经营协会。

与图 1-1 相关的资料如下:

2000 年中国连锁业百强企业平均销售额近 10 亿元,比 1999 年 6.4 亿元的平均规模增长 53%,同时每家企业的平均门店数也从 1999 年的 48 个增长到 77 个。

2001 年,中国连锁百强总计实现销售额 1 620 亿元,增长 48%,其中,直营店销售额 1 350 亿元,加盟店销售额 270 亿元;门店数达到 13 117 个,增长 56%,其中,直营店 7 741 个,加盟店 5 376 个;营业面积 8 367 132 平方米,增长 62%。

2002 年连锁百强总计实现销售额 2 465 亿元,比上年的 1 620 亿元增长 52%。门店总数达到 16 986 个,比上年的 13 117 个增长 29%。营业总面积达 1 334 万平方米,比上年的 836 万平方米增长 59%。员工人数 51.97 万人,比上年的 41.64 万人增长了 24%。

2003 年与上一年销售规模相比增幅为 45%。

2004 年我国连锁百强企业总计实现销售额 4 968 亿元,比上年百强企业销售总额增长 39%;门店总数达到 30 416 个,比上年百强增长 49%;营业总面积达 2 580 万平方米,比上年增长 35%;员工人数 81 万人,比上年增长 27%。

2005 年"连锁百强"销售规模达到 7 076 亿元,比 2004 年的 4 968 亿元增长了 42%;门店总数达到 38 260 个,比上年的 30 416 个增长了 26%;营业总面积和员工人数同比增长均为 38%;"连锁百强"占社会消费品零售总额的比重首次突破

10%，由上年的 9.3%提高到 10.5%。

2006 年中国连锁百强的销售规模达到 8 552 亿元，同比增长 25%，大大高于社会消费品零售总额 13.7%的增幅。门店总数达到 69 100 个，同比增长 57%，剔除个别企业超常规发展因素，调整后门店总数增长 26%，与销售规模增幅基本持平。营业总面积达 5 170 万平方米，同比增长 16%。员工人数达 204 万人，同比增长 31%。继 2005 年"连锁 100 强"总销售规模占社会消费品零售总额的比重首次突破 10%（达到 10.5%）后，2006 年进一步提高到 11.2%。

2007 年我国连锁百强销售规模突破 10 000 亿元，达到 10 022 亿元，同比增长 21%。其中，前 10 强企业总销售规模达到 5 029 万亿元，占连锁百强销售总额的 50%。

2008 年连锁百强销售规模达到 11 999 亿元，同比增长 18.4%，占社会消费品零售总额的 11.1%。从 2004～2008 年，百强企业的销售增长分别为 33%、32%、25%、21%和 18%，增幅逐年下降。百强企业门店总数达 12.08 万个，增幅 10.6%，均创 10 年最低。

2009 年，连锁百强销售规模达到 1.36 万亿元，同比增长 13.5%。百强企业门店总数达到 13.7 万个，门店总数增长 18.9%。百强企业销售额占社会消费品零售总额的 11%，与 2008 年基本持平。

讨论题：

1. 为什么 2000 年和 2002 年这两年的连锁百强销售规模的增幅达到这十年来的最高？

2. 在 2000～2005 年这 6 年间，连锁百强的销售规模增幅为什么会呈曲线式发展？

3. 连锁百强的销售规模、门店数、营业面积、员工人数都在逐年增加，但从 2005 年之后，为什么连锁百强的销售额增幅却呈现出逐年递减的趋势？

4. 你认为，中国连锁企业将会如何发展？

第二章 连锁经营组织体系

学习目标

1. 了解零售业态的演变。
2. 掌握连锁经营的基本类型与适用性。
3. 理解连锁经营的组织体系。
4. 熟悉连锁公司的总部与门店的功能和结构。

第一章讲到:连锁经营的关键是"链",成也是链,败也是链。连锁经营怎么"链"?"链"的方式大约有三种:其一,像当年赤壁之战时曹魏大军所用的铁锁式连锁,用铁锁把战船连起来看似强大,但组织缺乏弹性,难以抵抗市场的风险与危机。其二,用一个车头拉动一串车厢的火车式连锁,这种连锁的结果是累死车头,闲死车厢。其三,联合舰队似的连锁,把航空母舰、航载飞机、护卫舰、潜水艇等多兵种组合起来,这种连锁组织中的各部门各司其职,相互配合,能有效地抵御对手的进攻。第三种连锁应该是努力的方向,它是自上而下的目标和自下而上的互动体系。

【引导案例】

肯德基在中国的连锁经营发展

肯德基全球总部设在美国肯塔基州的路易斯维尔市,是世界上最大的鸡肉餐饮连锁店,1952年由创始人山德士先生(Colonel Harland Sanders)创建,肯德基隶属于全球最大的餐饮集团之——百胜餐饮集团。自1952年第一家肯德基餐厅在美国犹他州开张以来,受到全球消费者的欢迎。除美国之外的主要市场包括中国、英国、澳大利亚、韩国、墨西哥、法国、德国和荷兰等。肯德基也进入包括印度、俄罗斯和巴西等重要新兴市场。

肯德基自1987年在北京前门大街开出中国大陆第一家餐厅,经过20多年的发展,肯德基已在中国内地500多个城市开设了3 000余家连锁餐厅,遍及中国内地除西藏以外的所有省、市、自治区,是中国规模最大、发展最快的快餐连锁企业之一。20多年来,中国肯德基坚持"立足中国、融入生活"的总策略,推行"营养均衡、健康生活"的食品健康政策,积极打造"美味安全、高质快捷;营养均衡、健康生活;立足中国、创新无限"的"新快餐"。

2000年8月,第一家"不从零开始"的肯德基特许加盟店正式在常州溧阳市授权转交。随着加盟商的不断发展,肯德基的加盟店占比不断提升。加盟业务成为肯德基最重要的业务板块之一。自2001年开始,肯德基连续多年获得由中国连锁经营协会颁发的"优秀特许品牌"奖。

数据来源：肯德基中国网站。

思考题：
1. 肯德基有着怎样的连锁经营组织体系？
2. 肯德基连锁经营发展的主要支撑条件是什么？

第一节 零售业态

零售是指那些向消费者销售用于个人、家庭或居住消费所需商品和服务的活动,是分销过程的最终环节。零售主要是指有形产品的销售,也包含必要的服务。单纯的服务也适合零售的定义,如自动售货、理发、培训等。

连锁经营作为零售业发展的基本组织模式,已经应用到超市、便利店、专业专卖店、百货、建材、石油、咖啡、眼镜、快餐、正餐、医药、家电、服饰、西点、通讯、书报、家居、美容美发、沐浴等众多业态。购物中心与商业地产项目紧密结合,像宇宙中的黑洞,把所有业态都吸纳进来,成为可以不断复制的零售业巨无霸组织。

一、零售商分类

零售商可以按照不同的标准分类,但至今没有一个普遍的标准。从零售定义来分析,零售商应该包括为个人或家庭的消费提供有形商品或无形服务的任何组织。但在北美行业分类体系(NAICS)、联合国全部经济活动的国际标准行业分类(ISIC)、美国标准行业分类(USSIC)、日本标准产业分类、中国国民经济行业分类(GB/T47542002)等标准中,并不包括与消费者日常生活密切相关的诸如理发美容、健身俱乐部、银行、保险机构、电影院、游乐园等服务产业,北美行业分类体系还不包括膳宿服务。

零售商分类中最重要的两种分类:一是按业态分类;二是按组织方式分类。

(一)按业态分类

1. 零售业态定义

零售业态(Retail Format)是指为满足特定的消费需求而形成的店铺营业状态。不同的业态表示不同的社会功能,如超市的社会功能是满足家庭消费者对每日必需品的需求,便利店的社会功能则是满足个人消费者的即刻需求,大卖场的社会功能是满足一站式购物的消费需求。发达国家的商业服务业态目前已经发展到了上百种,零售业的新业态也不断涌现,其中,最有代表性的是:百货公司、大型专业店、超市、便利店、折扣店与购物中心。其实,购物中心并不是一种业态,它是各种商业业态的组合体,是现代商业的一种组织模式。

2. 零售业态分类

2000年,国家首次颁发了《零售业态分类》国家推荐标准,即 GB/T18106—2000。

表 2-1 无店铺零售业态分类和基本特点

业态	基本特点			
	目标顾客	商品(经营)结构	商品售卖方式	服务功能
1. 电视购物	以电视观众为主	商品具有某种特点,与市场上同类商品相比,同质性不强	以电视作为向消费者进行商品宣传展示的渠道	送货到指定地点或自提
2. 邮购	以地理上相隔较远的消费者为主	商品包装具有规则性,适宜储存和运输	以邮寄商品目录为主向消费者进行商品宣传展示的渠道,并取得订单	送货到指定地点
3. 网上商店	有上网能力,追求快捷性的消费者	与市场上同类商品相比,同质性强	通过互联网络进行买卖活动	送货到指定地点
4. 自动售货亭	以流动顾客为主	以香烟和碳酸饮料为主,商品品种在30种以内	由自动售货机器完成售卖活动	没有服务
5. 电话购物	根据不同的产品特点,目标顾客不同	商品单一,以某类品种为主	主要通过电话完成销售或购买活动	送货到指定地点或自提

表2-2 有店铺零售业态分类和基本特点

业态	选址	商圈与目标顾客	规模	商品(经营)结构	商品售卖方式	服务功能	管理信息系统
1. 食杂店	位于居民区内或传统商业区内	辐射半径0.3千米，目标顾客以相对固定的居民为主	营业面积一般在100平方米以内	以香烟、饮料、酒、休闲食品为主	柜台式和自选式相结合	营业时间12小时以上	初级或不设立
2. 便利店	商业中心区，交通要道以及车站、医院、学校、娱乐场所、办公楼、加油站等公共活动区	商圈范围小，顾客步行5分钟内到达，目标顾客主要为单身者、年轻人，顾客多为有目的的购买	营业面积100平方米左右，利用率高	即时性食品、日用小百货为主，有即时消费性，小容量，商品品种在3 000种左右，售价高于市场平均水平	以开架自选为主，结算在收银处统一进行	营业时间16小时以上，提供即时性食品的辅助设施，开设多项服务项目	程度较高
3. 折扣店	居民区、交通要道等租金相对便宜的地区	辐射半径2千米左右，目标顾客主要为商圈内的居民	营业面积300~500平方米	商品平均价格低于市场平均水平，自有品牌占有较大的比例	开架自选，统一结算	用工精简，为顾客提供有限的服务	一般
4. 超市	市、区商业中心，居住区	辐射半径2千米左右，目标顾客以居民为主	营业面积在6 000平方米以下	经营包装食品、生鲜食品和日用品。食品超市与综合超市商品结构不同	自选销售，出入口分离，在收银台统一结算	营业时间12小时以上	程度较高
5. 大型超市	市、区商业中心、城郊结合部、交通要道及大型居住区	辐射半径2千米以上，目标顾客以居民、流动顾客为主	实际营业面积6 000平方米以上	大众化衣、食、日用品齐全，一次性购齐，注重自有品牌开发	自选销售，出入口分离，在收银台统一结算	设不低于营业面积40%的停车场	程度较高

(续表)

业态	选址	商圈与目标顾客	规模	基本特点 商品(经营)结构	商品售卖方式	服务功能	管理信息系统
6.仓储式会员店	城乡结合部的交通要道	辐射半径5千米以上,目标顾客以中小零售店、餐饮店、集团购买和流动顾客为主	营业面积6 000平方米以上	以大众化衣、食、用品为主,自有品牌占相当部分,商品在4 000种左右,实行低价、批量销售	自选销售,出入口分设,在收银合统一结算	设相当于营业面积的停车场	程度较高并对顾客会员实行管制管理
7.百货店	市、区级商业中心以及历史形成的商业集聚地	目标顾客以追求时尚和品位的流动顾客为主	营业面积6 000~20 000平方米	综合性,门类齐全,以服饰、鞋类、箱包、化妆品、家庭用品、家用电器为主	采取柜台销售和开架面售相结合方式	注重服务,设餐饮、娱乐等服务项目和设施	程度较高
8.专业店	根据商品特点而定	目标顾客以目的的选购类商品的流动顾客为主	根据商品特点而定	以销售某类商品为主,体现专业性,深度和丰富,选择余地大	采取柜台销售或开架面售方式	从业人员具有丰富的专业知识	程度较高
9.专卖店	市、区级商业中心、专业街以及百货店、购物中心内	目标顾客以中高档消费者和追求时尚的年轻人为主	根据商品特点而定	以销售某一品牌系列商品为主,销售量少、质优、高毛利	采取柜台销售或开架面售方式,商店陈列、照明、包装、广告讲究	注重品牌声誉,从业人员具备丰富的专业知识,提供专业性服务	一般
10.家居建材商店	城乡结合部,交通要道或消费者自有房产比较高的地区	目标顾客以拥有自有房产的顾客为主	营业面积6 000平方米以上	商品以改善、建设家庭居住环境有关的装饰、装修用品、日用杂品、技术及服务为主	采取开架自选方式	提供一站式购足和一条龙服务,停车位300个以上	较高

第二章 连锁经营组织体系

（续表）

业态	选址	商圈与目标顾客	规模	商品（经营）结构	商品售卖方式	服务功能	管理信息系统
11. 购物中心 社区购物中心	市、区级商业中心	商圈半径为5~10千米	建筑面积为5万平方米以内	20~40个租赁店，包括大型综合超市、专业店、专卖店、饮食服务店及其他店	各个租赁店独立开展经营活动	停车位300~500个	各个租赁店使用各自的信息系统
市区购物中心	市级商业中心	商圈半径为10~20千米	建筑面积10万平方米以内	40~100个租赁店，包括百货店、大型综合超市、专业店、专卖店、饮食店、杂品店以及娱乐服务设施等	各个租赁店独立开展经营活动	停车位500个以上	各个租赁店使用各自的信息系统
城郊购物中心	城乡结合部的交通要道	商圈半径为30~50千米	建筑面积10万平方米以上	200个租赁店以上，包括百货店、大型综合超市、专业店、专卖店、饮食店、杂品店以及娱乐服务设施等	各个租赁店独立开展经营活动	停车位1 000个以上	各个租赁店使用各自的信息系统
12. 工厂直销中心	一般远离市区	目标顾客多为重视品牌的有目的的购买	单个建筑面积100~200平方米	为品牌商品生产商直接设立，商品均为本企业品牌	采用自选式售货方式	多家店共有500个以上停车位	各个租赁店使用各自的信息系统

2004年国家商务部制定了新的《零售业态分类》(GB/T18106—2004)(国标委标批函[2004]102号),并于2004年6月30日起执行。老分类只有8种业态,新分类将零售业态分为有店铺零售业态和无店铺零售业态两类。具体分为:食杂店、便利店、折扣店、超市、大型超市、仓储会员店、百货店、专业店、专卖店、家居建材商店、购物中心、厂家直销中心、电视购物、邮购、网上商店、自动售货亭、电话购物等17种零售业态。零售业态分类和基本特点如表2-1和表2-2所示。

2010年,国家商务部拟修订2004年业态分类标准,2010新标准(讨论稿)与GB/T8106—2004的主要差异为:在有店铺零售中,对超市业态重新进行划分,分为便利超市、社区超市、综合超市和大型超市;将"家居建材商店"并入专业店中;将专业店划分为专业市场和专业超市;将百货店划分为高档百货店、时尚百货店、大众百货店。在无店铺零售中增加直销业态。2010新标准(讨论稿)按照零售业态分类原则分为食杂店、便利店、折扣店、超市、仓储会员店、百货店、专业店、专卖店、购物中心、厂家直销中心、电视购物、邮购、网上商店、自动售货亭、直销、电话购物16种零售业态。

专栏 2-1

国外主导零售业态分类

在国外,与消费者日常生活密切相关的主导业态有:

(1) SSM(Super Supermarket),是一种大型的Supermarket,营业面积在2 000～2 500平方米,注重生鲜食品、日配品,同时也积极扩充购买频率高的家庭日用杂货品。

(2) SC(Super Center),1988年由沃尔玛首先推出,其后发展到整个美国市场,日常生活必需品可以在这种单一的商店完全购齐。营业面积1万平方米左右,实际上是Discount Store和Supermarket的结合。

(3) GMS(General Merchandise),以大量销售服饰和家庭关联性用品为主的大型商店,20世纪70年代以前在美国零售业中有很大的势力范围,但现在这类商店已经破产或转型。一般认为,GMS是日本人独创的一种零售业态,实际上日本人自己认为,GMS已经不存在了,日本的量贩店食品所占的比例高,严格地说是与GMS不同的。

(4) HM(Hyper Market),20世纪60年代出现在法国的大型超市,包含衣食住等综合性商品,将Discount Store和Supermarket合二为一的一层楼商店,食品占卖场的30%～40%,为营业额的60%～70%。美国也曾提出新型的USA Hyper Market,但没有成功。

(5) VS(Variety Store),以购买频率高的非食品商品为主,利用低价格实现大量销售目的,全盛时期在第二次世界大战前,到了 1960 年代,许多商店逐渐转变成 Discount Store,沃尔玛的前身就是 VS。

(6) MWC(Membership Wholesale Club),以大宗消费性商品为主的批发商类型的商店。商品包括食品、家庭用品、体育用品、衣服、文具、家电用品、汽车用品、装饰用品等 3 000～4 000 项,营业面积 1 万～1.2 万平方米。

(7) NSC(Neighborhood Shopping Center),是最小型的购物中心,实际上就是"邻里店",以邻近的商圈为主要对象,集中便利性商品销售,并提供适当的服务。

(8) CSC(Communication Shopping Center),20 世纪 40～50 年代在美国郊外地区发展起来的中型购物中心,以 GMS 或百货公司为主体,包括 VS、SM、DgS(Drug Store,以药品、化妆品、健康美容相关的商品为主,也包括日用杂货和食品,营业面积在 1 000 平方米左右,在国外的发展势头很好)等多种业态。

(9) RSC(Regional Shopping Center),是一种商圈范围更大的大型 Shopping Center,主要商店包括 GMS、Department Store、Discount Store 等以及 50～150 家专柜,商品以流行性商品等日常生活非必需品为主,原则上不包括 SM、DgS。

(10) SRSC(Super Regional Shopping Center),最大型的购物中心,在美国,占地面积在 50 万平方米,主要商店为百货公司、GMS、Discount Store 以及 150 家以上的专柜。

(二) 按组织方式分类

按业态分类反映了不同零售业能够满足消费需求的不同功能,但如何有效地满足消费需求,并获得适当盈利,这应该是零售商最基本的组织问题。

1. 独立商店

独立商店(Single Store)是指仅拥有一个零售门店,所有的商品采购、储存、销售、服务、营销均在门店完成的商店。这是最容易进入、竞争最激烈的形式之一。因为进入门槛较低,所以有不少初次创业者选择投资独立商店作为创业的第一步。

2. 连锁商店

连锁商店(Chain Stores)是指若干家零售店隶属于同一企业所有者的商店。连锁商店通常实行一定程度的集中采购和统一管理,实现资源共享。连锁化是零售业发展的重要趋势,但连锁商店的发展并不会完全取代独立商店。

3. 特许经营

特许经营(Franchising)是一种商业组织模式,是把成熟的体系变成金钱的一种方法。特许经营能充分利用社会资源快速扩大经营规模,同时它还是一种融资手段和投资渠道。对于特许人来说,利用特许经营方式可以借助社会资源快速发展自己的事业；对于被特许人来说，利用少量投资加入一个成熟的零售体系，共享成熟的管理技术和品牌知名度，能大大降低投资风险，获得更好的投资回报。

在发达国家，特许经营已经被各行各业广泛地接受，这是经营模式逐渐成熟、社会经济日益发展、法律规范不断完善的结果。我国商业领域的特许经营是在业态创新与规模扩张的过程中发展起来的，它对促进传统商业向现代商业的转型以及快速扩大连锁经营规模，都具有重要的意义。但是，特许经营双方也面临着由此而产生的一系列问题。发展特许经营首先应该树立正确的管理理念。特许经营是以特许经营权的转让为核心的一种经营组织方式，而特许经营权是由知识产权构成的，所以，特许经营的本质特征是知识产权的转让及运作。

4. 租赁经营

租赁经营在现代零售业中的应用非常普遍，在我国零售行业中，租赁经营是一种占主导地位的经营模式。零售商把自己拥有或承租的营业场所出租给其他经营者的基本目的有两项：一是完善服务功能，增强集客能力，如在大型综合超市提供餐饮服务；二是降低经营成本，并有可能实现"零租金"经营。

一个行业可以从三个方面来认识：一是业种，即按照经营商品分类确定零售业的类型，它缺乏综合服务功能，其经营者关注的是"卖什么"，重点在商品；二是业态，即零售业为满足消费需求而确立的经营形态，其经营者关注的是"怎么卖"才能更好地满足消费需求，重点在需求的满足；三是业制，其核心是产权问题。

二、零售业态的组织

从事一种业态的经营必须明确回答以下八个问题：

（1）业态的社会功能是什么？例如，超市是满足"家庭的每日所需"，便利店则是满足"个人的即刻所需"。社会功能的差异形成不同的业态。社会功能其实就是满足顾客需求的能力，顾客的核心需求会派生出新的需求，从而使零售业态不断细分化。

（2）有没有足够的需求规模？一种需求能不能演变成为一种特定的业态，由许多因素决定，但最基本的就是"有效的需求规模"，如果需求规模不足以支撑基本的"规模经济"，这种业态就无法长期维持下去。但任何一种需求总有一个培育过程，而且需求很容易受外部环境的影响。这是一个十分艰难而富有挑战的阶段。

（3）有没有广泛的需求？这一点与需求规模相关。如果需求是区域性的，那么需求规模就会受到很大的限制，这样的业态也就难以大规模地推广连锁经营方式。如果没有地区的限制，就可以采用连锁经营的组织模式把生意做到无限。

（4）业态的生命周期是否大于业态的投资回收期？如果某种业态的投资回收期需要3年，但这种业态不到3年就会被市场淘汰，这样的业态就没有投资价值。

(5) 顾客是谁？顾客可以分为现实顾客和潜在顾客，现实顾客是指现在就有购买需求和购买能力的消费人群；潜在顾客是指可能成为现实顾客的未来消费人群。例如，便利店的顾客以 12~35 岁的消费者为主，包括上班族、丁克族、钥匙族、单身族、青少年、部分家庭主妇及其他户外活动者。

(6) 顾客需求如何？顾客需求不是一个"常量"，应该是一个"变量"。之所以说是一个变量，主要有两个原因：一是在特定时期的顾客需求会受到各种外部因素的诱导而发生显著的变化；二是随着社会环境和生活方式的变化，需求会呈现出明显的变化趋势。所以，经营零售业态必须灵活运用各种引导方式，并时刻关注消费需求的变化趋势。消费需求的变化应该关注的是：生活方式（S：Life Style）；何时发生需要（T：Time）；需要时的动机是什么（O：Occasion）；在何地消费或购买（P：Place）。锁定上述四个方面（STOP），就能够锁定顾客需求。

(7) 如何做"商品化计划"？满足顾客需求的东西都可以称为"商品"，当然也包括服务、环境等。商品必须经过"计划和营销"才能被顾客接受，为此必须记住六个"正确"：选择正确的"商品"；制定正确的"价格"；安排正确的补货"时间"；陈列正确的"数量"；陈列正确的"位置"；正确的"表现"（包括告知、气氛、服务等）。

(8) 怎样才能持之以恒地关注细节？零售是一种细节化的产业，对细节的关注与不折不扣地执行是连锁成功的基础。任何一个著名品牌的形成都是作业精细化、管理精细化、凡事细节化的结果。总之，细节创造优势，细节决定成败。而细节要依靠全体员工的共同努力，店铺管理人员应该成为细节化的带头人。

第二节 连锁经营的类型与适用性

连锁经营作为一种商业组织方式，广泛应用于各行各业，但不同国家或地区对连锁经营的划分是有差异的，不同类型的连锁经营方式的运用的行业也有所差异。

一、连锁经营的类型

日本把连锁经营分为三种类型：

一是直营连锁（Regular Chain，简称 RC）：也称正规连锁，是指连锁的门店由连锁公司全资或控股开设，在总部的直接控制下，开展统一经营的连锁经营形式。

二是自由连锁（Voluntary Chain，简称 VC）：也称自愿连锁，是指若干个门店或企业自愿组合起来，在不改变各自资产所有权关系的情况下，以共同进货为纽带开展的连锁经营形式。

三是特许经营（Franchise，简称 FC）：也称合同连锁、加盟连锁，是指拥有注册商标、企业标志、专利、专有技术等经营资源的企业(简称特许人),以合同形式将其拥有的经营资源许可其他经营者(简称被特许人)使用,被特许人按照合同约定在统一的经营模式下开展经营,并向特许人支付特许经营费用的经营活动。以特许经营方式经营的门店称为加盟店(Franchised Outlet)。

美国习惯上把连锁经营统称为特许经营,但在实际运作中则有公司拥有的连锁商店(Company-Owned Chain Store)和特许转让经营的连锁商店(Franchise Chain Store)之分。此外,在美国还有一些类似于"自由连锁"的商业组织形式,如授权销售网络、消费合作社、会员制批发商等。

在我国香港和台湾地区,有的采用日本的划分方法,有的则将 VC 和 FC 统称为加盟连锁。中国连锁经营协会以及我国有关术语标准都采用"直营连锁、自由连锁、特许经营"的划分方法。

从连锁经营的起源来考察,最初的形式是 RC,目前也仍然是一种主要形式,但从发展速度和完善程度来看,FC 已成为最发达、最规范的形式,目前两者有相互融合的趋势。下面就以日本的划分为基础,介绍和分析三种连锁经营方式的特征、优势、缺点和适用领域。

二、三种连锁形式的不同特征

从直营连锁、特许经营和自由连锁三种类型的产权关系、利益分配关系、经营管理关系等方面分析,客观上存在着完全不同的特征。

(一)直营连锁的特征

直营连锁的特征主要是:一是直营连锁具有资产一体化的特征,即每一家连锁分店的所有权都属于同一主体,归一个公司、一个联合组织或单一个人所有。二是直营连锁实行总公司统一核算,各连锁店只是一个分设的销售机构,销售利润全部由总公司支配。三是直营连锁总公司与其下属分店之间的关系属于企业内部的专业化分工关系,所以在经营管理权方面基本上高度集中,各连锁店不仅店名、店貌等完全统一,经营管理的决策权,如人事权、进货权、定价权、财务权、投资权等也都高度集中在公司总部,公司总部为每个连锁店提供全方位的服务,以保证公司的整体优势。

(二)特许经营的特征

特许经营的特征主要是:一是特许经营具有资产独立性的特征,即特许经营店之间以及连锁店与总公司之间的资产都是相互独立的。二是特许经营实行独立核算,特许经营店与其总公司都是独立核算的企业,特许店在加盟时必须向总公司一次性交纳品牌授权金,并在经营过程中按销售额或毛利额的一定比例向总公司上缴"定期权利金"。三是特许经营公司与其授权成立的特许店之间的关系是平等互利的合作关系,所以在经营管理上往往不采取强制性的措施,一方面通过特许合同规定双方的权利义务,另一方面则是通过有效的服务、指导和监督来引导特许店的经营行为,因此,对特许经营公司来说,最重要的是特许转让合同,并树立为特许店服务的观点。

(三) 自由连锁的特征

自由连锁的原意是:自发性连锁或任意性连锁,因此,自由连锁也称"自愿连锁"、"志同连锁"等。自由连锁实际上是一种横向发展的合约系统,既可以由某一批发企业发起而组成批零一体化的合约关系,也可以由众多的零售企业联合组成一个具有采购和配送等功能的商业机构,为零售企业服务。前一种自由连锁方式的功能比较单一,主要是通过合同来维持比较稳定的批零购销关系;后一种自由连锁方式的功能比较齐全,成员企业之间以及成员企业与总部之间的关系也比较紧密,是一种类似于特许经营的自由连锁方式。自由连锁一般具有以下基本特征:一是成员店的所有权、经营权和财务核算都是独立的,可以使用成员店各自的店名商标,但是,当自由连锁店发展到合股建立一家能为成员店提供服务的商业机构时,使用不同店名商标的成员店往往会转换成使用统一店名商标的连锁店。二是总店或主导企业与成员店之间并不存在经营权的买卖关系,它们主要是靠合同和商业信誉建立一种互助互利关系,以达到规模经营的目的。三是总店与成员店之间是协商和服务的关系,总店主要负责统一进货和配送,各店铺在核算、盈亏、人事安排、经营品种、经营方式及经营规模、经营策略上都具有很大的自主性。

三、三种连锁形式的优势与缺点

(一) 直营连锁的优势与缺点

直营连锁在市场竞争中体现的主要优势是:通过大批量采购大幅度降低经营成本和价格;可以统一调配资金、设备、商品及人员,有利于充分利用企业资源,提高经营效率;各连锁店可以将主要精力用在商品管理和改善服务上。另外,由于各连锁店不是独立主体,其关闭、调整和新店的开设基本上属于公司内部的事务,受外界制约相对较少,因此,总公司对分店布局和新店开发具有较大的灵活性和方便性。但是采用直营连锁的方式,总公司一般必须有较强的经济实力,而且要能够处理好集中管理和分散经营的关系。

(二) 特许经营的优势与缺点

采用特许经营方式,对总公司、特许店及整个社会都具有明显的优势。对总公司来说,能以较少的资本达到迅速发展公司业务的目的,实际上具有一种融资的功能。同时,通过经营权的转让也能为总公司积累大量的资本,使公司的无形资产变为有形的资产,从而增加公司的实力和发展能力。对于投资者来说,尤其是那些具有一定资本,希望从事商业活动但又苦于没有经营技术和经验的企业和个人,通过购买特许店就是一个很好的发展机会。一旦加盟,既可以利用总公司的技术、品牌和商誉开展经营,又享有总公司全方位的服务,所以经营风险较少,利润比较稳定。另外,由于特许店是独立的经营实体,有内在的激励和发展机制,因而不需要总公司在调动其经营积极性方面花费精力。对社会而言,通过特许经营方式来发展商业网点,不仅能提高商业的组织化程度,而且也有利于中小企业的稳定发展。但如果总公司片面追求品牌授权金,大量发展特许店而又缺乏有效的管理和强有力的服务能力,不仅会使企业形象受到严重损害,也会使投资者的权益受到侵犯,最终很有可能导致整个特许经营系统的崩溃。

(三) 自由连锁的优势与缺点

自由连锁既具有连锁经营的规模优势,同时又能保持独立小商店的某些经营特色。因此,对于中小企业众多的地区来说,发展自由连锁是比较合适的;自由连锁具有较好的灵活性、转换性和发展潜力,可以逐渐发展成为独资连锁或特许经营。自由连锁的缺点是统一性较差,决策迟缓,组织不稳定,受地域限制较大。

四、三种连锁形式的适应性分析

(一) 直营连锁适用的行业

直营连锁主要适用于零售业,特别是大型百货商店和超级市场。其主要原因是这类商业企业都需要巨额的投资和复杂的管理,如果采用特许经营的方式来发展,管理难度就较大。例如,沃玛特(Wal-Mart)百货公司拥有的1 920家连锁商店、凯玛特(K-mart)百货公司、西尔斯(Sears Roebuck)百货公司、美国商店(American Stores)超级市场、瑟夫怀(Safeway)超级市场都采用直营连锁的方式。

(二) 特许经营适用的行业

特许经营适用于制造业、服务业、餐饮业以及便利店之类的小型零售业等领域。如美国的施耐普昂,就是美国著名的一家五金工具生产企业,它运用特许经营方式在全球发展了5 000家特许经营店,主要销售"Snap-On"产品。在发达国家,特许经营项目的使用范围越来越宽广。

(三) 自由连锁适用的行业

自由连锁的发展与商业经营的传统风格有密切关系。如美国,自50年代以后批发企业逐渐认识到了与零售企业建立稳定关系的重要性,因此,通过多种方式来吸引零售企业,最终形成了以批发企业为主导的自由连锁系统。而在日本,中小企业之间历来具有很强的合作意识,在市场竞争的外部压力下,日本的许多中小企业逐渐走上了以互助合作作为特征的自由连锁之路,所以,日本的自由连锁在其发展初期以零售主导型为主。根据我国目前的状况,发展自由连锁的难度较大,其中很重要的一条原因是：缺乏持久的合作精神以及过多考虑局部的近期利益,当近期利益受到影响时,往往宁愿放弃合作所能带来的长远利益而偏好独立自主的经营。

第三节　连锁经营组织体系的建立

连锁公司(Chain Corporation)一般由总部、配送中心与门店组成,每一个部门都有明确的工作职责,但部门之间又要保持良好的团队合作。只有分工与协同相结合,才能有效地发挥连锁经营的规模效应。

一、连锁经营体系的组织划分

（一）总部

总部(Headquarters)是连锁公司经营管理的核心,具有战略规划、市场开拓、网点开发、采购配送、营销策划、质量监控、财务管理、经营指导、市场调研、商品开发、人员招聘、人才培训、物业管理等职能。总部的主要职能是决定方向、完善体系、服务门店、实施管控。凡是门店做不了做不好的事情,总部就应该负责,并达到专业水平。

（二）门店

门店(Outlet)是连锁经营的基础,主要职责是按照总部的指示和服务规范要求,承担日常销售服务工作。"门店"是与"总部"相对应的一个概念,"店铺"这个概念则是泛指一切零售店。

（三）配送中心

配送中心(Distribution Center)是连锁公司的物流机构,承担着商品的集货、库存保管、包装加工、分拣配货、配送、信息提供等职能。

总部是管理职能,门店是销售职能,配送中心是服务职能。

二、总部与门店的相互关系

总部与门店作为功能互补的两个对等部门,应受制于最高层管理机构。最高层管理机构由董事会、监事会、总经理、战略规划部门以及必要的协调机构组成,主要负责公司发展的重大决策,决定年度营销计划,并监管计划的有效实施。

总部负责执行最高层的决策与计划,并通过设计使决策与计划具体化为行动方案,完成除门店销售以外的一切营运与管理工作。门店负责销售服务与现场管理。

门店应向顾客提供良好的服务,门店的服务状态与总部对门店的服务水平直接相关。因此,不仅要强调门店为顾客服务,还必须加强总部对门店的服务,总部各部门必须急门店所急,通过计划、沟通、有效的信息反馈、配备必要的资源、加强专业管理人才的引进等手段,向门店提供良好的服务。根据这个要求,有些连锁公司用"内部顾客满意度"指标来衡量总部各部门为门店服务的水平。

当连锁公司的经营规模较大时,由于总部难以直接管理众多的连锁门店,就需要在总部与门店之间建立一个区域分部,在总部的统一指挥下发挥服务指导、监督控制、组织协调的功能。当连锁门店发展到跨地区的规模时,区域分部往往转变成为分公司或子公司形式,相对独立地开展区域发展业务。同时,配送中心也向区域延伸,成立分配送中心。这种配送中心的主要功能是转送总部配送或供应商直送商品。当然也有连锁公司主张再扩大分配送中心的功能,使其具备储存功能,其结果可能适得其反。

三、连锁总部的部门划分

总部的部门划分没有一个统一的标准,主要是看业务模式与经营规模。公司战略确定以后,承担店铺开发任务的发展部是先导;然后是两个相互牵制的核心业务部门:商品部与营运部;再次是保障部门:管理部、电脑部、其他部门等。

(一)发展部

发展部主要负责店铺开发工作,这是公司经营的基础,但也是目前很多连锁公司比较薄弱的环节。由于开店前很少采用商圈考察,店铺开张以后很快就成了经营业绩很差的"烂店",为了挽救烂店,往往又投入大量的营销资源,结果造成更大的资源浪费。工作职责包括:商圈资料的收集;选址标准的确立;店铺的寻找、洽谈与签约;店铺的投资评估;店铺工程设计、审核以及工程招标、监督与验收;店铺平面配置规划;店铺设备采购、维修与保养;开店流程安排及进度控制等。店铺开发的常规流程可以分为七步:店铺寻找、商圈调查、投资评估、店铺购租、店铺规划、开业准备、开业后评估。每一项工作都应该有操作规则和相应的流程与表单。

(二)商品部

商品部主要负责商品管理。商品管理是连锁公司的核心业务,其目的是在适当的时候,以适当的价格,购买适当品质、适当数量的商品,并通过快捷的配送和有效的促销,把商品销售给顾客,以满足消费需求,获得经营利润。因此,从广义来说,商品管理包括从商品计划、商品采购到商品销售以及售后服务的全过程。从狭义来说,商品管理主要包括商品开发与采购,并对销售负责。连锁公司的软肋集中表现为总部缺乏专业化的管理,而总部最大的管理问题就在于缺乏有效的商品管理。这主要表现为:没有清晰的商品政策,没有实施品类管理,没有有效的商品组合、推广促销与空间管理,信息资源与报表体系不健全,商品管理不是依据数据分析而是主要凭个人感觉,配送、库存、补货、价格等方面没有实施必要的监控。这些都是导致商品经营业绩低下的根本原因。商品部的工作职责主要有三项：制定商品政策、采购商品、存货控制，其核心是必须对销售负责。

（三）营运部

营运部要面向门店，通过督导提高经营业绩。营运部与商品部相互牵制，两者常常处于矛盾之中，商品部责怪营运部销售不力，营运部则责怪商品部所提供的商品不畅销、促销活动缺乏足够的吸引力、供应商的支持力度不够等。两者通过有益的冲突达到共同提高与完善的目的。所以，这两个部门一般由不同总监来负责，商品总监负责商品管理，营运总监负责营运管理。

营运部的主要工作是新店筹建和营运督导。但有些企业的新店筹建工作由总部的营销策划部门负责，各相关部门协作完成，在这一体制下，店长往往要较早进入角色，在店铺筹建过程就入店实施管理。

新店筹备工作包括：在营运总监的领导与授权下，全面负责新店筹备的各项营运工作；根据已制定的年度新店开设计划，筹备各家新店的开业工作；在新店合约签署后，由新店筹备部组建新店筹备委员会，全面负责新店筹备工作，新店筹备部派人担任筹备委员会负责人；筹备委员会负责人负责与发展部、商品部、人力资源部一起拟定新店开业计划，实施新店开业倒计时；筹备委员会负责人负责定期（每周）召集总经办、采购部、人力资源部、店务拓展部等部门召开新店筹备进展会议，推动新店开业前期计划的有效实施；新店筹备部与人力资源部一起，共同选拔新店的管理人员，确定新店管理架构；与商品部沟通确定新店的商品结构、品项数；与人力资源部沟通确定新店的人员架构、招聘、培训等工作；与发展部沟通决定卖场布局、设备安装、货架布置、电脑系统安装等工作；与营销部讨论新店开业促销活动及开业典礼仪式；负责新店的卖场布置、商品陈列等开业前的营运工作；负责新店开业后一个星期的营业工作，直到与新店店长完全交接。

营运督导工作包括：在营运总监的领导与授权下，直接监督营运部门的各项工作；根据已制定的年度营运目标及考核指标，监督各门店完成公司的业绩指标；定期组织营运工作培训，针对督导工作中发现的问题及时纠正和改进；与各店进行密切地交流与沟通；每月组织采购部与各门店店长举行"营采沟通会"，交流日常工作中的各种问题；监督各店的营运工作是否按规范流程操作；负责监督及检查店面执行岗位工作职责和行为规范状况；定期巡店，督导店面的商品管理、商品陈列及顾客服务状况；负责检查门店生鲜区域的卫生控制及生鲜商品的品质管理状况；根据巡店情况提出店面营运过程中的整改意见；负责每个季度盘点工作的计划与组织。

有些公司专门成立开店小组，专事新店筹建工作，待店铺开张以后再交由店长管理。有些公司没有这样一个专业的部门，新店开张的工作由各部门分工负责，并由营运部协调。一般而言，连锁公司都设有工程部与总务部，工程部只负责工程项目的过程管理,总务部负责设备用品的采购和工程项目的招标,这两个部门也是相互牵制的,但联系紧密。几乎所有的连锁公司都十分重视消防安全方面的工作,所以,在总部往往设有安全保卫部门,并负责防损方面的工作。营运部门内部一般可以分为:营运督导部、新店筹备部、安全保卫部等。营运督导部是主体部门,一般会因店铺区域的扩大和店铺数量的增加而设立区域督导。

连锁公司的发展一般会经历三个阶段:第一阶段是以规模为中心,发展部成为公司的核心部门,营运的中心任务是配合新店开发;第二阶段是以商品为中心,商品部成为公司的核心部门,试图通过有效的商品管理来改善经营业绩;第三阶段是以营运为中心,试图通过有效的管理来提高经营业绩。营运的核心目标是提高店铺的经营业绩,它的两个重点是商品与服务。这一目标通过营运部、区经理、督导三个层面来实现,其工作依据是营运标准,常用的方法是巡视、沟通、分析、指导与整改。

(四)管理部

管理部是为业务部门服务的部门,其工作职责包括:财务与资产管理;企业组织制度的确立;人事制度的规划及执行;员工福利制度的拟定及执行;人力资源规划与人员招聘;人才培训;奖励办法的拟定及执行;各种合同文本的制定及公司权益的维护;公共事务关系的建立与维护;各类工作会议的组织与安排;特许经营业务的组织与发展;其他各类管理制度的拟定与执行。管理部是一个不断分化的部门,如法务部、公共事务部、加盟部,甚至电脑部与培训部等部门都是从办公室或管理部中分离出来的。

(五)电脑部

信息化是连锁企业核心竞争力的重要标志,没有信息技术的现代化也就不可能有连锁企业的现代化。所以,信息化已经不是可有可无的"补品",而是每日必需的"食品"。然而,从管理信息系统(MIS)到企业资源计划(ERP)再到供应链管理(SCM)等,业内不乏失败的例子。失败的重要原因是高估了"技术系统"的通用性而低估了"业务系统"的复杂性,错误地认为:只要引进一套技术系统就可以彻底改变企业的面貌,变传统企业为现代企业。

连锁公司的电脑部有两种基本类型:一类自己不开发软件,所有开发工作全部外包,这样,公司内部电脑部的主要工作职责就是系统的日常维护;另一类是承担系统开发任务的电脑部,其职责非常宽泛:负责电脑系统软件的开发及应用管理,门店电脑设备及销售点终端(POS)系统的配置、安装、维修及管理,配合培训部对门店电脑操作人员的培训及使用指导等。

(六)其他部门

随着连锁经营规模的扩大和信息技术的发展,以下部门越来越显得重要:

（1）呼叫中心(Call Center)：这是一个利用现代信息技术而建立的中介性、即时性服务平台，包括顾客热线、保修呼叫、网络销售、在线服务等都可以利用这个平台来完成。

（2）票据中心：在业务与财务系统之间，建立一个内部供应链与外部供应链相连接的系统平台，目的是让公司总部、门店、供货商、配送中心之间采用电子网络传递订货、送货、验收等信息，采用电子方式对账，产生结算信息。这一系统的建立将简化业务流程，并对传统的订货与结算方式产生重大变革。

（3）信息部：连锁公司达到一定经营规模以后，建立了比较完善的信息系统，如何有效地挖掘与利用信息数据，将是下一轮竞争的核心。建立信息部，就是要加强对企业内外部信息资源的收集、加工、分析与利用，以指导经营业务。

（4）投资部：大型连锁公司如何进一步发展，如何有效利用现金流量，如何开拓新市场新业务，这些问题不可能通过"发展部"来解决，这就需要有一个专业的部门来主管投资业务。

（5）加盟部：特许经营是国际上普遍采用的一种连锁经营方式，当连锁公司的管理体系与经营技术都比较成熟的时候，可以成立加盟部发展特许经营业务。

（6）法务部：公司越大，法律事务就越重要，需要建立独立的法务部对经营活动实施事前把关与事后处理。

随着公司规模的进一步扩大，多业态发展的大型连锁公司开始实施集团化管理模式，推行大财务、大物流、大采购模式，那就必须面临商品编码的统一，从而有必要在集团总部成立编码中心、订单中心、结算中心等。

对于小型的连锁公司或跨区域发展以后成立的区域公司，可以设置简化的"五部一室"组织体系。即人力资源部（含培训）、财务部、开发部、营运部（含店铺筹建、营运督导、系统维护等）、商品部（含商品开发、订货与配送、营销等）、办公室，并按照业务规模配备相应的业务与管理人员。

四、组织标准化营运的实施

在第一章中讲到标准化是3S原理的核心，为了在组织体系中贯彻标准化原理，必须把握标准化营运的实施要素。

1. 理念

实施标准化，需要树立流程化理念，凡是要做的，就必须写到；凡是写到的，就必须做到；凡是做到的，就必须有效。写到、做到、有效，这实际上就是推行标准化的简化过程。关键是要有科学的业务流程，要注重实际与实效，站得高，看得远，想得多，做得细，在实践中观察是否有多余的动作，然后建立新的科学的业务流程。企业高层有了标准化理念，进一步通过制度来推进标准化工作，持之以恒，才能见实效。

2. 目标

企业的市场定位、目标顾客、经营项目以及经营承诺,直接影响到标准化的要求。例如,企业如果以经营生鲜产品为主导,向顾客作出了"新鲜安全"的承诺,就必须建立与此相适应的质量目标以及质量监控标准,每一个理念都有数量化配套措施相对应。

3. 组织

推行标准化的组织保证,包含三层含义:一是要建立标准化研发机构,以专业化团队推动标准化运作。二是要建立有序而相互牵制的组织体系,如总部制定标准,区域督导,门店执行,人事考评,制定标准与实施标准的分离、执行标准与检查的分离、相关部门交叉监管等。三是组织要提供充分的资源,以确保各项标准化工作的有效开展。

4. 标准

营运标准是标准化管理的核心要素之一,一般都会涉及岗位职能、职位要求、工作流程、作业细则、技术标准、考评制度等问题。制定营运标准必须考虑国家法律法规、标准以及行业特征、顾客需求、企业承诺、自身条件等各方面的因素,切实可行、提高效率、提升满意度应该作为最基本的判断准则。标准的具体表现形式可以各不相同,但有一个基本要求:形成可以传授的工作手册与培训手册,如程序文件、作业手册、技术文件等。

5. 培训

培训是为了确保员工技能达到岗位要求,并使他们掌握标准要求与操作方法,以确保服务提供符合顾客的要求。另外,培训不仅仅是操作技能的训练,它包括对企业文化的认同与团队精神的培育,以增强凝聚力与对工作的热情。值得关注的一个基本趋势是部门化培训。所谓部门化培训,是指部门主管把培养下属作为自己的基本职责,采取"师傅带徒弟"与"标准化"相结合的培训方法,这是一种十分有效的培养人才的方法。大型公司一般都实行统一培训与部门培训相结合的方法。

6. 检查

检查是对执行情况的验证,是评估执行过程与执行结果符合标准的程度。人非机器,开关一开就能按照标准要求自动工作,即使已经通过培训且掌握了操作要求与技能的员工,其工作状态也会受内外部各种因素的影响。检查是为了预防与纠正,并为下一轮培训以及人力资源安排提供依据。常用的方法是通过各种量化的检查表,来评估工作的符合程度以及工作业绩。为了保证检查的独立性与公正性,检查工作外包也是很多大型公司所采取的一种办法,如沃尔玛的第三方食品安全审核。沃尔玛在全球范围内进行的食品安全审核项目,聘请了庄臣公司作为第三方检测机构负责实施。庄臣公司介绍,沃尔玛还委托其不定时地到供应商的生产车间进行检测,以便对供应商有更为客观、全面的了解。食品安全审核以食品安全承诺为依托,共涵盖个人卫生、清洁消毒、温度控制等28个检查项目。

7. 考评

考评是对执行者的评价,通过评价给予奖惩处分,以便改进工作。如前述的检查,庄臣审核员每月会依据食品安全审核检查表对沃尔玛商场的7个部门(肉类、面包、熟食、海鲜、果蔬、杂货、员工餐厅)展开突击性审核,并以红灯、黄灯、绿灯(红灯:一个或多个检查项得到危险的审核结论;黄灯:一个或多个检查项得到"潜在危险"的审核结论;绿灯:所有检查项得到"通过"或"需改进"的审核结论)三个级别将审核结论直接汇报给总部。通过沃尔玛全球数据库系统(IMAP),可以及时追踪全球任何一家沃尔玛商店的食品安全审核结果及其所在国家的平均分。针对商场的食品安全审核结果,会有具体的跟进计划及奖励措施。据介绍,商场总经理如果在1年中被认定有5个红灯项,就须自费到美国接受相关的培训。

8. 控制

控制是为了纠正偏差,并使其执行符合既定目标的要求。控制的理论与方法已成为人们认识和改造世界进程中不可或缺的基本手段。最简化的控制系统是由控制器和控制对象两部分组成的开环控制,它的优点在于简单稳定,缺点是精度低。例如,夏天用电风扇降温,它的转速由档位决定,不能根据环境温度自动调节。闭环控制则是系统的输出也参与控制,所以也被称为反馈控制,它的优点是控制精度高,但是容易产生自激震荡。

控制是非常重要的管理职能,为了防止重大安全事件的出现,企业会制定一系列预防措施,以控制风险。各部门都必须遵守公司安全和风险控制标准,以及地方法律或有关公共安全方面的规定,如最低通道宽度、出口通畅、商品展示安全、喷水装置、叉车使用程序、锁定贴封、事故报告程序等。在日常检查中,发现轻微的非普遍性的不符合项,常常采取现场指导与纠正的办法。对普遍性的问题或优良的实践经验,则通过纠正措施或相互交流得以纠正、推广。总之,控制是实现持续改进的基本手段。

专栏 2-2

肯德基的连锁经营系统架构

肯德基连锁经营的成功,其背后有着成熟、完善的连锁经营系统架构作为强大支撑。

一、肯德基的组织结构

肯德基总部有13个部门,包括法律部、财务部、人力资源部、公共事务部4个服务部门以及IT部、采购部、配销中心、企划部、营建部、品质控制部、营运部、开发部、加盟事业部9个业务部门。其中,4个服务部门是专为其他9个部门提供服务的,而9个业务部门又凭借各自的专业化分工及相互的协作,实现整个作业流程。肯德基的职能部门和业务部门各司其职,拥有良好的沟通,保证了整个组织机构运行的畅通。

二、肯德基的运作方式

肯德基不仅设计了合理的组织结构,还将其结构与运作方式整体有机地结合起来,从而充分实现了对单店的支持、控制沟通、授权,使其连锁经营具有"整体大于部分之和"的功能。

(一)总部的运作

(1)支持功能。总部对单店的支持功能主要体现在以下几方面:一是选址。肯德基的店址选择过程非常严谨,包括商圈的划分和选择、聚客点的测算和选择、两级审批制决策这3个步骤。通过自己科学的选址方法,保证了单店开发的成功率。二是物流配送。肯德基在国内的供应链模型是:供应商→配送中心→地区配送中心→单店。通过独立的物流配送体系、统一的配送流程和完善的配送服务,肯德基实现了大规模的配送数量及较低的配送费用。其配送中心的主要责任是锁定采购渠道,而将非关键性职能(如商品实物流)交由外部企业来完成,充分体现了餐饮业连锁经营的专业化特征。三是营销推广。肯德基的营销活动由总部每年统一规划。在营销活动准备执行时,总部会向指定单店发放一个规则详细的企划手册,各单店只要照做即可。通过统一的、大规模的、有计划的营销推广,使得肯德基的品牌建设统一有效,单店销售量得到稳定保障。四是人力资源支持。总部为单店提供强有力的人力资源支持,包括经理、助理等管理人员的派遣及一般服务人员的招聘、培训等。尤其值得一提的是肯德基拥有一套成熟可靠的培训体系,保证了人员综合素质的提高。公司在中国特别建有适用于当地餐厅管理的专业训练系统及教育基地,配备有先进的视听设备、一流的培训教材,并且从餐厅服务员、餐厅经理到公司职能部门的管理人员,都按照其工作的性质要求安排了严格的培训计划。

(2)控制功能。控制功能分为3个部分:一是总部对财务信息的集中控制。肯德基的"财务控制"模型是:单店每日营业额的信息当日即汇总传送到分公司,再统一传送到总部财务部门,单店运营只负责相关成本核算。这就使总部能够及时地了解各单店的运转情况,以保证单店运营状况达到可控状态,使信息保持畅通运行,总部和单店双方的利润分配有据可循。二是总部对单店运作流程的控制。

肯德基的"督导体系"模型是：总部→营运部→分公司营运部→区域营运经理→单店。通过如此层次分明、职责清晰的督导，肯德基单店日常运营中各环节能够严格按照标准执行，确保了产品质量的稳定、信息沟通的及时有效，而且对人员的绩效考核清晰分明，利于职责到位。三是总部对单店的企业文化灌输。肯德基总部特别注重向单店灌输其具有服务意识导向的强有力的企业文化。通过统一的CIS，发行《同行》、《百胜纵横》等内部刊物等，肯德基将"群策群力，共赴卓越"等企业文化根植于员工的意识中，以这一"无形规则"实现对单店的有效控制。

（3）沟通功能。肯德基通过完善的信息系统建设来保障内部沟通的顺畅，达到良性运转的目的。它的ERP系统是作为其管理运作的核心部分出现在整个体系中的。借助这个发达的信息系统，肯德基可以提高效率、降低成本，物流、信息流体系更透明，使信息保持畅通运行。

（二）单店的运作

肯德基在单店日常运营中的标准化服务主要由全球推广的"CHAMPS冠军计划"实现。"C"指的是Cleanliness，保持美观整洁的餐厅；"H"是指Hospitality，提供真诚友善的接待；"A"是指Accuracy，确保准确无误的供应；"M"是指Maintenance，维持优良的设备；"P"是指Product，坚持高质稳定的产品；"S"是指Speed，注意快速迅捷的服务。"冠军计划"具有非常详尽、可操作性极强的细节，以及全部量化的考核指标，并要求每位员工严格执行统一规范的操作。这是肯德基数十年在快餐服务单店经营上的经验结晶。此外，肯德基的单店在运作中接收到的是总部全方位的品牌输入、管理输入和人员输入。由此，单店的规范化、简单化、专业化运作得到了进一步保证。

本 章 小 结

1. 零售商分类中最重要的两种分类：一是按业态分类；二是按组织方式分类。零售业态是指为满足特定的消费需求而形成的店铺营业状态。最有代表性的零售业态有：百货公司、大型专业店、超市、便利店、折扣店与购物中心。其中购物中心又是各种商业业态的组合体。零售商按照组织方式分为：独立商店、连锁商店、特许经营和租赁经营。

2. 连锁经营通常划分为直营连锁、特许经营和自由连锁三种基本形式。直营连锁是指连锁的门店由连锁公司全资或控股开设，在总部的直接控制下，开展统一经营的连锁经营形式。特许经营是指拥有注册商标、企业标志、专利、专有技术等经营资源的企业（简称特许人），以合同形式将其拥有的经营资源许可其他经营者

(简称被特许人)使用,被特许人按照合同约定在统一的经营模式下开展经营,并向特许人支付特许经营费用的经营活动。自由连锁是指若干个门店或企业自愿组合起来,在不改变各自资产所有权关系的情况下,以共同进货为纽带开展的连锁经营形式。

3. 直营连锁的主要优势是能够通过大批量采购,大幅度降低经营成本和价格,可以统一调配资金、设备、商品及人员,有利于充分利用企业资源,提高经营效率;特许经营的主要优势是能以较少的资本达到迅速发展公司业务的目的,实际上具有一种融资的功能。自由连锁的主要优势是既具有连锁经营的规模优势,同时又能保持独立小商店的某些经营特色。

4. 连锁公司一般由总部、配送中心与门店组成。其中总部是管理职能,门店是销售职能,配送中心是服务职能。因连锁公司的业务模式与经营规模不同,总部的部门划分没有一个统一的标准,其中承担店铺开发任务的发展部是先导;商品部与营运部是两个相互牵制的核心业务部门;再次是管理部、电脑部等保障部。连锁经营中标准化营运的实施八要素包括:理念、目标、组织、标准、培训、检查、考评和控制。

问题思考

1. 零售主要做什么?零售商有哪些基本类型?
2. 什么是业态?如何有效地组织零售业态经营?零售业态分为哪些基本类型?
3. 连锁经营有哪些组织形式?各有什么特点?其适用性如何?
4. 如何有效地实施标准化组织管理?
5. 简述连锁公司的组织架构以及运行模式。

实践应用

一、如何发展乡镇超市

某连锁公司为了开拓市场,2005年开始大力发展小城镇超市。经过一年多的发展,在江、浙两省开办了250家小城镇超市。营业面积平均300平方米左右,日销售约1万元,日来客数500人,日均客单价20元。开拓这一市场,从战略上分析,一是竞争不是很激烈,尤其是外资较难进入;二是商务部大力支持"万村千乡"工程,政府有扶持政策。尽管有这些有利条件,年度亏损仍高达7 000多万元。

讨论题:

是继续发展还是调整战略方向?

二、如何开便利店

我国某特大城市,便利店起步较早,2001年就已经有5家初具规模的便利公司。在这样的背景下,某大型超市公司计划发展便利店业态。

考察我国台湾地区统一集团旗下的7-Eleven发现:1980年2月,经过美国南方公司授权的第一家7-Eleven在中国台北诞生,当时在台湾地区已经有本土强手,最大的便利店系统的门店数甚至有500家,但最后还是7-Eleven和Family Mart(全家)分别占第一与第二位。台湾地区7-Eleven的成功发展就是一个不断本土化创新的过程,现在7-Eleven在台湾地区已经拥有4 800多家门店。台湾地区7-Eleven是先总结成功经验,慢慢地开,时刻琢磨,把道理想透了再快速扩张的。

讨论题:

便利店应快速开店,还是参照统一集团的做法,缓慢开店?

第三章 特许经营

学习目标

1. 了解特许经营的发展理念。
2. 掌握特许经营的运作方式。
3. 熟悉我国特许经营法律规范。
4. 了解特许经营备案制度。
5. 掌握特许经营合同。

特许经营作为连锁经营的一种组织形式,是一种使成熟的体系得以不断复制的一种方法。特许经营能充分利用社会资源快速发展经营规模,同时它还是一种融资手段和投资渠道。

【引导案例】

3-1 轮子上的商店

美国施耐普昂(Snap-On)连锁公司创造的特许经营网络是以制造商为主导的特许经营。该公司创办于1920年,生产并销售各类五金工具,是美国第一家采用工具车送货上门方式推销五金工具产品的特许经营公司。当时,公司多数工具是在商店出售的,后来为扩大经营业务才设计生产了专用工具车,采用工具车送货上门的服务方式。公司在20世纪60年代初曾经尝试过特许经营,但由于各方面条件不成熟,最终又恢复了公司独立经销的办法。从1991年开始,由于管理体系的逐渐成熟,公司恢复了特许经营,其具体办法有两种:一种是公司在特定区域设立代理商,代理商只能出售该公司生产或认可的产品,从该公司认可的供货商进货,并规定一个建议价格,但代理商也可以减价出售。另一种是加盟者向该公司租赁或购买送货工具车、电脑设备及软件,在规定的区域内流动销售由公司统一配送的产品。这种工具车长16英尺,可以存放 10 万美元的五金工具产品,被称为"轮子上的商店"。

该公司特许经营的特点是:① 加盟者在正式开展业务之前必须接受由公司统一组织的培训,一般培训的时间为 2 周。② 加盟者在加盟时向公司支付 3 000 美元的特许权使用费。③ 为保护加盟者的利益,在同一区域内不设 2 个加盟店。④ 以成本价向加盟者供应产品。⑤ 强调总部是提供帮助和服务的机构,而不是"警察局"。⑥ 总公司在全国范围内做广告,以推广公司的产品和形象。

思考题:
1. 你从美国施耐普昂公司的发展经历得到怎样的启示?
2. 发展特许经营需要具备怎样的条件?

第一节　特许经营的含义与特征

在当今世界,除 McDonald、KFC、7 - Eleven、Pizza Hut 等著名的特许品牌外,有更多的行业实施了特许经营。美国人 3 美元的消费中有 1 美元是在特许体系内消费的。特许经营能充分利用社会资源快速发展经营规模,同时还是一种融资手段和投资渠道。

一、特许经营的含义

英文"Franchise"即为特许经营,它源于法文 Franc,原意是"不受奴役"。特许经营向我们昭示了什么? Franchise 含有特许与自由的含义,即通过特许加盟使加盟者免受薪水阶层的劳役之苦,自由地开创自己的事业。麦当劳称:把一整套的快餐服务技术及店面标准系统出售给想加盟麦当劳的人。加盟者向麦当劳支付首期特许费 2.25 万美元,并按月销售额的 3.5%交付特许权使用费和 8.5%交付房租,麦当劳支持每一个加盟者取得成功。国际上,对特许经营已经形成了标准定义和相应的法律规范,如国际特许经营协会、美国联邦贸易委员会、日本特许经营协会等。2007 年 2 月 15 日,国务院 485 号令颁发的《商业特许经营管理条例》对特许经营的定义是指拥有注册商标、企业标志、专利、专有技术等经营资源的企业(以下称特许人),以合同形式将其拥有的经营资源许可其他经营者(以下称被特许人)使用,被特许人按照合同约定在统一的经营模式下开展经营,并向特许人支付特许经营费用的经营活动。企业以外的其他单位和个人不得作为特许人从事特许经营活动。

总结国内外的定义,特许经营的基本内涵是:① 以成功的产品或经营技术为资本,并且便于复制;② 以强大的总部支持系统为后盾;③ 以利益为纽带,以合同为依据,按合同规定享受各自的权利,履行各自的义务。其有关常用名词概念介绍如下:

(1) 特许者,即特许经营的主导企业,又称为特许经营授权商、盟主、加盟主、特许权公司、特许经营主权商、转让者等。

(2) 被特许者,即特许经营权的接受者和特许店的经营者,又称为加盟者、受权商、经营商、特许经营受权商、特许权业主、受让者等。

二、特许经营的特征

(一) 管理理念

在发达国家,特许经营已经被社会各界广泛地接受,其公众形象已经达到了前所未有的高度。这是经营模式逐渐成熟、社会经济日益发展和法律规范不断完善的结果。然而,特许经营的广泛发展也削弱了消费者个性化和差异化需求的满足,因此有人嘲笑它是没有个性的"塑料机构"。我国商业领域的特许经营是在业态创新与规模扩张的过程中发展起来的,它对促进传统商业向现代商业的转型以及快速扩大连锁经营规模,都具有重要的意义。但是,特许经营双方也面临着由此而产生的一系列问题。发展特许经营首先应该树立正确的管理理念。特许经营是以特许经营权的转让为核心的一种经营方式,而特许经营权是由知识产权构成的。所以,特许经营的本质特征是知识产权的转让及运作。由此形成以下基本的理念:

(1) 特许经营是利用自己的品牌和专有技术与他人的资源相结合来扩大经营规模的一种商业发展模式。因此,特许经营是品牌价值与管理技术的扩张而不是资本的扩张。

(2) 特许经营是以经营管理权控制所有权的一种组织方式,被特许者投资特许店并拥有店铺的所有权,但这个店铺的最终管理权仍然由特许者掌握。

(3) 成功的特许经营应该是双赢模式,只有让被特许者获得比单体经营更多的利益,特许经营关系才能有效维持下去。

(二) 特许与直营的区别

特许经营与直营连锁的主要区别如下。

1. 产权关系不同

直营连锁是指同一资本所有或控股连锁门店,由总部集中管理同类商品和服务业务的连锁经营方式。而特许经营则是分散的投资主体服从于统一的经营模式,加盟者对店铺或一个区域的经营组织的投资比例则因特许经营方式的不同而有所差异。

2. 法律关系不同

在特许经营中,特许者与被特许者的关系,是合同双方当事人之间的关系,双方的权利和义务在合同条款中有明确的规定。在直营连锁体系中,总部与门店之间的关系则是通过公司内部的责任制度与考核制度来调节的。

3. 管理模式不同

直营连锁的管理模式是纵向的内部组织管理,总部直接利用自己的资源指挥连锁店,资源的调配属于公司内部的调拨和核算。特许经营的管理模式是连锁店在统一的经营业务与经营标准的前提下利用自己投入的资源进行管理,总部对特许店的管理以合同与营业标准为依据。

4. 适用范围不同

从涉及的经营领域和范围来说,特许经营比直营连锁更广泛,特许经营的应用范围已经从生产领域扩大到商业、服务业、餐饮业、房地产业、教育、科技、道路建设等各个方面,而直营连锁一般在商业、服务业、餐饮业等。从特许经营方式在零售业态的应用情况来看,一般集中在便利店、专卖店等小型化的业态。

5. 发展方式不同

特许经营通过招募独立的企业和个人扩张连锁体系,特许者不仅需要吸引潜在的被特许者,还需要选择被特许者,并为特许者提供培训和服务。采取直营连锁方式扩张规模则需要有大量的发展资金,配备大批的管理人员,所以,发展速度更受发展资金与人力资源的限制。

三、发展特许经营的基本要求

(一) 基本条件

从欧美和日本特许经营的发展过程来看,其迅猛发展是在第二次世界大战以后,国际著名特许经营体系的成功经验显示,发展特许经营一般应具备六个基本条件。

1. 持续发展的生意模式

业态必须具有持久的生命力和广阔的市场基础,在此基础上建立起来的生意模式才会有持续发展和盈利的空间。这种生意模式包括业态、经营商品、服务形象、盈利模式等内容。值得注意的是:在以创新为主导的现代社会,最先者不一定是最优者,"互联经济学"所提出的基于"网络效应"的、用规模先入为主"锁定"(lock-in)客户的理论,经常会受到新技术与新产品的挑战,最先者依然从属于最优者。所以,创新是确保企业经营持续发展的基础。

2. 可以传授的经营技术

建立了生意模式以后,最重要的是要有管理体系的保证,而且这套体系是能够传授、容易学习和原样复制的。体系不仅仅是指信息系统或物流体系,其基础是业务体系。然后才会有与业务体系相适应的管理体系,管理体系不仅应该通过计算机信息管理系统固化业务流程,而且必须具有控制业务活动的功能。所有这些内容,都可以在较短的时间内通过教育训练传授给相关的人员。

3. 特许经营的指导思想

加盟主发展特许加盟的一般好处是利用社会资源发展自己的事业。但是,如果单纯地考虑自身的利益,又不能为加盟者提供良好的服务,最终导致加盟者的长期亏损,这样的特许加盟体系是要崩溃的。

4. 具有强烈的合作意愿

合作对象的状况往往会影响到合作的意愿,如果合作者把生意作为一项事业来经营,成功的可能性就大。

5. 业态选择与资源优化

特许经营所选择的领域以小型企业或比较容易标准化,或产品和服务较能体现特色的业态为主。就某一家具体的特许店而言,最重要的就是店铺资源,同时要密切关注店铺周边商圈环境的变化,便利店行业目前的许多加盟店会因为新竞争者的加入和贴身竞争而倒闭。

6. 发展特许的社会环境

社会生产力发展水平高,产品极大丰富,市场需求量大,社会法制环境与配套服务健全。

(二) 发展原则

1. 规范原则

发展特许经营首先必须规范管理,建立社会法律规范和公司内部标准化的操作标准,否则,特许店越多系统就会越不稳定,从而导致失败。

2. 互利原则

特许经营持续发展的内在动力是特许者与加盟者的互利,双方相互依存、优势互补、平等互利才能使合作关系长期维持下去。如果单方有利或双方的权利义务关系失衡,必然会导致特许经营体系的瓦解。

3. 渐进原则

发展特许经营必须具备一定的内外部条件,应该结合实际条件,有重点、有步骤地稳步推进。从社会角度来分析,应该首先考虑当地的消费水平和商业发展水平。从公司角度来分析,应该首先在直营连锁的基础上形成自己的核心竞争力,决不能单纯为了扩大经营规模而盲目发展加盟店。

值得注意的是：① 由于便利店的翻牌与转型比较容易，所以，如果总部不能为加盟店的经营者带来利益，有可能出现成片"大逃亡"的情况，即在较短时间内一个品牌的加盟店转向另一个加盟体系。② 在大规模发展特许经营以前，可以先进行小规模的试点，每个公司的情况不同，所以，特许经营的发展模式也不尽相同，需要在实践中不断加以完善。

（三）特许经营关系的建立与维持

特许经营关系建立容易维持难，而要良好地、有效地维持则更难。为了确保特许经营关系的持久性和有效性，在特许经营关系的建立和运作过程中，必须注意四个基本问题。

1. 产品与业态是否适合于特许经营

特许经营起源于工业领域中某些专项产品的商标、技术及制造等专有权的转让，以后逐渐发展到商业服务领域，既保留了产品转让的传统特色，又使特许经营注入了"商号"、"经营管理技术"等新的内容，出现了商业转让形式。判断某项产品或某种业态是否适合于发展特许经营的主要依据是：① 产品与业态是否具有持久的市场潜力。② 产品与业态是否具有可标准化、传授的特征。③ 投资额的大小，投资额较少的业态更便于推广特许经营。

2. 建立特许经营关系应该持有什么态度

特许经营关系是由特许者与加盟者根据有关法律规范以特许经营合同的形式建立起来的。双方在签约前所持的态度，对日后关系的有效维持具有决定性的影响。正确的态度应该包括两个方面：① 签约前必须有一个相互了解、相互选择的过程。特许经营关系的建立必须基于了解而产生的信任与信心。这是特许经营合作成功的前提条件。② 特许者只有"利他"即让加盟者获得自身的满足与成功，才能使特许经营获得成功。对加盟者来说，也只有长期依存于加盟主，才能长期共享连锁规模经营的优势。

3. 加盟主应该向加盟者提供什么服务

为了达到特许经营盈利的目的，加盟主必须向加盟店业绩与业绩达成过程的服务提供保障，这是最关键的，也是衡量连锁公司是否有条件发展特许经营业务的核心标准。这些保障的内容包括：① 确保选址的合理性。② 提供详细实用的培训计划。③ 提供开业初期的扶持计划。④ 提供业务操作手册或经营手册。⑤ 提供专业的咨询指导。

4. 如何改善特许经营关系

当特许经营关系出现问题时，加盟主必然会采取相应的改善措施。这涉及以下四个问题：① 特许经营合同的权利义务是否平衡？② 是否有经常性的沟通？③ 控制手段是否健全？④ 是否能提供积极的解决问题的办法？

总之，特许经营业务的发展取决于相互合作的程度。

第二节 特许经营的运作方式

特许经营在不同行业的运作方式存在较大的差异,但是不管什么行业、什么产品或一种生意的特许经营,都有一些共同的内容。

一、特许经营的应用行业

特许经营的应用行业十分广泛,下面主要通过实例介绍不同行业应用特许经营方式的情况。

(一)以制造为主导的特许经营

在本章引导案例中,美国施耐普昂连锁公司创造的特许经营网络就是以制造商为主导的特许经营。

(二)以批发商为主导的特许经营

以批发为主导的特许经营的主要目的是控制最终市场以扩大批发销售额,如专栏3-1中,美国卡特尔(Cotter)连锁公司。

专栏 3-1

美国卡特尔连锁公司

美国卡特尔连锁公司所从事的特许经营业务就是以批发商为主导的。这是一家会员制公司,也是全美最大的五金工具经销商店体系。公司在美国拥有6 000多家名为"True Value"的会员商店,每家会员商店的店主便是公司的股东。公司的董事会由14位店主组成。可见,该公司是由会员来控制的,公司的真正老板是会员。这些会员商店加入公司的会员体系时须缴纳1 000美元的入会费,并以该会费作为入股金,但不进行分红,退出时会费可以退回。取得会员资格后,各店统一使用"True Value"的商店名称,总公司负责统一采购,会员商店享受优惠价格,各会员商店按总公司提供的《经营手册》执行经营业务。

卡特尔公司有如下几个特点:① 属于批发商类型,只拥有一个油漆工厂和一个刷子工厂,其供应的6 800多种产品都是采购后再销售,所以,必须拥有一个庞大的采购网络。② 总公司由下属会员店投资拥有。③ 对下属的会员店规定了每年的最低进货额为30万美元,进口商品按进价加2%的费用供应。

这实际上是一种自愿连锁组织,但通过自愿连锁组建升级为特许经营。在设计一种不同业态的组织模式时,不要拘泥于一般定义,要善于创新思路。例如,炫体网(www.21goo.com),把耐克、阿迪达斯等品牌的库存商品作为自己的主力商品,通过与二三线城市的投资人签约的办法发展会员店,以销售产品,取得了很快的发展。又如,上海汇东集团是特种纸经营企业(www.tzhzh.com),主要是为印刷包装企业提供特种纸,年销售额2亿元。集团董事长说:全国这个行业年销售额有1000亿元,以小户经营为主,而印刷厂也以小工厂居多。该集团计划把全国特种纸产品整合起来,并发展加盟店,为客户提供服务。其优势是:品种多、价格低廉、配送及时,可以大幅度降低库存。由于电子商务的发展,传统的特许经营模式正在向多样化方向发展,关键是要善于创新,并创造新的价值。

(三)以零售商为主导的特许经营

以零售商为主导的特许经营最具代表性的是便利店,专栏3-2介绍了日本全家便利店的运作方式。

专栏 3-2

日本全家便利店

全家(Family Mart)是日本西武流通体系的一个分支,也是日本第三大便利店连锁体系。它创立于1981年9月1日,总部设在东京,大部分店铺在日本,其国外店铺包括中国台湾、韩国、泰国等。中国台湾的全家开办于1988年,是全台第二大便利店系统。

全家特许经营体系有如下特点:① 特许店占98%,尚存的一些直营店也在逐步出卖。该公司国际部企划业务部部长蓝野弘一先生对此问题的看法是:便利商店成功的关键是"优质服务",对直营店的店长来说,其店铺的经营状况与自己的利益基本无关,而特许店的店主的切身利益与店铺的经营绩效紧密相关,所以能主动地管理好店铺,向顾客提供更好的服务。特许经营既能发挥总部集中统一管理的优势,又能充分发挥各个特许店店主自主管理的优势,两者相互配合才能发挥连锁经营体系的整体优势。② 具有统一的经营标准。24小时营业,全年无休。店铺面积以120平方米为标准。店铺内的设置以90厘米为基本单位,货架数为36~43个。每天营业时间分为3个时段:8~17时、17~24时、24~次日8时,店长手册规定了每个时段的工作内容,经营商品以外卖食品和自有品牌为特色,并且强调:在全家可以买到其他便利店买不到的东西,并提供50种以上非商品性服务,如支付公用事业费、购买打折的电影票、预订火车票或飞机票、快递音乐会门票等。商品配送由总部控制,要求适时、适量、低成本,店铺每天向总部多次订货,总部也多次向门店送货。电子订货机的使用,拆零配送以及编制严格的时间表和配送线路,并实现管理的信息化,保证了商品配送的高效率。③ 利益分配采取按销售毛利分成的办法。特许店得60%的毛利,总部保证特许店最低的年度毛利(如在中国台湾的特许店为200万元新台币)。总部负担水电费的60%,发票纸卷费的40%,折扣税的40%。但营业额必须每日缴到指定的银行。④ 总部向特许店提供多方面的支持,包括详细的市场调查、招牌、广告牌、设备营业用具、商品、订货系统的代理采购与租赁,商品组合、交易条件的交涉、支付货款及配送服务,营业指导服务,广告促销,以店铺营业利益的提升作为公司总部努力的目标。⑤ 二段式加盟流程。分签约前与签约过程两段。签约前分六步:初次咨询、寄发资料、再次咨询、加盟说明、立地调查、说明契约。签约过程也分为六步:草约签订、教育训练、提供计划、正式签约、开业准备、营业开始。

总体来看,便利店组织的基本发展方向是特许经营,这也是便利店最重要的盈利模式。成熟的便利店连锁体系一般都以加盟店为主,如日本7-Eleven的加盟店占店铺总数的95%以上,中国台湾7-Eleven的加盟店占店铺总数的80%以上,中国香港7-Eleven的加盟店占店铺总数的50%以上。

二、特许经营的发展模式

(一) 特许经营权转让的模式

(1) 产品形式的特许经营。即特许人向加盟者转让产品的生产制造权和经销权,并提供专利、生产技术或商业经销技术。应用这种形式的具体例子有:汽车经销商、加油站、啤酒饮料经销商等。这是一种传统的特许经营形式,最早出现在工业领域,20世纪50年代以后开始衰退,但现代社会仍在广泛应用。

(2) 商业形式的特许经营。即特许人不仅向加盟者提供产品,而且还提供一整套营业系统及相应的经营管理技术。应用商业形式特许经营的典型业态有:快餐店、便利店以及服务行业。这类商店的一般特征是:经营规模小,投资少,可以广泛布点。这是一种吸引众多私人投资者的有效方式,它已成为现代中小型商业服务企业稳定发展的一种主要形式。

(二) 授予特许权的模式

(1) 直接特许。即特许人将特许经营权直接授予被特许人,获得特许经营权的被特许人必须亲自从事经营业务。

(2) 地区特许。即特许人将特许经营权授予特定地区的总代理人,该代理人可以向该地区的被特许人出售特许权,也可以开设直营连锁店。在实际运行过程中,地区特许会出现多种变通的形式,如为了把传统的小商店组织起来,采取悬挂统一的门头标识,提供比较松散的商品配送服务的方式。在本地的特许店一般采取直接特许的方式,而发展到全国甚至跨国发展时则往往采取地区特许的方式。地区特许的加盟者应该具有较强的经济实力和长远的发展决心和计划。

(三) 发展单个加盟店的模式

(1) 新建加盟店。根据投资方式的不同,新建加盟店又可以分为多种形式:加盟者投资形式,即加盟者全额投资加盟店,包括店铺、设备等一切经营资源,特许人提供商号与经营管理技术;共同投资形式,一般是由特许人投资设备,经营铺面和经营资金则由加盟者自行解决;特许人投资形式,店铺的一切经营资源都由特许人投资,然后以租赁的方式授予加盟者经营。便利店的加盟方式一般采取共同投资、毛利分成的方式。在这种方式下,加盟店的现金流量由特许人控制,并采取一种称为"开放式财务"的办法向加盟者自动贷款。

(2) 出售直营店。即将成熟的直营店卖给加盟者。这是一种常用的方法,许多公司一般是先发展直营店,当直营店达到一定的规模时再将其出售。这种做法对特许人来说有两个好处:一是集中资源发展新的业务,并收回前期的投资;二是通过利益关系的调整,改善店铺的经营业绩。而对加盟者来说,购买一家成熟的店铺的经营风险也比较小。

(3) 店铺转换。即将其他经营者的店铺转让给新的加盟者,既可以是系统内外的特许店,也可能是其他业态的单体店。

上述三种形式以第一种形式最为普遍,如麦当劳、7-Eleven 便利店,肯德基采用第一和第二种方式,如专栏 3-3 所示。

专栏 3-3
肯德基"不从零开始"的特许经营模式

肯德基作为国际知名餐饮业的连锁企业,拥有科学的连锁经营组织结构和成熟的运作方式。肯德基在北京、上海、广州等发达省会城市,采取的是直营连锁的方式。对于中小城市,肯德基采用的是出售直营店的方式。2000 年 8 月,第一家"不从零开始"的肯德基特许加盟店正式在常州溧阳市授权转交,具体的特许经营运作规则如下:

(1) 特许经营模式的设计。让加盟者出资购买一家完整的、正在运营中并且已经盈利的、由肯德基统一管理的连锁店,使加盟者不必从零开始选址、开店、招募与培训员工等,可以较快地融入肯德基的运作系统,进而极大地保障加盟者成功的机会。这不但适应中国市场尚欠成熟的环境,也适合谨慎的东方人的投资心理,对肯德基和加盟者来说是最稳健、最便捷的做法。

(2) 授权的具体规定。肯德基对于特许权的授予有着严格的规定,具体如下:

第一是加盟商应具备的条件。首先,加盟商必须是真正的食品服务业经营者,要求有从业背景,以"实践"为管理方向,能很快掌握该行业的基本知识,并证明具有在一定区域内扩大发展的潜力。另外加盟商也必须是一名业主,负责所需股份或资金中相当大的一部分,有较强的资金实力。肯德基只有在对加盟商的组织机构、金融状况和项目计划完全满意的情况下,才会开始合作。

第二是特许经营地点。并不是所有这些地区的餐厅都适合加盟经营,考虑到大型城市开展特许经营挑战性大,肯德基最初只在中国内地境内的三四线城市,即非农业人口大于15万人小于40万人,且年人均消费大于6 000元的地区寻求加盟经营的申请人。从2006年起,肯德基把内地所有二三线城市都纳入特许经营区域范围,但一线城市和苏州、无锡等合资公司以及浙江全省一直坚持不开放特许经营业务。

第三是特许费。肯德基在2000年规定的特许经营进入费为800万元左右(不包括不动产的购买),后于2006年有选择性地调整为200万元。进入费是一项转让费用,即购买一家成熟的且有盈利的肯德基餐厅所需的投资,它是根据一家肯德基餐厅的投资额、营业额、盈利状况而定的,从各个角度来看都是经过审慎评估,合乎各方利益的。除此之外,在一个特许经营店开始时须一次性支付37 600美元的特许经营初始费,还有其他持续经营的费用,包括占总销售额6%的加盟经营权使用费和占5%的广告分摊费用。这些费率和费用是在现行的基础上制定的,在加盟经营合同签订之后10年内保持不变,加盟商可以自行安排融资。据调查显示,成功的入选者需要在该项目中投入大部分的股份金额(>70%)。

第四是合同契约。肯德基在合同契约上明确指明,加盟经营协议首次期限至少为10年,即未来的加盟商必须自愿从事肯德基加盟经营10年以上。

(3) 培训。肯德基为加盟商提供全方位的培训。成功的候选人将被要求参加一个内容广泛的为期20周的培训项目。在培训过程中,未来的加盟经营商将承担自己的费用,而有餐厅和行业经营经验的加盟经营商可以申请免去某些培训。

(四) 特许加盟流程

(1) 发布特许经营信息,并向特许申请者提供咨询服务。
(2) 受理申请,并对申请者进行必要的调查。
(3) 签订特许经营合同,并提供教育训练和业务发展计划。
(4) 开业准备,包括店铺装潢,设备及商品的配备,开业促销活动的策划,营业管理系统的提供等。
(5) 营业开始,并对营业状况进行跟踪分析和指导。

(五) 特许经营合同

特许经营合同是规定特许人与加盟者的权利、义务关系的书面文件,是建立特许经营体系的核心。特许经营合同一般应该包括：

(1) 双方的身份特征及法律地位。即明确双方的名称、法定代表人、地址、法律行为的责任关系等。

(2) 加盟者的权利。加入特许经营体系后，加盟者应享有按照特许人所规定的营业方式经营特许店或继续发展特许经营业务的权利，包括使用由特许人所拥有的商标、专利、装饰及其他特别的象征符号，获得专属的营业区域的保护，以及享受由特许人提供的免费的或附加费用的各项服务。

(3) 加盟者的义务。维护统一的营业特征；接受规范的作业标准和管理办法；保护特许人的知识产权和商业秘密；按约定缴纳费用。

(4) 特许人的权利。对加盟者的经营限制；对加盟者日常经营活动的监督；要求加盟者定期报告经营情况；向加盟者收取特许经营权使用费。

(5) 特许人的义务。签约之前向加盟申请者提供完整、准确的公开信息资料；签约后到正式营业前向加盟者提供选址、培训、设备及商品采购、商品陈列、营业现场管理、财务核算等一系列服务；开业后继续向加盟者提供与直营店同等的服务，如商品配送、营业指导、广告促销、经营分析等。

(6) 经济利益关系及各类款项的结算。明确配送商品、采购设备的货款及其他费用的项目、用途、计算方法和支付方式。

(7) 特许经营合同的具体条款。特许经营合同的期限、变更、终止、转让、续展、回购、仲裁等条款。

(六) 特许加盟费用

特许人的收费主要有四类：

(1) 品牌授权金。这是指加盟者为获得特许经营权而在营业开始之前支付给特许人的定额费用，也称为"入门费"。这类费用不可退回，除非特许人有严重的违约行为。

(2) 定期权利金。这是加盟者在营业过程中按一定的标准向特许人定期支付的费用。权利金可以按年度、季度、月度或星期支付给特许人。权利金的额度可以按销售额或毛利额的一定百分比计算。

(3) 保证金。为了确保加盟者履行特许经营合同，特许人可以要求加盟者提供担保人，或以财产抵押，或交付一定的保证金。加盟者交付给特许人的保证金在合同期内不计息，在合同期满后若不再续约并没有违规行为，特许人应将保证金按原值退还给加盟者。如果加盟者在合同期内有违约行为，特许人可扣除部分或全部保证金，并可要求加盟者补足保证金。

(4) 其他费用。除上述费用外，特许人还可以根据事先的约定，向加盟者收取其他费用，如广告费、培训费、保险费等。

（七）特许人对特许经营业务的选择

对拥有特定业务模式的经营者来说，发展特许经营业务主要有四大好处：一是加快业务拓展速度；二是限制风险；三是降低成本；四是发挥独立经营者的积极性。但也存在三个方面的缺点：一是可能疏于控制；二是服务的一致性可能会受到影响；三是单位利润可能会降低。如果要开展特许经营业务，应该考虑的基本问题如下：

（1）能确保业务模式具有可控的盈利能力。如果以不能盈利的模式向加盟者推广，合作是难以维持的。

（2）设计特许加盟方案。这是一个策划的过程，也是一个实践的过程。没有最完美的设计方案，只有在实践中逐渐完善的方案。所以，推广特许经营既不能急于求成，也不能等到一切条件都成熟了再去发展。特许加盟方案应考虑：加盟双方的权利、义务是否平衡？加盟者是否符合条件？特许加盟流程是否合法有效？

（3）建立服务保障系统。该系统应提供：店址、培训、扶持计划、业务操作指南等方面的服务。

（4）强化监督控制系统。该系统应建立信用担保和履约保证金制度，对加盟者的资格进行严格的审查，并对加盟店的人事管理作适当的控制，建立健全信息反馈系统，对加盟店定期评估，建立定期报告制度，建立强有力的专业督导员队伍，对加盟店店长推行奖励制度等。

（八）加盟者对特许经营业务的选择

对特许经营的加盟者来说，投资特许经营业务与独立经营相比，主要有三大好处：一是可以获得著名商标、营销计划和品牌的支持；二是可以获得成熟的经营技术、培训服务、财务等方面的帮助；三是可以降低开发与进货成本。但这也并不是说特许经营是一种只盈不亏的生意，它有以下缺点：一是受到多种限制，如营销计划、经营项目、商品采购、店面设计、经营期限等；二是高度依赖特许人使业务衰退，或因为某些突发事件而出现业务恶化，特许人也会因为业绩不佳而终止经营业务；三是特许合同一旦终止，已付出的权利金就可能无法收回。

实际上，加盟者并不是真正意义上的"老板"，而仅仅是连锁网络中的一名"经理"，因为你没有拥有商业经营最重要的资源——品牌。所以，经营特许店就像加入了一个球队，必须以合作和开放的心态去经营加盟店。如果你要以自己的方式去经营，就会觉得处处受限制。因此，经营特许店首先必须对自己有一个准确的评价，在此基础上再考虑产品、市场及特许经营公司等方面的选择。

1. 自我评估

（1）是否把这项投资作为自己的事业？

（2）有没有支持这份事业的体力？

(3) 是否能承受起初没有收入的经济压力?
(4) 有没有商业经验和可以在这方面帮助你的人?
(5) 外语能力是否足以应付基本会话的需要?
(6) 是否愿意牺牲一些经营上的自由?
(7) 是否有特殊的业务机能帮助特许业务?
(8) 是否了解当地的环境和顾客需求?
(9) 是否有哪些弱点会影响业务?
(10) 是否有足够的资金?
(11) 如果是合作开店,合作关系是否有法律依据?

特别应该注意的是:员工是必须加以督导的,而且应该学会自己操作,对细节问题必须时时留意,并及时作适当的处理。

2. 对产品及市场的评估

经营特许店不能单纯依靠品牌与形象,关键是产品与服务能够满足顾客的需求。所以,经营特许店在决定选择特许经营公司以前,首先要选择经营什么样的特许店,其次再考虑开店的地点是否适合这家商店的服务性质。这实际上是要求特许店的经营者对产品与市场要有充分的了解。以下是评估产品与市场应该注意的12个问题:

(1) 产品是否有品牌知名度?能维持多长时间?
(2) 是否对消费者有了解?产品的成本与利润如何?目前的消费者有多少?潜在的消费者有多少?
(3) 是否了解产品的市场价格?有没有价格优势?有没有次级的替代产品?
(4) 产品的消费群是一般的还是特殊的?是特殊的话,有没有足够的市场?
(5) 产品对使用者有没有危险?如果发生危险,对经营业务会产生什么影响?有没有法律保障?
(6) 会不会有同类产品进入商圈?同类产品对投资会产生什么影响?
(7) 国家对该产品有没有限制性的规定?
(8) 商圈范围内有多少家竞争店?他们的经营状况如何?
(9) 目前的市场会不会发生变化?变化的影响会有多大?
(10) 开店地点是否适合销售该产品?治安状况如何?路人的动向如何?
(11) 商圈人口及住户数是多少?产品是否符合当地人的需求?
(12) 商圈内是否有公共建设项目?未来的发展情况如何?会不会影响业务?如何应对?

3. 对特许经营公司的评估

通过对自己、产品以及市场的评估可以大致确定投资什么样的特许店,下一步就

应该收集特许经营公司的资料,然后对其进行评估。以下是应该注意的17个问题:

(1) 品牌知名度与品牌差异如何?

(2) 品牌授权金是多少?比较利益如何?

(3) 设备、租金、产品及其他开业成本有多少?比较利益如何?

(4) 产品与原料采购有什么规定?

(5) 每月的经营费用是多少?支付方式如何?

(6) 培训费是否包括在权利金中?

(7) 是否有未列明的支出项目?

(8) 加盟主是否提供选址的帮助?是否要支付费用?

(9) 加盟主是否提供建店、装潢、规划资料?是否要支付费用?

(10) 会不会有特定商圈的保护?

(11) 加盟主的财务状况如何?经营背景如何?是直接管理特许店还是通过中间管理层?

(12) 经营管理方式是否适合自己的个性?

(13) 加盟主是否拥有直营店?数量有多少?

(14) 加盟主对特许店使用商标有什么规定?

(15) 加盟主的广告策略如何?

(16) 加盟主对特许店的财务有什么协助计划?

(17) 加盟主的信息公开程度如何?总体销售与单店销售情况如何?

一般来说,著名公司会要求加盟者必须支付较高的入门费,程序也比较严格,有些公司要求加盟者支付的费用较低,申请也比较容易,但这些公司不一定能够为投资者提供良好的服务。

第三节 我国特许经营法律规范

企业发展特许经营不仅需要具有可传授、可复制的核心技术,还需要有健全的法律体系的保障,并接受相应的监管。

美国的特许经营法律体系非常健全,大致分为四类:一是联邦政府的专项法规;二是州政府专项法规;三是普遍适用的经济法规;四是国际特许经营协会及其他特许经营协会的行业自律规范。美国的律师事务所几乎全程介入特许经营活动,不仅提供法律服务,还提供经营咨询以及其他服务,所以,律师事务所是美国特许经营繁荣发展的一个枢纽。

一、我国特许经营法规的发展过程

我国特许经营的发展起步较晚,但发展迅速。1997年年初,当时的国内贸易部开始组织起草《商业特许经营管理办法(试行)》,并于当年11月14日发布,共19条。在起草该办法初稿时所达成的基本共识有:一是通过试行办法的公布给特许经营一个明确的定义;二是特许人必须具备一定的条件;三是特许人要向被特许人披露必要的信息;四是对特许经营行为要有适当的监管。

实际上,我国特许经营的发展可以追溯到温州的"挂户经营",一条街多个家庭组合起来生产出一个品牌的产品,众多的小户挂靠一个大户从事生产经营活动的模式,实际上就是我国特许经营的萌芽。20世纪末,全聚德、华联超市等品牌开始采取特许经营办法发展连锁店,这一方面加快了特许经营发展速度,另一方面也遇到了一系列发展中的问题,如法律规范不健全,被特许人违约等导致特许人权益受损的情况十分普遍。例如,肯德基、麦当劳、假日酒店等国际品牌在发达国家主要是采取特许经营的发展模式,而到了中国内地则一直坚持直营或委托管理,即使发展特许加盟也十分谨慎。这些情况从一个侧面反映了我国特许经营法律环境还有待改善。

2004年12月31日,商务部第25号文件《商业特许经营管理办法》(以下简称《办法》)发布,共42条,并于2005年2月1日起正式实施。原国内贸易部发布的《商业特许经营管理办法(试行)》同时废止。这个办法出台以后,引起业界的很大争议,争议的焦点有"信息披露"和"特许人与被特许人条件"两个方面。认为有些信息的披露可能涉及商业秘密,主要是财务数据以及法人代表和主要经营者的基本情况。至于特许人与被特许人都不可以是自然人,必须是"依法设立的企业或者其他经济组织",业内人士也觉得这一条"太过严苛"。

其实,这个办法与之前试行的办法相比,更符合国际上的一般做法,也更能够体现特许经营立法的初衷。特许经营的立法与《消费者权益保护法》等法规一样是属于"倾向性立法",即为了限制特许人的不良行为,维护作为弱势的被特许人的基本利益。因此,世界上第一部特许经营法规从20世纪70年代在美国加州诞生以来,几乎所有的特许经营法规都对特许人的行为加以严格规定,并且此类法规的核心就是"信息披露"。在美国,政府虽然不审查特许人所披露的信息,但是特许人必须按照规定向被特许人披露20多个方面的信息,并确保这些信息送达被特许人,保证所披露信息的真实性。一旦在签约前有人举报信息不实,并被美国联邦贸易委员会证实特许人所提供的资料中有任何一项违反规定,则最高可处以1万美元的罚款。如果在签约后发现不实,特许人除交纳罚款外,还必须赔偿投资人因为特许人的不法行为所导致的任何损失。情况严重的还要受到刑事处罚。此外,联邦贸易委员会还会通过新闻舆论工具对特许经营中的不法行为进行监督。美国的立法背景是因为特许经营经过20世纪60年代的繁荣以后,出现了很多因为盲目发展而导致失败的例子,使企业认识到进一步发展特许经营必须改善形象,加强规范管理。另外,某些特许经营公司利用投资者的盲目求利心理,大量出售专卖权,以收取巨额的品牌授权金,但为特许店提供的服务却十分有限,使投资者蒙受巨大损失。这两方面的情况促成了美国特许经营法规的出台。

从现实的特许经营活动来看,美国联邦贸易委员会的官员曾认为,被特许人做得越好,特许人的品牌就越具有市场价值,因而在下一个合同期限中,被特许人就要向特许人支付更多的品牌授权金与权利金,这看起来是不公平的,但却是事实。倾向性立法是纠正这种不公平的办法之一。

2007年2月15日,国务院第485号令颁发的《商业特许经营管理条例》(以下简称《条例》),共34条,于2007年5月1日起施行。《条例》与2005年发布的《办法》相比,条理更清晰、内容更简化,条件也有所放宽。特许人与被特许人都必须是"依法设立的企业或者其他经济组织"的规定改变为"企业以外的其他单位和个人不得作为特许人从事特许经营活动",对被特许人的条件则未作规定。这符合特许经营活动参与者的广泛性原则,大量的被特许人不可能是企业或其他经济组织,而是个人。其第二章第十二条规定:"特许人和被特许人应当在特许经营合同中约定,被特许人在特许经营合同订立后一定期限内,可以单方解除合同。"这一条款虽然对特许人来说是一种挑战,但对被特许人十分有利。如果特许人真正具有品牌、技术与管理的力量,被特许人是不愿意轻易解除合同的。这一条款的设定不仅有利于保护被特许人的利益,更有利于特许人自身的规范发展。该《条例》中增加了"法律责任"以及相应的处罚条款,减少了"外商投资企业的特别规定"。这就具有更广泛的适用性、合理性、实用性与可操作性。

但是,该《条例》中也存在一些值得商榷的问题:

(1) 第三条第二款关于"企业以外的其他单位和个人不得作为特许人从事特许经营活动"的规定,并不符合特许经营的国际发展趋势,而且与我国现有的产业发展政策也不尽一致。我国《民法通则》规定了四种法人组织,即企业法人、党政机关法人、社会团体法人、事业单位法人。在实际操作中,企业法人的登记归工商局管辖,社会团体法人、基金会与民办非企业单位的登记归民政局管辖。学校就是非企业单位,国家鼓励举办"民办学校",但它不是企业,按照《条例》规定就不能发展特许经营。而学校发展特许经营在国际上十分普遍。另外,社会福利型的养老院与社区服务中心、文化教育型的幼儿园与非学历教育机构、医疗健身型的医院与保健中心、科技咨询型的研究所与评估中心、司法审计型的律师事务所、会计师事务所与审计事务所等社会组织,都具有广泛的社会需求,以及民间性、社会性、独立性与实体性,这些社会组织的社会活动,为了发挥各自的优势,做大、做好、做强、做快其事业,采取特许经营的发展模式,是国际上通行的方法。我们要大力发展现代服务业,特许经营模式也必然会渗透到各种各样的现代服务产业与服务事业中。而这些组织按照我国目前的社会组织划分与界定,很多都不是以企业形式存在的,因此被《条例》排斥在发展特许经营的范围之外。这是值得关注的问题。

(2) 第七条第二款规定:特许人从事特许经营活动应当拥有成熟的经营模式,并具备为被特许人持续提供经营指导、技术支持和业务培训等服务的能力。特许人从事特许经营活动应当拥有至少 2 家直营店,并且经营时间超过 1 年。"2 店 1 年"的规定不是很有现实意义。国际上有些公司从诞生的第一天起就发展特许经营。更何况"1 年经历与 2 家直营店"并不能说明什么。

(3)《条例》用第八条、第九条、第十条、第十九条这四个条款来规定"向商务主管部门备案或报告"。这在执行过程中可能会出现诸多问题,并存在隐患。近年来,特许经营的欺诈案例不断出现,引起了行业和政府部门的关注,大概是基于这个原因才提出了加强监督管理的要求。这是合情合理合法的。国外对特许人的监管力度也非常大,像美国纽约州曾经规定特许经营公司的广告必须在送交审核后 7 天内播出或刊登,并限制电视广告不得超过 30 秒,报纸和杂志广告必须附注"在此的广告诉求必须经由特许经营公司的说明书达成协议"(This offering is made by prospectus only)。但是,随着特许经营的良性发展,很多国家现在已经逐渐取消或正在减少此类经营性的限制条款。我国 1997 年出台的试行办法所实施的是中国连锁经营协会"备案制",实际上是"自愿备案";2004 年出台的办法改为"当地商务主管部门备案"并"逐级上报",具有很强的行政管理的痕迹。2007 年出台的《条例》虽然取消了"逐级上报"的要求,但仍然要求"强制备案",而且备案以后还要特许人"等待"接受商务主管部门的"通知",这个"通知"很有可能演变成为"批文"。违背这一条款的处罚与信息披露不实的处罚是同等的。同时,我国政府要做的事情比较多,而特许经营未来的发展趋势又十分迅猛。这一规定有可能对特许经营的正常发展造成负面影响。实际上,政府备案也好,政府审批也罢,并不能避免或减少特许经营的欺诈行为,反而会给政府带来很多"麻烦"。投资人一旦受到欺骗或损害,首先想到的是找政府,因为政府备案了、通知了、网上也公布了,有些甚至被政府命名为"4050 就业实事工程"。但关键是政府要规定特许人:必须向投资人提供信息披露,保证披露信息的真实性,一旦不真实,政府就要处罚特许人,如果给投资人造成损失的则强制特许人赔偿。比较适当的办法还可以是:政府授权连锁经营协会实施"强制备案",凡是要从事特许经营活动的企业都必须按照规定的要求首先向连锁经营协会提供信息披露,并办理备案手续。

(4) 有关"法律责任"的规定没有充分体现特许经营立法的根本宗旨。《条例》中的第四章第二十四条到第二十八条用五个条款分别对以下七种行为作了罚款规定：① 不符合"2店1年"规定,最高罚款50万元。②"企业"以外的单位从事特许经营活动,最高罚款50万元。③ 未按规定备案,最高罚款10万元。④ 未按规定向被特许人说明费用使用情况,最高罚款5万元。⑤ 未向商务主管部门报告上一年特许经营合同订立情况,最高罚款5万元。⑥ 虚假推广活动,最高罚款30万元。⑦ 信息披露失实,最高罚款10万元。

上述七种行为中,①与②都是最严厉的罚款,但这两种行为并不一定直接影响投资人的利益,相反,如果信息披露不实则会直接损害投资人的利益,但正是这个最要命的情况,即使发生了最高罚款也只有10万元。这样的规定显然是值得商榷的。

实际上,信息披露既是必需的,也是核心的。如果这些企业的基本情况也算是商业秘密的话,那这种品牌和技术就没有什么核心价值。但不管怎么说,出台《条例》是一件好事情,将推动我国特许经营向更规范、有序的方向发展,并促进国际品牌在我国发展特许经营业务,有利于促进我国特许经营事业的繁荣。

二、我国特许经营备案制度

我国特许经营相关法规有明确规定,特许人从事商业特许经营活动,必须向政府主管部门或行业组织进行备案。《条例》第八条提出：特许人应当自首次订立特许经营合同之日起15日内,依照本条例的规定向商务主管部门备案。在省、自治区、直辖市范围内从事特许经营活动的,应当向所在地省、自治区、直辖市人民政府商务主管部门备案;跨省、自治区、直辖市范围从事特许经营活动的,应当向国务院商务主管部门备案。

特许人向商务主管部门备案,应当提交下列文件、资料：
（1）营业执照复印件或者企业登记（注册）证书复印件。
（2）特许经营合同样本。
（3）特许经营操作手册。
（4）市场计划书。
（5）表明其符合《条例》第七条规定的书面承诺及相关证明材料。
（6）国务院商务主管部门规定的其他文件、资料。

特许经营的产品或者服务,依法应当经批准方可经营的,特许人还应当提交有关批准文件。

关于备案受理时间：《条例》第九条规定：商务主管部门应当自收到特许人提交的符合《条例》第八条规定的文件、资料之日起10日内予以备案,并通知特许人。特许人提交的文件、资料不完备的,商务主管部门可以要求其在7日内补充提交文件、资料。

关于备案形式:《条例》第十条规定:商务主管部门应当将备案的特许人名单在政府网站上公布,并及时更新。自2007年5月1日《条例》实施以来,截至2009年12月31日,我国已有1290家商业特许经营企业完成备案并由商务主管部门予以公告,其中跨省经营的1040家,省内经营的250家。2009年新增公告248家,其中跨省经营的206家,省内经营的42家。涉及餐饮、洗衣、零售、教育、酒店等30多个行业,分布在北京、重庆、上海、广东等28个省、自治区和直辖市。2009年4月,商务部下发《关于委托省级商务主管部门开展商业特许经营备案工作的通知》(商贸发[2009]186号)。该文件规定:自2009年5月1日起,跨省、自治区、直辖市范围从事商业特许经营活动的内资和外商投资企业,应到企业住所地的省级商务主管部门办理备案手续。境外特许人仍到商务部办理备案手续。这标志着商务部将备案管理权限下放至各省、自治区、直辖市商务部门,从总体上看有利于备案工作的顺利实施。

为贯彻《条例》,更好地开展商业特许经营备案工作,商务部制定并发布了配套的部门规章《商业特许经营备案管理办法》(商务部令2007年第15号,以下简称《管理办法》),与《条例》同时实施。《管理办法》规定了备案的形式,即商业特许经营的备案工作实行全国联网,符合《条例》规定的特许人,都应当通过商务部"商业特许经营信息管理系统"网站进行备案(网址为 txjy.syggs.mofcom.gov.cn)。《管理办法》对特许人应当提交的备案材料、备案机关撤销备案的条件、公众可查询的备案信息、相关法律责任等事项作了相应规定,在中华人民共和国境内从事商业特许经营活动,适用该《管理办法》。

商务主管部门对特许人从事商业特许经营活动开展备案并公告,从法律层面上看,属于行政机关依法实施的行政确认行为。特许备案对于掌握特许人从业基本信息、规范特许经营市场秩序、维护特许经营双方当事人合法权益等都具有重要的现实意义。根据中国连锁经营协会2008年度特许经营报告,我国特许品牌达到3500个,加盟店总数在30万家以上,覆盖的行业业态超过60个。数据表明,我国特许经营备案工作还处于起步阶段,有待深入实施。各级商务主管部门和行业协会、法律服务机构对相关法规的宣传力度也要不断加强,特许人需要履行的备案手续应当进一步简化,做好备案工作应当成为促进我国商业特许经营活动健康发展的基本条件之一。

三、我国特许经营合同

在商业特许经营的运作中,特许经营合同问题不仅是一个简单的法律问题,而是关系到整个特许经营体系能否正常运作的一个决定性因素。

中国的特许经营活动除受《民法通则》、《合同法》等一般民事法律调整外,还应遵守《商业特许经营管理条例》、《商业特许经营备案管理办法》和《商业特许经营信息披露管理办法》的规定。整个特许经营体系的运作，双方权利义务的确定等，都必须依据特许经营合同的相关约定。

（一）特许经营合同的主体要求

在一项商业特许经营项目中，存在特许人和被特许人双方；相应的，一个特许经营合同的主体，也包括特许人和被特许人。我国的现行法律法规，对特许人和被特许人的资格分别有不同的要求。

1. 特许人的主体资格要求

（1）特许人需符合"2店1年"的要求。根据《条例》第七条第二款的规定："特许人从事特许经营活动应当拥有至少2家直营店，并且经营时间超过1年。"对该条款的理解应该包括两个部分：一是在2007年5月1日后从事特许经营活动的特许人必须拥有至少2家直营店；二是这2家直营店的持续经营时间都必须超过1年。

该条款旨在要求从事商业特许经营活动的特许人有一个成熟的商业模式可供被特许人复制。在现实中，商业模式是否成熟比较难以判断，而"2店1年"是立法者提供的一个判断标准。立法者认为特许人的直营店至少有2家，并且这2家店都做到持续经营1年以上，才有可能形成初步成熟的商业模式。当然这一观点与商业特许经营的实践是否完全吻合，也存在不同的看法。

在实践中，如特许人为公司的，其具有控股关系的子公司所拥有的直营店，可以被认定为特许人的直营店。另一种经常出现的情况是，特许人出于避税的考虑，以其员工的名义开设门店，这样的门店就很难被认定为特许人的直营店。

需特别说明的是，根据《条例》第三十三条第二款的规定："前款规定的特许人，不适用本条例第七条第二款的规定。"因此，在2007年5月1日前已经开展特许经营活动的特许人，不受"2店1年"条件的限制。

（2）特许人需拥有从事特许经营活动所必需的经营资源。根据《条例》第三条的规定："本条例所称的商业特许经营（以下简称特许经营），是指拥有注册商标、企业标志、专利、专有技术等经营资源的企业（以下称特许人），以合同形式将其拥有的经营资源许可其他经营者（以下称被特许人）使用，被特许人按照合同约定在统一的经营模式下开展经营，并向特许人支付特许经营费用的经营活动。"根据该规定，这种经营资源包括注册商标、企业标志、专利、专有技术等。

需说明的是，虽然《条例》中没有规定注册商标必须是中华人民共和国境内的注册商标，但在实践中，如果特许人不拥有中华人民共和国境内的注册商标，而只拥有其他国家或地区的注册商标，在与被特许人发生争议时，可能被法院或仲裁机构认定为向被特许人提供的经营资源不充分。

（3）特许人必须是企业。根据《条例》第三条的规定，特许人必须是以企业形式存在的法律主体。就我国现行法律而言,这里的"企业"应该包括公司、合伙企业、个人独资企业。个体工商户不属于企业的范畴,因而不能作为特许人。

2. 被特许人的资格要求

我国现行法律对被特许人的资格未作特别要求,但从被特许人要从事商业特许经营这一经营性活动的实际考虑,被特许人应该设立公司、合伙企业、个人独资企业中的一种,或办理个体工商户登记,方可从事经营活动。

实践中,在特许经营合同签订时,被特许人往往是以自然人名义签约的,在合同订立后才去设立公司或其他企业,或办理个体工商户登记。在这种情况下,如合同无特别约定,该签约的自然人应被认定为被特许人。当然,如特许人为了保护自身利益,可以在特许经营合同条款中作特别约定,将签约后被特许人设立的公司或其他企业作为实际经营主体,并要求其出具承诺函。

(二) 特许经营合同的内容安排

1. 特许经营合同的一般内容

根据《条例》第十一条的规定:从事特许经营活动,特许人和被特许人应当采用书面形式订立特许经营合同。特许经营合同应当包括下列主要内容:

(1) 特许人、被特许人的基本情况。
(2) 特许经营的内容、期限。
(3) 特许经营费用的种类、金额及其支付方式。
(4) 经营指导、技术支持以及业务培训等服务的具体内容和提供方式。
(5) 产品或者服务的质量、标准要求和保证措施。
(6) 产品或者服务的促销与广告宣传。
(7) 特许经营中的消费者权益保护和赔偿责任的承担。
(8) 特许经营合同的变更、解除和终止。
(9) 违约责任。
(10) 争议的解决方式。
(11) 特许人与被特许人约定的其他事项。

上述条款应该是特许经营合同通常都应具备的条款。在特许经营实践中,可以根据特许经营合同的不同性质,总结出相应的条款安排。特许经营合同一般可分为单店特许经营合同、普通区域特许经营合同和复合特许经营合同。以下列举单店特许经营合同一般包括的章节内容。

2. 单店特许经营合同的一般章节内容

(1) 总则。
(2) 特许费用及其支付。
(3) 加盟店的设立与开业。

(4) 加盟店的营运。
(5) 技术支持与经营指导。
(6) 培训。
(7) 服务质量标准与保证措施。
(8) 促销与广告宣传。
(9) 消费者权益保护。
(10) 监督与检查。
(11) 特许产品的配送。
(12) 加盟店营业地的变更。
(13) 特许经营权接管。
(14) 回购和转让限制。
(15) 纠纷报告。
(16) 商标许可。
(17) 信息管理系统。
(18) 商业秘密保护、竞业禁止和商业贿赂禁止。
(19) 合同的履行。
(20) 合同的解除。
(21) 合同解除和终止后的权利和义务。
(22) 违约责任。
(23) 不可抗力。
(24) 法律适用和争议解决。
(25) 附则。

上述章节条款的具体内容,理论上应由特许人和被特许人双方平等协商后确定。但在实践中,特许经营合同往往由特许人单方面起草,被特许人谈判协商的余地较小,为了保护被特许人权益,《条例》专门有两处特别规定。

3.《条例》中对特许经营合同的特别规定

(1)"冷静期"条款的规定。根据《条例》第十二条的规定:"特许人和被特许人应当在特许经营合同中约定,被特许人在特许经营合同订立后一定期限内,可以单方解除合同。"该条款是立法者基于让被特许人有一段时间去冷静考虑加盟的决定是否正确,而赋予被特许人在特许经营合同签订后一定期限内,具有单方解约权。

对于"一定期限"的具体长短,《条例》并没有明确规定,通常由合同双方自行约定。从实际经验看,特许人通常愿意约定 7~15 天作为"冷静期"。

(2) 特许经营合同期限的规定。根据《条例》第十三条的规定:"特许经营合同约定的特许经营期限应当不少于 3 年。但是,被特许人同意的除外。"

在普通的民事合同中,合同期限被认为是完全属于缔约双方自由合意的范围,法律不会对合同期限作出规定。但在特许经营合同中,立法者考虑到被特许人从事一个特许经营项目,往往需要 3 年时间才能收回成本并开始盈利,因此规定特许经营合同期限不得少于 3 年。

当然,如果被特许人明确同意合同期限少于 3 年,并在特许经营合同中对此作了专门表述,法律也允许合同期限少于 3 年。

特许经营合同作为商业特许经营活动中确定特许人与被特许人双方权利、义务最根本的文件,合同双方都应高度重视,并将权利、义务在合同中明确约定。只有这样,才能保证商业特许经营活动的顺利进行,最大限度地降低双方的风险。

本 章 小 结

1. 我国将特许经营定义为:拥有注册商标、企业标志、专利、专有技术等经营资源的企业(又称特许人),以合同形式将其拥有的经营资源许可其他经营者(又称被特许人)使用,被特许人按照合同约定在统一的经营模式下开展经营,并向特许人支付特许经营费用的经营活动。

2. 特许经营是以特许经营权的转让为核心的一种经营方式,而特许经营权是由知识产权构成的,特许经营的本质特征是知识产权的转让及运作。发展特许经营一般应考虑六个基本条件:持续发展的生意模式、可以传授的经营技术、特许经营的指导思想、具有强烈的合作意愿、业态选择与资源优化、发展特许的社会环境。在特许经营关系的建立和运作过程中,必须注意四个基本问题:产品与业态是否适合于特许经营;建立特许经营关系应该持有什么态度;加盟主应该向加盟者提供什么服务;如何改善特许经营关系。

3. 特许经营的运作方式因行业不同,通常有三种运作方式:一是以制造商为主导的特许经营方式;二是以批发商为主导的特许经营方式;三是以零售商为主导的特许经营方式。特许经营的发展模式又分为:特许经营权转让的模式、授予特许权的模式和发展单个加盟店的模式。特许加盟体系还包括特许加盟流程和特许经营合同等。

4. 企业发展特许经营不仅需要具有可传授、可复制的核心技术,还需要有健全的法律体系的保障,并接受相应的监管。我国自 1987 年肯德基在北京开设第一家特许经营店面开始,特许经营已走过了 24 年的历程,经历了从探索到逐渐完善阶段,2007 年 2 月 15 日,国务院第 485 号令颁发了《商业特许经营管理条例》,共 34 条,并于 2007 年 5 月 1 日起施行。

 问题思考

1. 简述特许经营的基本特征。
2. 简述特许经营的基本类型。
3. 发展特许经营要具备哪些条件?
4. 特许人与被特许人如何选择特许经营业务?
5. 我国特许经营合同有哪些主要内容?
6. 特许经营推动连锁事业快速发展的根本原因是什么?
7. 如何才能做一个合格而持久的特许加盟者?
8. 我国特许备案制度有哪些具体规定? 如何操作?

 实践应用

一、台湾 7-Eleven 的夫妻加盟

台湾统一集团旗下的 7-Eleven,在遍布台湾本岛、金门、菲律宾三地的 4 800 多家门店中,特许加盟店占 85%以上。它采取两种方式招募加盟者,即"委托加盟"与"特许加盟",委托加盟是由 7-Eleven 提供店面、委托夫妻两人专职经营,而特许加盟则是自备店面加盟。委托加盟申请条件中有一条规定:夫妻两人须专职经营,年龄 50 岁以下,高中职(含)以上文化程度,身体健康,信用良好。

讨论题:

台湾 7-Eleven 在特许加盟条件中,为什么要设置夫妻加盟这一条件?

二、搜集和比较不同便利店公司的特许加盟方案

目的:搜集和比较不同便利店公司的特许加盟方案,强化学生对特许经营方式和规则的深入学习和领会,培养学生的自主学习能力和实践运用能力。

内容:搜集 7-Eleven、全家、罗森、快客、可的、美宜佳等便利店公司的特许加盟方案,比较各种方案的不同特点。

要求:3~5 位学生自主组成学习小组,按组进行课外学习和讨论,每组至少搜集和比较三家以上便利店的特许加盟方案,并形成课业报告,交老师批阅,开展班级交流。

第四章 连锁经营战略与管理技术

> 1. 了解战略与战略管理的含义。
> 2. 理解零售连锁企业运营战略的实施要求。
> 3. 理解连锁企业竞争战略的种类和特点。
> 4. 熟悉零售连锁管理技术。

连锁组织是连锁经营的"形",连锁经营战略与管理技术才是"神",战略决定连锁组织的未来发展,管理技术决定连锁组织的经营业绩。

在传统业态中,经营管理人员依靠长期的工作实践来积累经验,大部分经验以"个人手艺"的形式存在着,这些有用"手艺人"一旦流失,也就失去了"拿手绝活",企业会因此遭受重大损失。

在现代连锁经营组织体系中,一方面要把"经验"上升为"技术",并用技术来支撑连锁经营的发展,另一方面要把"个人技术"提升为"集体技术",要通过归纳、总结、提炼,形成标准,进行培训,加以推广。所以,本章内容是第二、第三章的延伸,这里所说的技术,不仅仅是指信息技术、物流技术,也包括商品经营与组织管理技术。

【引导案例】

纽康茶战略

光明食品(集团)旗下的纽康天然植物科技有限公司将在其开设在世博园区内的茶主题餐厅推出一系列的健康"食茶"产品,将复杂繁冗的传统茶叶的饮用方式简化为随时随地、即冲即饮,但却丝毫不破坏传统茶叶的风味,更弥补了传统饮茶方式的不足之处,包括茶叶的营养成分析出不完全、茶叶农药残留等危害人体健康的种种弊端。

纽康公司的首席科学家,国际权威茶叶、中草药活性成分专家,上海白玉兰荣誉奖获得者——蔡亚博士表示:"超微/速溶茶粉既富集了浓缩茶叶和各类天然植物中的有益活性成分,又将茶叶及天然植物中可能存在的农药残留基本去除,使人体能够更有效和安全地加以吸收利用。"

茶叶中富含的脂溶性维生素,膳食纤维,功能性的多糖、多肽和蛋白质等有益成分无法用传统的茶饮方式冲泡出来,比如,硒是人体所需非常重要的微量元素之一,但在茶叶中人体可吸收的有机硒大多以硒蛋白存在,传统饮茶方法根本无法加以吸收利用。即使是水溶性的茶多酚、氨基酸和水溶性维生素也不能在简单的一泡和二泡等过程中充分析出。尤其是袋泡茶,几十秒钟的提拉,水溶出物不超过20%,也就是说即使是水溶性的有益成分80%也是被丢弃的。其实,除了茶叶外,现在深受青睐的如菊花、枸杞、玫瑰、洛神花、杜仲等保健植物的冲泡饮用方式均存在着同样的弊病。

而传统茶叶最令人担心的则是农药残留问题,多次冲泡,可使其残留的有害农药成分析出量直线上升。长期以来茶叶的农药残留一直是备受关注的食品安全问题,但是由于中国的茶叶生产相对分散、粗放,对于这个问题一直没有出台妥善的解决方案。

为解决传统饮茶方式与现代生活的快节奏和科学养生的需求之间的矛盾,纽康天然植物科技有限公司采用高科技精深加工技术,生产出饮用简单又不失营养成分的超微茶(天然植物)粉、速溶茶(天然植物)粉及浓缩液等不同形态、口味的纯天然茶(植物)饮品,让繁忙工作的都市人享受更便捷、更轻松、更科学的饮茶体验。公司总经理孙笑天先生说:"我们的宗旨是找到真正天然、健康的茶饮品,不添加香精、色素和防腐剂,并且要让它保持原有的天然美味,让美味与健康同行。"

超微茶粉:用达到国家绿色标准的绿茶、红茶、花茶以及其他天然植物为原料,经过筛选、护绿提香、干燥,超细粉碎,使粒度中值在3微米以下,并进行表面活化的茶(天然植物)粉。为防止农残超标,每批茶粉原料在入厂前均经过严格的农残测试,保证产品的农残远低于国家规定的标准。超微茶粉不加任何添加剂,完全保留了茶叶的原汁原味,色、香、味齐全。用适量的超微茶粉泡水,即泡即饮,方便快捷,能充分消化、吸收茶叶的营养,是一种理想的饮料。超微茶粉还可以作为食品的风味添加剂,不仅增加了天然茶香风味,更重要的是茶叶中天然含有的茶多酚可以抗氧化、防止酸败、延长产品保质期、减少或不再使用化学合成防腐剂。

速溶茶（天然植物）粉：采用德国进口低温膜超滤浓缩设备，只选用纯水或食用酒精为载体，并利用工业连续流动床色谱技术分离纯化。既充分和有针对性地富集浓缩茶叶和各类天然植物中的有益活性成分，又将茶叶中原有的农药残留基本去除，使人体更有效、安全地加以吸收利用。

纽康公司抓住2010年上海世博会机遇，以"食茶新概念"和"健康饮食"为经营理念，在世博园区内开设了一家极具特色的茶主题餐厅。

所谓"食茶新概念"，是指将"健康食茶"的概念大量地注入茶饮和茶食品、餐点的制作当中。茶制食品在东亚、东南亚等地受到广泛的认可，但在中国的餐饮市场中还处于起步阶段。食茶新概念使得传统意义上的喝茶不再是"一统天下"的冲泡喝茶模式，重点突出了纽康产品的本质——从传统喝茶到真正健康食茶的转变。

茶主题餐厅在菜肴中广泛应用茶类元素，研发了一系列包括茶叶在内的天然植物超微粉末及提取物调和的饮料，先期推出了铁观音、玫瑰红茶、薄荷绿茶、草本凉茶、抹茶拿铁和低咖啡因红茶等数款健康茶饮。这几款产品全部采用纯天然原料浓缩精制而成，不添加任何色素、香精和防腐剂。既保持了原茶及天然植物的风味，又使原茶及植物中的有益成分得到充分的吸收和利用。真正达到现代健康食茶的目的。

思考题：
1. 你如何评价纽康茶的战略地位和战略实施？
2. 纽康茶战略带给你怎样的启示？

第一节 企业战略概述

凡是成功的企业，都不可能没有战略。战略简单地说，就是分析、定位、聚焦。从战略形成的过程来说，战略是一个分析、选择、执行与调整的过程，是不断与环境互动的过程；从战略的基础来说，战略就是定位，就是在消费者心中确立一个位置，无论企业怎么给自己定位，消费者是最终的裁判，消费者没有心智感受的定位，实际上是"伪定位"，不能产生持续的销售力；从战略的发展来说，企业规模日益扩大以后，就需要聚焦，走专业化道路，并在专业领域成为数一数二的行业主导者。

一、企业战略的特征

1994年,由吉姆·柯林斯(Jim Collins)和杰里·波拉斯(Jerry I. Porras)合著的《基业长青——企业永续经营的准则》(*Built to Last: Successful Habits of Visionary Companies*)一书首次出版,这本书被誉为20世纪90年代最重要的管理书籍之一,同时也使战略更受到企业界的重视。

但是,什么才是真正的战略?战略的作用是什么?如何建立企业的战略结构?如何进行战略分析、战略规划与战略实施?

"战略"一词源于军事理论,其基本含义是指基于对战争全局的分析而作出的谋划。战略运用到企业被称为企业战略,即有关企业大政方针方面的决策,它包含着企业的目标以及实现目标的基本措施。具体地说,就是指企业为在较长的时期内生存和发展,充分估计影响企业发展的各种因素,从而制定总的规划和一系列措施的动态过程。企业战略一般具有以下属性:

(1) 全局性。从空间上来看,它的研究对象是企业的整体活动,所以具有全局性。

(2) 长远性。从时间上来看,它所研究的是企业的未来环境,所追求的是企业的未来利润,所以,经营战略又具有长远性。

(3) 方向性。从内容上来看,它所要解决的是带有方向性的大政方针问题。它好像是音乐中的主旋律和基调,是企业生产经营活动的纲领。

(4) 竞争性。从本质上来看,企业的经营战略是以竞争为基础的,企业为了在竞争中稳操胜券,就必须制定能树立自身优势的战略。所以,战略又具有竞争性。这也是企业经营战略成败的关键所在。

二、企业战略的层次结构

企业战略可以分为公司战略、竞争战略和职能战略。

(一) 公司战略

公司战略也称为总体战略,研究企业整体,指明企业发展的方向、位置和步骤,作为企业各个业务单位和全体员工的行动指南。以《基业长青》为代表的现代管理理念风靡之后,没有战略的公司,就像街头的流浪汉那样不受重视。实际上,在很多情况下,战略已经异化成为一种"编造故事"的手段,甚至成了一种"幌子",或者是像皇帝的新装一样的广告词,这不是真实的战略。很多成功的企业过去曾经声称"我们没有战略",其实,"没有战略"仅仅是表象。没有一个成功的企业是没有战略的,只是可能没有形成有关企业使命、战略的广告词或者战略文件而已。有明确的发展目标、主攻方向、能积极地参与市场竞争、有具体的行动路径的公司是不可能没有"主心骨"的,这个"主心骨"就是公司战略。

战略需要解决以下问题：明确企业的发展方向，寻找企业的既定位置，规划企业的行动路径，寻求企业的竞争对策。公司战略特别需要强调的核心问题是：应该占领哪个位置？这是关于做什么业务，进入哪个领域的问题。位置明确以后，就要解决"如何参与竞争"以及"怎么管理业务"等问题，这就是"竞争战略"与"职能战略"问题。

（二）竞争战略

竞争战略也称经营单位战略、事业部战略，或分公司战略，是指在公司战略指导下各个战略经营单位（Strategic Business Unit，SBU）制定的战略，是从属于公司战略的子战略。竞争战略主要强调特定的经营范围和资源配置两个因素，主要研究的是产品和服务在市场上的竞争问题。其目的从企业外部来看主要是建立一定的竞争优势，即在某一特定的产品与市场领域占有市场地位；从企业内部来看主要是获得一定的协同效应，即统筹安排和协调企业内部的各种业务活动。

战略经营单位是指具有独立业务、自身特征、面对特定市场环境与竞争对手的经营单位，其存在形式可以是企业的一个部门，或一个部门的某类产品，甚至可以是某种产品，也有可能包括几个部门、几类产品。企业内部的各个战略经营单位也并不是完全独立的，如一个大型连锁公司，经营多种零售业态，大型综合超市、生鲜超市、便利店、折扣店等，虽然各种业态都具有自己的独特定位与目标顾客，但相互之间仍然会有交叉和关联，有些顾客可以共享。

划分与选择战略经营单位要把握两个原则：一是要以市场为导向，具有市场发展潜力的业务单位才能定义为 SBU；二是业务范围的界定要适当，既不能太宽泛，也不能太狭窄。

（三）职能战略

职能战略属于支撑性战略，其作用是支持公司战略与竞争战略的有效实施，主要表现在企业特定的职能管理领域。通常将职能战略分为营销战略、人事战略、财务战略、生产战略、研究与开发战略、公关战略等。这种划分实际上是把营销战略当做了一个部门化的、局部的战略，这与"市场营销"的整体观念是相互矛盾的。之所以会出现这一矛盾，主要原因是混淆了营销理论与营销实践的差异，从营销理论来分析，营销应该是渗透企业经营活动全过程的。因此，企业的所有战略都可以称之为"营销战略"。但从企业实践来分析，营销工作有一些特定的部门来完成，如市场部、销售部、策划部、广告部、公关部等，营销活动的部门化一方面使营销工作更专业，另一方面也使营销从表面上来看，成了"职能化的工作"。

三、企业战略的作用

邱择源《原动力——破解企业成长压力》一书对企业成长的原动力有如下表

述:"每家企业初创时,都有最初的想法、目标以及为实现目标所采取的措施,这就是企业发展的原动力。"

1. 企业的本性需要

"公司"作为企业的一种发展形式,从其英语词根中也可以发现企业发展的原动力,即创业者的原始战略思想。在"公司"一词的英语"Company"中,"com"是前缀,是"共同"的意思,其词根是"pan",其意思是"平底锅",联想到用平底锅煎蛋,会做得很大。其实,这个词根有两层含义,一是扩展,二是面包。公司也是这样:① 从现实观点来看,公司发展初期几个人在一起啃面包过日子,很艰苦;② 从理想观点来看,那几个啃着面包过着苦日子的创始人,为了一个共同的理想,扩展自己的事业,把公司做大,如果不想做大的话,就没有必要开公司。所以,公司不是一个人的公司,而应该是大家的公司。否则遇到困难的话,就会很孤立。而要把大家的意志统一起来,就需要有一个共同的战略目标、发展路径与行动方案。

企业的扩张是企业的"本性",而无论企业如何扩张,都需要有战略思想的指导。企业战略的作用主要体现在协同与认知两个方面。

2. 企业战略的协同作用

从战略的内部作用来说,主要体现在发挥协同作用上。企业可以通过战略实现"上下同欲"的目标,这将大幅度降低企业的营运成本。企业缺乏竞争力,除市场原因外,主要原因还是内部不协调。于是,企业管理者会花费大量精力去协调各方面关系,企业员工之间、上下级之间、部门之间矛盾不断,摩擦不停,浪费严重,导致成本上升,传递到产品与市场,就会因此而缺乏竞争力。另外,如果高层管理者一个人或几个人可以决定一个企业的命运,就无须依靠步调一致的员工而获胜,这样的企业与战略也就没有什么直接的关系。随着市场竞争的加剧,企业当家人发现单凭个体智慧已经难以获胜时,就需要依靠大家的集体智慧,这时候战略才显现作用。

"上下同欲"不是简单的"下与上同欲",而应该是"同心、同利、同向、同德"。同心是指具有团结合作的意愿,能相互补台,而不能相互拆台,以彰显团结的力量。同利是指要实现利益共享,领导要通过散财而聚人而不能独享利益。同向是指有共同的愿景,大家都期盼着通过努力把事业做大。同德是指全员具有可以相互包容的道德水准和价值观念,能自觉接受约束。

要发挥战略的协同作用,一是要有清晰的战略思路,二是要有能够把企业战略说明白的人,三是要有战略实施路径与行动方案。

3. 企业战略的认同作用

从战略的市场作用来说,主要体现在消费者的认同作用上。通过企业战略的制定、实施与市场传播,使消费者对企业及其产品形成感知、共识与认同,从而在消费者的心目中形成对不同企业和不同产品的差异。

通过企业战略的运用,可以让消费者广泛认知,但高认知度的企业并不一定是成功的企业。这就取决于企业及其产品的"差异性"(独特之处)、"相关性"(适合消费者的程度)与"忠诚度"(对品牌的依赖程度)。

值得注意的是:有些企业由于缺乏对目标消费群的深入了解,盲目地让品牌迎合大众的口味,最终因追求短期规模而丧失了品牌差异,并被市场同化;有些企业让顾客始终停留在"认知"阶段,而没有由认知而产生"好感";有些企业虽然认知度很高,消费者也有好感,但由于规模扩张以后放松了企业的基础工作,如质量、服务等,最终导致消费者的"集体叛逃"。

四、企业战略的基本形式

(一)稳定型战略

稳定型战略是指企业在不改变经营性质、主要经营的产品和为社会提供的服务范围条件下,企业不准备扩大经营规模的基础上提高效益的战略。其战略核心,主要是围绕提高企业现有经营条件下的经济效益。稳定型战略的优点是风险小,失败的可能性也小,企业所面临的外部环境也比较稳定。

(二)扩张型战略

扩张型战略是指企业扩大经营规模,并在保持原有主要产品经营的同时,增加新的经营范围和经营项目。其战略核心是发展和壮大企业规模。如企业投资办厂或开设分店,以及翻建改造,扩大经营范围,使企业更富有竞争实力。采用扩张型战略,必须大大增加资源的投入。但是,扩张型战略面临的风险较大,管理者在短期内很难操纵扩张后的经营规模,甚至会出现近期效益下降的情况。

(三)紧缩型战略

紧缩型战略是指企业缩小经营规模,减少资源的投入,封存或出卖部分设备,裁减冗员,渡过难关的战略。其战略核心是通过紧缩战略来摆脱企业生存所面临的困境,使财务状况好转,否则企业可能会面临破产。

(四)混合型战略

混合型战略是指企业在一个战略时期中同时采取稳定、扩张、紧缩等几种战略。其战略核心是根据外部环境和内部条件的变化,在不同的阶段分别采用不同的战略。如企业扩张速度过快而环境又出现某些不利于企业继续扩张的因素,就应当采用稳定型战略或者紧缩型战略。

五、战略管理模型

(一)战略架构设计

制定战略需要有一套结构性的思维体系,从长远、总体来思考问题。战略架构设计起码应该考虑四个方面：一是战略指导思想，提出目标与愿景；二是安排经营业务，包括确立核心业务、增长业务、种子业务；三是培育比较竞争优势，树立自己的特色以及支撑特色形成的机制；四是创造持续竞争优势，培育核心竞争力。

（二）战略管理模型

战略管理的重点在于战略分析，当前主要的战略分析模型包括SWOT分析模型、波士顿矩阵、迈克尔·波特五力模型等，这些模型常以图形表达，在企业战略实践中发挥了积极作用。然而，以上模型也存在明显不足，主要是过于简化，基本上都是静态模型，且战略高度不够，分析缺乏系统性，其结论常趋向于片面化和绝对化，不能真正有效地指导企业战略实践。

SWOT分析模型给出了战略分析框架，指出战略分析要关注优势S、劣势W、机会O、威胁T，并组合出SO战略、WO战略、ST战略、WT战略。此模型没有提出动态看待SWOT四要素及其变化影响，因而许多人进行SWOT分析时得出的结论也很片面。

波士顿成长—份额矩阵（简称BCG矩阵）、通用电气吸引力—竞争力矩阵（简称GE矩阵）均用于分析业务组合，主张根据业务所处象限选择业务战略，前者可看作后者的特例。因实际经营情况很复杂，行业发展分不同阶段，竞争有不同的态势，行业内企业情况各异，BCG矩阵情形常常并不成立。GE矩阵简单依据行业吸引力与业务竞争地位就决定业务单元的取舍，实际决策常会错失机会或投资失误。此类例子很多，近一段时间关于联想集团战略决策失误的讨论备受关注，印证了决策片面化、短期化的巨大代价。

迈克尔·波特教授1980年提出了产业竞争五力模型，用于分析产业竞争环境，指出产业竞争存在五种基本力量，这五种力量的状况及其综合强度，决定着行业的竞争激烈程度，同时决定了行业的最终获利能力。此模型的不足在于过于强调上下游产业间的谈价能力，忽视产业链上下游间产品需求量及产品技术的内在联系，轻视产业上下游间、同行企业间的技术合作或战略协作的重要意义。若产业上下游企业均只盯着短期利益，都希望更大幅度地打压对方价格，长远看并不利于产业发展。

第二节 连锁企业营运战略

连锁企业经营战略主要包括连锁企业发展战略、连锁企业营运战略、连锁企业竞争战略，以及连锁企业品牌战略。本节主要以零售业态为对象来介绍零售连锁企业营运战略。

一、竞争力

战略源于竞争,因为竞争所以需要战略。因此,培育和提升竞争力,是制定与实施战略的基本目的。

企业在市场上销售产品和提供服务,必然会面临竞争。在竞争过程中,有些企业由小变大,另一些企业则由大变小,决定企业命运的重要因素是竞争力的强弱。企业的竞争力可能来自各个方面,其中来自营销职能的竞争力与来自营运职能的竞争力是企业竞争力的重要组成部分。

（一）营销竞争力

营销职能通过定位、占位与聚焦影响竞争力。

1. 定位

定位就是要明确产品或服务的目标顾客群与市场地位,定位的结果是实现竞争的差异。其中,明确消费者的需求是最基本的环节,也是影响竞争力的核心。

20世纪70年代初,"定位"(Positioning)一词开始进入人们的视野,美国营销专家阿尔·里斯(Al Ries)与杰克·特罗(Jack Trout)是"定位论"的创始人。1972年以"定位时代"一文开创了定位理论,1981年出版学术专著《定位》。1996年,推出了《新定位》。

定位理论,实际上是一种针对同质化时代所实施的"攻心术"。认为定位是对产品在未来的潜在顾客的脑海里确定一个合理的位置。定位的基本原则不是去创造某种新奇的或与众不同的东西,而是去操纵人们心中原本的想法,去打开联想之结。因此,消费者的心灵才是营销的终极战场。

消费者有五大思考模式：消费者只能接收有限的信息；消费者喜欢简单,讨厌复杂；消费者缺乏安全感；消费者对品牌的印象不会轻易改变；消费者的想法容易失去焦点。

实际上,定位理论将定位定义为一种信息沟通策略,而并不改变产品本身,改变的是名称和沟通等要素。这实际上是一种"传播定位"的思想。在《新定位》一书中,他们再次强调："定位是对大脑的定位,而不是对产品的定位。市场营销的最终战场是大脑。"可见,他们仍然坚持"传播定位"的观点。

很多企业的"定位"并没有打动顾客的心。例如,有一种白酒叫做"金叶神",由五粮液集团生产,咨询公司给它做的"定位"为"成功人士的选择"。从市场上来看,这个品牌的价格与成功人士的消费能力是相一致的,但关键是成功人士的心目中已经有所选择——"茅台"和"五粮液",所以根本不会考虑"金叶神"。

顾客有自己的认知常理,定位不能违背常理,要符合顾客已有的认知,但很多企业的"定位"违背了顾客已有的认知。例如,人们对"茅台"这个品牌的认知是高档白酒,企业却推出了茅台红酒和茅台啤酒。茅台啤酒的"定位"是"啤酒中的茅台",但在消费者那里产生了认知上的冲突,消费者会问:茅台也产啤酒?"茅台产白酒专业,啤酒肯定不专业",这种认知决定了茅台啤酒难以赢得顾客的青睐。有一种叫做"快活林"姜茶的品牌,从宣传来看,企业想"定位"为养胃饮料,宣传口号是"养胃不上火",这里存在两个明显的定位问题:第一,在顾客的认知中,姜养胃的功能并不突出,或者认知并不广泛;第二,虽然从"事实"来看,也许姜茶并不上火,但姜的辛辣给人造成了上火的认知,这种认知很难改变。

从自身出发的定位、不符合已有认知的定位、没有具体内容的抽象定位,以及从市场竞争出发的定位,往往都会背离顾客的心智,从而使定位变成"伪定位"。更无法创造顾客。

2. 占位

明确了目标顾客群及其需求以后,就要想办法占有市场,从营销的一般原理来说,这些活动包括产品、品牌、价格、渠道、促销等一系列策略的组合,即市场营销组合。但在众多的策略中,应用最普遍的策略是价格与促销,最能体现差异化的则是品牌。

在定位与占位过程中,有三点特别重要:一是要区分企业定位与顾客定位的差异,有些企业宣称自己能提供最好的产品与服务,但必须得到顾客的认同;二是要使企业定位与顾客定位的差异逐步融合,要通过品牌认知与营销沟通来磨合,这是一个长期的过程;三是竞争力最根本的来源是差异,但差异必须聚焦,也就是要集中在某些关键要素上。例如,7-Eleven便利店与其他便利店的差异主要体现在供应商品的即食化。又如,大卖场与小超市相比,最大的特点是品种齐全与廉价,而折扣店则以就近便利与价格优惠体现其特色。

3. 聚焦

定位的最高境界是"聚焦",就是把经营业务集中到最能发挥自身专长、最能被顾客认可的领域,做专做强做大,走专业化发展的道路。很多企业在发展初期很专业,规模扩张以后反而偏离了"专业化"轨道。阿尔·里斯来中国时指出:成功企业的秘诀是聚焦。他举例说,麦当劳原来的菜单只有4样东西,都是汉堡。后来增加到了80种,还加了鸡肉卷,意大利浓咖啡。实际上西海岸有一个INNOUT汉堡店,只卖4样东西,有炸薯条,还有不同口味的饮料。去年麦当劳单店销售是220万美元,但是INNOUT汉堡是230万美元。INNOUT是专才,它聚焦了,麦当劳没有聚焦。他建议:麦当劳不应该扩展菜单,应该持续不断地改善当前菜单上的东西。比如说把咖啡原料升级到100%的阿拉伯咖啡豆,或者将牛肉原料升级成为安格斯牛肉等。

但是,缺乏聚焦的麦当劳为什么遍布全球,而INNOUT汉堡却很少有人知晓?

聚焦的结果并不是单一的,有可能在专业领域越做越大,也有可能被竞争对手击败而退出市场。聚焦可以是大公司,也可以是小公司。大公司聚焦以后可以扩展市场范围,小公司聚焦以后更有利于体现自己的特色。聚焦的例子,如西南航空公司定位于"单一经济舱飞行";戴尔专注于个人电脑,只聚焦在一个商务市场,只采用网络直销方式,舍弃造就了全球最大个人电脑公司;诺基亚专注于生产手机,成为市场领导者。在我国很少有公司这样做,关键是很多老板都有"皇帝情节",一旦有了一定的规模,就想当皇帝做老大,搞面子工程,于是就什么都做,尽可能把规模做大,结果是把底子摊薄了,做大了反而不专业了。

聚焦的基本原理就是:鱼与熊掌不能兼得。舍得,舍得,舍而得之。

(二)营运竞争力

营运职能通过工艺、系统与组织影响竞争力。

1. 基于工艺的竞争力

这是从劳动者利用生产工具对各种原材料、半成品进行加工和处理,最后使之成为预期产品的方法及过程演化而来的。好的生产工艺能够达到低消耗、低成本、高质量的要求,从而可以建立产品质量与成本方面的优势,这是竞争力的基本来源,也是产品被消费者认可的前提条件。如果产品成本高、质量差,就无法建立竞争优势,最终将被市场淘汰。

2. 基于系统的竞争力

这是通过协调整个营运系统而产生的竞争力,如较短的订货周期,选择性强的产品与范围广的服务,快速响应顾客要求的能力(敏捷性)以及库存管理、供应链管理等。基于系统的竞争力要依靠信息技术与生产组织管理方式的改进,如完善ERP系统,实施先进制造技术等。

3. 基于组织的竞争力

这是最核心的竞争力,如设计和引进新产品的能力,把握未来发展态势并快速适应环境变化的能力,员工积极主动且富有创造力和执行力,各个部门普遍地尊重顾客并努力实践等。这些能力既有大的方面,也有小的方面,如接听客户电话的姿态、门卫保安对来访者的态度等都能体现出一个组织的文化。

专栏 4-1

7-Eleven 便利店的竞争力

7-Eleven 便利店,把主要的目标顾客群锁定在 12~35 岁的即食消费群,从而使其与其他便利店有显著的差异。所谓即食品,就是买后即可食用的商品,便利店主要发挥"中食"餐饮功能。在便利店出现以前,人们把饮食分为家里吃(内食)与饭店吃（外食）。便利店的出现是一次"饮食革命"，诞生了"中食"，界于外食与内食之间，提供便捷、卫生、营养的饮食。如中国台湾，便利店起步时期与传统的饮食店竞争，后来则与洋快餐竞争，都具有划时代的意义。台湾统一集团旗下的7-Eleven于2009年进入上海后，最能体现其特色的就是"快餐岛"，店铺内配置的小型厨房在中午和晚餐时段供应10余种菜式，每两周更换一次。"好炖"部分的品种超过20种，其中四成为蔬菜制品。还供应平价现煮咖啡——CITY COFFEE，以及牛肉面和新鲜豆浆。为了做好即食商品，店铺一般拥有零售与餐饮两个执照。最关键的是后方要有强大的支撑系统，一是开发团队，二是中央厨房，三是温控物流。只有具备这三个条件，才能有效保障即食品的供应。

在商品开发方面，它们组织了自己的"试吃队"，主要以试吃新开发的鲜食为主。为了让"锅贴里要有汤汁"，试吃队成员除了吃遍全台湾锅贴，回到公司厨房里还要再试验、再练习。这样做出来的东西才会有特色，一旦形成了特色，关键就是要维持与改进。

一旦确立了目标，就应该持之以恒地坚持下去，并且要求商品、营运、后勤各个方面与之配套。这一点台湾的7-Eleven做得非常出色。

二、连锁企业营运战略

（一）连锁企业营运战略的核心要求

1. 聚集人气

聚集人气可以通过三个途径：一是选择一个好的位置。由于店铺资源的稀缺性，提前占领一个地方是十分关键的战略。如上海满街都是本土公司开的便利店，外资至今仍无显著优势。二是依靠营运过程的营销吸引顾客，如广告、促销活动等。营销与商品相关，需要供应商的支持，这就会延伸出"零供关系战略"与"盈利模式战略"。三是依靠品牌吸引顾客，品牌吸引需要日积月累，是各方面综合竞争力的体现。现在有不少消费者已经成为某些特定品牌零售商的忠实顾客，如某些高端超市、百货公司等。

2. 扩大销售

来到店铺的消费者，可能有购买计划，也可能没有计划，没有计划的不一定不买东西，有计划的也不一定买东西。买与不买，全在一念之间。尤其是中国的消费者，购物缺乏计划性，即兴购物非常普遍，所以，购物场所的体验就成为扩大销售的基本保障因素。购物场所的商品、服务、环境、氛围等各个方面都会影响销售。

3. 节省耗费

零售不是一个高利润的行业，却是一个高投入的行业。所以，从每一个细节节省营运成本,就成为零售商必须始终遵循的一条基本原则。零售业需要不断重复山姆·沃尔顿曾经说过的话:"我们卖的货是不赚钱的,只是赚这一点节约下来的纸张和绳子钱!"

(二)连锁企业营运战略的目标

零售企业的战略目标由使命决定,这是对零售企业根本属性与发展方向的描述,包括资源利用、环境改变、顾客服务等方面。例如,家乐福的使命是:家乐福所有努力的最大目标是顾客的满意。选择、提供最佳品质及最低价格的商品,来满足顾客多变的需求。但有些企业并没有制定"使命声明"(Mission Statement),这并不影响它们同样能建立具体的目标。

以零售业为例,主要的业绩目标包括两个方面:一是市场绩效目标,主要指标是销售额与市场份额,从竞争角度评估企业的盈利能力与市场地位;二是财务绩效目标,可分为盈利性目标与生产率目标。

1. 盈利性目标

盈利性目标包括净利润、销售利润率、净资产回报率等。零售业的五大盈利性指标如下:

$$净利润率=税后净利润÷净销售额$$
$$资产周转率=净销售额÷总资产$$
$$资产回报率=净利润÷总资产$$
$$财务杠杆=总资产÷净资产$$
$$净资产回报率=净利润÷净资产$$

上述指标的相互关系如下:

$$净利润率×资产周转率=资产回报率$$
$$资产回报率×财务杠杆=净资产回报率$$

2. 生产率目标

生产率是衡量营运绩效的指标,体现每单位的资源投入所获得的产出,如空间生产率(地效=销售额÷面积)、劳动生产率(劳效=销售额÷全职员工数量)、商品生产率(销售存货比率=销售额÷平均存货),这些都是决定利润的关键因素,所以应该纳入关键绩效指标体系。

生产率是反映产出(产品或服务)与投入(劳动力、原材料、机器设备、厂房、能源以及其他资源)之间比例关系的一个指标,即生产率=产出/投入。这个指标无论对国家还是对各类组织,都具有十分重要的意义。较高的生产率意味着较低的成本,而较低的成本则意味着更具有竞争力。所以,提高生产率是提升竞争力的基础。

衡量一个企业的生产率水平的方法有两种：一是横向比较，即与行业中同类企业进行比较，从而找出本企业的优势或差距。二是纵向比较，即从时间上来比较本企业的生产率发展水平，用本期的生产率与上期的生产率比较。

生产率的计算有三种方法，即单要素度量法、多要素度量法与总度量法。① 单要素度量法是指按照单一投入来度量的方法。产出与劳动工时比构成劳动生产率，如每小时的产值；产出与机器工时比构成机器生产率，如每机时的产值；产出与资本比构成资本生产率，如每元投入的产出；产出与能源比构成能源生产率，如每千瓦小时的产值。计算单要素生产率时，不一定要用总产出作为分子。② 多要素度量法是指按照两种以上的投入来度量的方法。如产出/(劳动力＋资本＋能源)或产出/(劳动力＋资本＋原料)。计算多要素生产率时，也不一定要用总产出作为分子。③ 总度量法是指按照全部投入来度量的方法，产出则是指总产出，即总产出/总投入。

此外还包括社会目标与个人目标等。

(三) 连锁企业营运战略的具体项目

(1) 方向性内容，包括：① 定位，即选择什么业态；② 目标，全国、地区、加盟；③ 进程，即领先进入什么区域；④ 优势，特色、核心能力；⑤ 资金，借贷、上市、其他；⑥ 人力，引进、培养；⑦ 技术，开发、购买；⑧ 盈利模式，自营、租赁、商业地产、通道费、自有品牌；⑨ 发展，自建店铺、购并等；⑩ 供应链管理，顾客、零供关系、竞争者、环境、资源等。

(2) 业务性内容，包括：① 展店，拓展部；② 开店，营销策划部与工程物业部；③ 商品，商品部；④ 店铺，营运部；⑤ 技术，系统部；⑥ 人员，人力资源部；⑦ 资财，财务部等。

(3) 操作性内容，包括清洁卫生、商品盘运、整理整顿、商品验收、数据录入、补货整理、设备保养等。总的来说，是对资产、人力、商品、财务这四大要素的管理。操作性的内容直接影响到企业的核心竞争力，所以，也应该被当作战略问题来看待。

第三节 连锁企业竞争战略

竞争是市场经济的基本特征之一，是任何企业都无法回避的。只要有市场蛋糕在，就必然存在着竞争。优胜劣汰是自然界的法则，也是市场的法则。连锁企业要在激烈的市场竞争中立于不败之地，实现永续经营的目标，就必须制定正确的市场竞争战略，这样才能在与对手的竞争中不断巩固和提高自己的市场地位，创造和保持竞争优势，实现既定的经营目标，保持持续发展。

一、连锁企业竞争战略实施的竞争重点

在市场竞争中,不同行业、不同时期、不同国家的企业,树立竞争优势的侧重点往往存在很大差异。例如,第二次世界大战以后各国的消费需求都大幅度增长,在这一背景下,美国制造业所采取的是大批量生产方式,而日本制造企业则重点关注成本与质量。美国高耗能的大型车与日本低耗能的小型车之间的竞争,就是最典型的例子。战略成败的关键是明确竞争的重点,要考虑到每个选择可能产生的后果,并作出相应的战略抉择。

连锁企业主要存在于商贸服务业领域,有着自身的特点,竞争重点主要包括如下方面:

(1) 价格。价格始终是消费者关注的一个重点,因而也是连锁企业竞争的重点。但价格优势来源于成本优势,所以,连锁企业采用的集中采购、集中配送的模式,能够降低商品采购成本,提高配送效率,实现商品的低价销售策略。例如,沃尔玛以"天天平价"的销售策略、低廉的价格抓住了消费者的心,并缔造了商业零售的王国,成为世界五百强之首。网上商店的快速发展,主要优势是销售的商品价格比实体店更便宜,但质量相同,因此网购又吸引了越来越多的消费者,成为一种具有竞争力的新型商业模式。

(2) 质量。质量有两个方面的含义:一是指商品质量。商品符合质量标准,商品能满足消费者需要的程度。连锁零售企业中的不同业态的定位,就是为了更好地满足消费者的多元化的需求。二是服务质量。服务质量既是服务本身的特性与特征的总和,也是消费者感知的反应。从管理角度出发,优质服务质量包括六大要素:服务的规范化和技能化;服务的态度和行为;服务的可亲近性和灵活性;服务的可靠性和忠诚感;服务的自我修复;名誉和可信性。

(3) 时间。时间包括交货速度与交货可靠性。交货速度迅速的企业往往更有竞争力,在服务提供领域,交货速度就是响应速度,如计算机系统的维护服务,有些连锁公司提供全天候(7 天×24 小时)服务,软件系统的维护则通过"呼叫中心"(Call Center)提供"在线服务"(Online Serving)。交货可靠性是指在规定的时间送达。例如,连锁便利店中的盒饭配送,如果不能按照规定时间在午餐前送到店铺,而是在午餐时间后送达,就会导致午餐前的缺货与午餐后的报废。

(4) 灵活性。灵活性是指连锁企业为顾客提供多样化商品和人性化服务的能力。例如,大型综合超市通常能提供 3 万至 7 万种不同品牌和规格的单品和商品组合供消费者灵活选择,满足消费者一次性购足一周所需的食品和一般生活用品的需要。人性化服务需要将服务中的规范性与灵活性有机地结合,满足顾客需求的多样性。

根据消费者的需求、自身条件、竞争对手的策略以及市场竞争环境等因素选择适

当的竞争重点,这是一个权衡的过程。因为一个重点目标可能会与另一个重点目标相矛盾,如提高服务水平一般就意味着增加成本,也就是说,侧重一方面就会削弱另一方面。为此,应该注意两点:一是要集中资源,确保重点;二是要综合平衡,协同发展。

二、连锁企业基本的竞争战略

美国哈佛商学院的教授迈克·波特(Michael E. Porter)认为:在一个产业中,企业的竞争优势有两种基本形式:成本领先和差异化。企业为获取竞争优势,可以采用的基本竞争战略分为三类。总成本领先战略(Overall Cost Leadership)、差别化战略(Differentiation)和目标集聚战略(Focus)。连锁企业也不例外。

1. 总成本领先战略

所谓总成本领先战略,即企业通过大规模投资,通过规模经济获得经营成本或费用的降低,从而在竞争中占得先机。成本优势战略考虑的是,使企业的成本低于竞争对手的成本,在市场上以低成本取得领先地位,形成优势。成本优势战略要求企业必须确保以低价购进原材料,采用先进的技术设备,建立高效率的生产经营体制,努力降低各种费用。根据木桶原理,在竞争近似于残酷的市场中,只要有一个环节成本降不下来,就会影响整体成本优势的发挥,所以,追求成本的优势必须做到每一个可控制的环节中都要将成本降到最低。

采取总成本领先战略的零售连锁企业目标是成为产业中的低成本零售商,其往往具有规模经济、专有技术、优惠的商品供应价格、较低的交易费用和管理费用等优势。当一家连锁企业成为成本领先者后,就可以有效地抵御其他竞争力量的竞争。对于成本领先战略,世界最大的零售商沃尔玛运用得最为成功。20世纪80年代,它开始租用卫星传输,整合全球营销数据,其商品管理、物流配送、全球采购和数据处理全部应用了先进的现代化信息技术,大大降低了成本。

零售连锁企业往往可以通过以下几个方面来实现成本领先:

(1) 同供应商保持长期合作的关系。通过电脑联网实现信息共享,供应商可以在第一时间了解企业的销售和存货情况,及时安排生产和运输。由于效率的提高,供应商成本降低,零售企业也就可以提供更便宜的商品让利给顾客,在这种合作模式下,供应商、企业、顾客都可以盈利,一举三得。

(2) 建设强大的配送中心和通讯设备作技术支持。在连锁企业中,强有力的物流配送和管理体系是构成其核心竞争力的重要因素之一。在商品的物流运输和储存过程中,成本控制必须存在于商品配送的每一个环节。

(3) 严格控制连锁门店的经营和管理费用。如商品的损耗、人员的薪金以及各项管理费用支出。

(4) 开发自有品牌商品。零售商发挥自身的品牌优势和多门店终端销售网络优势,开发自有品牌商品并进行销售,可以降低商品成本,并向市场提供特色商品,从而提高连锁零售商的市场竞争能力。

2. 差别化战略

所谓差别化战略,即企业以客户重视的某些方面作为自己的特长,做专做强,在行业内独树一帜。一个能够创造和保持差异性的企业,如果其产品价格溢价超过了它为产品独特性所付出的成本,它就可以在其所在产业中取得高于平均利润的超额利润。

差别化战略是回避直接竞争的基本手段。差别化战略中最主要的问题是确定在哪些方面,或把哪些要素差别化。差别化战略已逐步发展为企业与竞争对手竞争的武器。如何选择,需要从以下三方面综合考虑:顾客有什么需求,找出竞争对手和评估比较优势。前两点决定了企业在市场中的竞争状态,第三点主要是考虑企业经营资源和经营能力。差别化不是短期的策略,而是需要长期使用、不断战胜对手的手段,所以要保持长期比较的优势。实行差别化战略,首先要了解市场竞争是围绕什么进行的,这是实行差别化的出发点,也是差别化的要点所在。

顾客是感觉企业间差别、识别企业优势的主体。所以,企业实行差别化战略,必须着眼于顾客的需求,把顾客需求作为差别的关键。顾客的需求是多方面的,我们称之为需求束。需求束包括价格、产品(性能、质量、设计、连带性服务等)、服务(支付条件、售后服务等)、形象(社会对产品和企业的认同程度)等几方面。差别化必须围绕需求束中顾客需求最集中的部分进行。如果我们把需求束中顾客最敏感的部分称为需求核心,那么企业实行差别化战略的关键,就是要把顾客的需求核心作为差别化的要点。

例如:屈臣氏发展为全球首屈一指的个人护理用品、美容、护肤商业业态的巨擘,在全球门店数已超五千家,销售额逾百亿港元,业务遍及亚、欧等四十多个国家和地区。屈臣氏围绕顾客的需求束,形成的差异化优势表现为:

(1) 始终强调三大经营理念:药品及保健品保留着创店以来的特色,倡导"健康";美容美发及护理用品所占比重最大,种类也最繁多,表达着"美态"的概念;独有的趣味及糖果精品传递着"乐观"的生活态度,并长期坚持,使其在同行业竞争中脱颖而出,并建立起在消费者心目中鲜明的特色定位。

(2) 借助自有品牌的导入在消费者心中强化零售商的企业品牌形象,形成差异化的品牌识别,从而培养和增强了消费者对屈臣氏的忠诚。

(3) 各个门店的商品品种构成丰富而充实,同时从物理环境、当前气氛、方便程度、商店的购物者类型、已有商品、服务水平等诸方面给顾客一种整体的和谐统一的概念。

当然,需求束会因产品特性和顾客特性的差异而有所不同,即使在同一需求束中,顾客关心的焦点也是不一样的。例如,人们不会过多地注意化妆品的价格,而对日用消费品的价格却格外关心。对于经营日常消费品的超市来说,实行低价策略能吸引更多的顾客,相反则会引起顾客的抱怨,而导致顾客的流失。高薪阶层注重的是产品的品牌和性能,对此,档次比较高的专卖店则应注重产品的品牌和高品质,而不用担心商品定位偏高引起顾客流失。

3. 目标集聚战略

所谓目标集聚战略即确定企业的重要目标,然后通过长期集中地资源投入来追求主要目标的实现,带动企业整个经营活动的开展。

因为没有一家企业能够做到满足全部消费者的需要,所以必须确定企业自身将要服务的目标消费群体,也就是要定位目标市场和客户。即便是沃尔玛、家乐福这样全球经营的企业,也不能把产品和服务覆盖到市场的每一个角落,总是有其核心的市场覆盖区域。所以,连锁企业首先要确定的就是自己的目标市场,是做一线城市,还是做二三线城市,是商业中心环境还是社区型环境。环境不同,其竞争的焦点和程度是不一样的。

例如:沃尔玛在坚持总成本领先战略的同时,也非常重视目标集聚战略的实施。例如,1962年3月1日,第一个凯马特商店在密西根的戈登城开业,正是第一家沃尔玛开业的前几个月。凯马特早期发展很快,迅速占领了美国各大主要城市,留给沃尔玛的只剩下那些小城镇和小社区了。这时就需要决策:是选择拼大城市还是趁机进入小城镇呢?山姆·沃尔顿毅然选择了后者,并在阿肯色州罗杰斯小城开办第一家沃尔玛百货商店。就这样,沃尔玛采取了以小城镇为主要目标市场的发展战略,成功避开与凯马特、西尔斯无意义的拼杀,并安全度过了创业初期。在总成本领先战略的配合下,沃尔玛将凯马特、西尔斯等竞争对手一一击败,最终建立起今日的零售王国。沃尔玛强大后并没有放弃,而是继续坚持目标集聚战略,这体现在最近几年与法国的世界著名跨国连锁零售商——家乐福的世界市场争夺战中。家乐福的市场主要集中于法国、比利时、西班牙、葡萄牙、意大利、波兰、希腊等欧洲小国,对此,沃尔玛避开家乐福已经进入的欧洲成熟市场,将目标市场集中于美国、墨西哥、英国、加拿大、日本、巴西和中国等市场,这是坚持目标集聚战略的体现。

专栏 4-2

沃尔玛全球规模情况

截至2010年4月30日,沃尔玛全球商店总数8 445家,其中美国本土4 364家,占沃尔玛全球商店总数的51.7%,美国本土以外的其他国家为4 081家,占沃尔玛全球商店总数的48.3%。具体情况如表4-1和表4-2所示。

表4-1 沃尔玛美国本土经营业态的构成

经营业态	商店数量（家）
沃尔玛商店	804
沃尔玛购物广场	2 767
沃尔玛社区店	182
Marketside	4
Supermercado	2
山姆会员商店	605
合　计	4 364

表4-2 沃尔玛国际经营的基本情况

国　家	商店数	进入日期
墨西哥	1 479	1991年11月
加拿大	317	1994年11月
阿根廷	44	1995年11月
巴西	438	1995年5月
中国	284	1996年8月
英国	374	1999年7月
日本	371	2002年3月
哥斯达黎加	170	2005年9月
萨尔瓦多	77	2005年9月
危地马拉	164	2005年9月
洪都拉斯	53	2005年9月
尼加拉瓜	55	2005年9月
智利	254	2009年1月
印度	1	2009年5月
合　计	4 081	

资料来源：沃尔玛中国官方网站。

第四节 零售连锁技术

技术与需求的变革正在深刻影响着企业的经营管理。在生产领域,生产运作超越了"制造加工"的过程,扩展到了供应链的上游与下游各环节,如原材料供应系统与产品供应系统。在商业服务领域,由于信息技术与盈利模式的创新,传统的商业运作模式已经发生了巨大变化,金融资本、商业地产与商业活动已密不可分,连锁经营与特许加盟不仅改变了商业运作模式,还改变着业务流程。所有这些变化都推动着营运管理的新发展。

一、从战略角度重视零售连锁技术

传统的零售业是劳动密集型企业,现代零售业虽然仍然需要依靠大量的人员服务来完成商品交易过程,但是,超市、便利店等现代零售业态由于广泛应用现代技术和新的销售方式(如消费者自助方式),服务人员的数量已经大幅度减少。不仅如此,现代零售业也是应用现代技术最快的行业之一,现代通讯技术、网络技术、条码技术、源于军事领域的后勤管理技术等IT技术、物流技术以及空间布置与设计技术,都已经成为现代零售业的有机组成部分。此外,由于竞争加剧,零售业的营销方式也不断翻新,在营销全过程中更多地应用数据分析技术和顾客管理系统。从总体上来说,现代零售企业已经从企业信息化发展成为信息化企业。

定位、占位与聚焦,最终都要落实到实际行动,与行动过程相关的问题常常被认为是战术问题,但如果从顾客心智与技术对现代社会的影响来分析,技术已经不是单纯的战略实施与执行方法的问题,而应该成为重要的战略问题。例如,网络技术、物流技术、信息技术等,不仅会直接影响企业的发展方向,而且会影响顾客的心智感受。技术已经成为推动零售业业态变革、组织变革与管理变革的强劲动力。为此,零售商有必要把"技术"上升为一项战略,零售连锁的技术,应该包括经营管理技术与设备信息技术两个方面。

没有技术的现代化就没有零售业的现代化,从这个角度来说,就应该从战略高度来认识零售连锁技术,把技术作为一种零售战略。

零售业的经营是以店铺选址为基础的,店铺选择以前是有关企业发展的战略规划,店铺选定以后是商品经营与店铺营运,商品经营技术是零售的核心技术。零售业务的正常营运需要信息技术与物流技术以及人力资源的支撑,其结果是财务成果。所以,选址、商品经营、信息、物流、人力资源、财务等方面的技术构成了零售业的基本技术。

专栏 4-3

从会到不会是一次飞跃

有位资深 IT 专家说,开始什么都会,现在什么都不会。他所指的"会与不会",并不是指技术,而是指"观念与价值"。信息技术服务商带着既定的架构、规则、流程与技术进入中国,来到连锁企业,发现那些企业是如此缺乏信息技术的支撑。于是,他们就觉得自己是专家,是救世主,是核心竞争力的象征。连锁企业也被这些 IT 精英们的美妙演示所打动。于是就签约、买设备、定需求、搞开发,并把未来的希望寄托在他们身上。

但信息系统一开始开发就遇到了大难题:技术专家问企业有什么需求?不知道! 即使有明确的需求,也是朝令夕改。整个开发过程就是一个变卦、折腾、扯皮的循环,技术专家觉得什么都不会了。大多数信息系统开发以失败而告终。那些企业最后得出的结论是:失败比成功更值得庆幸。如果开发成功,那倒是一场灾难。因为你将永远跟着人家跑,未来风险远不是用金钱能够衡量的。

这是专业的迷茫,更是规则的迷茫。难道中国的连锁企业就不需要规则与专业?回答是否定的。在那"没有最高,只有更高;没有最大,只有更大;没有最快,只有更快"的市场中,处于急速成长甚至癫狂状态的市场中的企业,只要胆子更大一点,步子更快一点,前进前进再前进,就能获得比别人多得多的机会以及"机遇性成功"。那时候,变化高于固化,打破规则重于遵守规则。

在企业客户的抱怨声中,专家们渐渐明白了一个道理:信息系统开发的关键不在技术,唯一重要的事情就是要考虑企业客户的价值,只有与企业客户互动互应,为其创造实际的价值,才能重新赢得信任!那些既定的东西如果不做改变就很难为企业客户创造价值。信息技术服务商如果不能实现这样的转变,则会在企业客户的抱怨声中"被唾沫淹死"!

零售商与信息技术服务商虽然至今还没有找到最佳的"Solution",尽管他们天天在谈论"Solutions"。但是,只要肯承认自己有做不来和不会做的事情就行。在一个人口最多、变化最大、文化最杂的市场中,IT 精英们遇到了前所未有的棘手问题。从会到不会,这不是一种退步,恰恰相反,这是向前迈进了一大步!

二、商品经营技术

国内零售业总部的最大管理问题在于缺乏有效的商品管理。其原因是多方面的:一是以通道费为主的盈利模式制约了商品经营能力的提升;二是商品管理的组织体系没有适时调整,并且缺乏专业人才;三是品类管理、空间管理等商品管理技术还没有普遍应用。

（一）商品经营的组织

商品经营是零售企业的核心业务，其目的是在适当的时候，以适当的价格，购买适当品质、适当数量的商品，并通过快捷的配送和有效的促销，把商品销售给顾客，以满足顾客需求，获得经营利润。因此，从广义来说，商品经营包括从商品计划、商品采购到商品销售以及售后服务的全过程。从狭义来说，主要包括商品开发与采购，并对销售负责。零售连锁企业的软弱集中表现为总部缺乏专业化的管理，而总部最大的管理问题就在于缺乏有效的商品管理，主要表现为：缺乏清晰的商品政策，没有实施品类管理，没有有效的商品组合、推广促销与空间管理办法，信息资源与报表体系不健全，商品管理不是依据数据分析而是主要凭个人感觉，配送、库存、补货、价格等方面没有实施必要的监控。

专门负责商品经营的部门是商品部，主要应有三项工作：

（1）制定商品政策。它包括：制定品类战略，评估过去绩效，制订财务计划，与采购或商品经理讨论财务计划，将部门商品策略与财务计划相协调，将分类计划执行到门店并根据实际绩效加以调整，制定品类计划，制定定价策略，评论每周品类绩效，每月调整财务计划，了解市场等。

（2）采购商品。它包括：商品销售测试，评估测试结果，融入品类财务计划和品类计划，与品类经理一起制订财务计划，建立供货商关系，采购（淘汰）商品，每周评估业绩，每月与品类经理一起评估与调整财务计划。

（3）商品配送与库存管理。它包括：评估各门店过去的绩效，与品类经理一起制订门店计划，从配送中心至门市，按照指标及库存比率目标，负责跟踪、分配和补充当季库存，制定与执行策略，以保证商品在仓库的最佳流动，在各店之间平衡库存，对照最初预测评价商品销售，与采购组成员及品类经理一起讨论促销方案，给采购与计划组推介候选商品，执行提早退出策略，准备报表和报告，跟踪与监控配送活动，将库存需求及时与采购沟通，提出商品包装改进要求。商品部不仅要引进商品，还要淘汰商品；不仅要采购商品，还要对销售负责；不仅要经营商品，更要掌握商品的市场动态。

实际上，上述三个方面的职能在不同公司是不一致的，国际上大型连锁公司在这三个方面的资源配置比较平衡。我国很多连锁公司目前的商品管理重心仍然是采购，商品部主要由采购人员组成，商品政策、品类计划、存货管理、市场调查、广告促销、空间管理这六个方面还十分薄弱。

（二）营采关系的确定

商品部的部门划分，首先取决于营采关系，"营"是指门店营运，"采"是指商品采购。营采关系主要有"营采合一"与"营采分离"两种模式。

(1) 以门店为核心的营采合一模式。总部集中采购商品,负责谈判、引进新供应商、新商品、制订基本价格,门店根据实际情况选择商品,并主动调整敏感商品的价格,经营中的各项指标大多由门店负责。其优势是:能够对顾客的需求在最短时间内作出反应,竞争能力与门店适应能力更强,门店气氛更活跃。其劣势是:监控力欠缺,容易滋生腐败现象,对门店人才素质需求高,人事成本相对偏高,公司标准执行力度不够,受人才约束,不能在非常短时间内快速开店,与供应商之间扯皮现象多。

(2) 以采购为中心的营采分离模式。总部集中采购商品,采购对大部分经营指标负责,门店根据具体情况作小幅度调整。其优势是:便于配送中心运作,发挥整体优势;标准统一;总部集中管理,适合快速开店,人事成本相对较低;腐败现象较少,便于监控。劣势是:反应速度相对较慢;适应不同商圈的能力较差,在中国市场问题尤为突出,过分依赖配送中心,使小供应商难以向全国市场发展;过分依赖总部采购人员的个人素质。

(三) 商品经营的改进方向

(1) 加强市场调研与消费者分析。顾客对商品的选择是从想象开始的,首先要"想起来好"。然后是直观判断,要"看起来更好"。最后是通过使用而强化购买意向,觉得"用起来真的是好"。"想、看、用"是一个由经验上升为理念和心智的过程,是从商品的"实际使用价值"上升为"象征性价值"的过程,如购买豪华汽车是人的身份的象征。在现代社会,商品的象征性价值最有意义。正因为如此,企业经营商品应该有明确的经营理念和定位,而准确的目标顾客定位必须建立在科学的市场调查与消费者分析的基础上。

(2) 要依靠零售品牌来推广商品。消费者对零售品牌的认知度还很低,在很多情况下,商品是依靠产品营销与自我展示销售出去的,未来的商品经营应该是"认零售品牌而购买,靠零售品牌来推广商品"。

(3) 引进品类管理技术。品类管理是指分销商和供应商把所经营的商品分为不同的类别,并把每一类商品作为经营战略的基本活动单位进行管理的一系列相关的活动,它通过强调向消费者提供超值的商品和服务提高企业的营运效果。零售业是为顾客选择商品的行业,品类管理的基础是为顾客选择商品,并以适当的方式进行补货、配送、营销与服务。

(4) 引进货架空间管理技术。货架空间管理技术包括:① 货架空间计划,经营者可以依靠货架空间管理应用程序来协助实现群集和具体门店的商品组合管理:在合适的时间、合适的地点精确放置合适的商品,从而实现利润最大化,并扩展客户忠诚度。② 门店布局规划,该规划可以同时管理多个门店,从而使得品类整体设计成为一项轻松的任务。采用该规划还可以执行跨品类和跨门店布局规划,从而可以即时比较最佳门店和欠佳门店之间的布局差异。③ 货架商品分类,该技术可创建总货架图,并可按需要将其复制成简化版本。创建过程中除了要考虑库存和商品要求外,还需要考虑货架空间限制和效率等。总之,这是一种依靠计算机信息技术与商品经营技术来规划、设计、调整、优化商品分类、店铺商品布局与商品陈列的技术。

(5) 加强供应链管理。供应链这个大概念中有两个关键点:一是库存管理;二是信息分享。而要实现这两点,除技术支撑外,最重要的是:工商合作模式需要有根本性的改变。对待供应商,零售商规模越大,似乎也就越强势。如果是这样的话,供应商与零售商的关系已经从讨价还价发展到了单方面的强势推进,因为只有那些同样强大的供应商才有讨价还价的"资本"。但是,这并不是最有效的合作模式。有战略思考的零售商越来越依靠业务战略决策与供应商建立伙伴关系。姜汝祥在《差距》一书中有这样一段关于沃尔玛与宝洁之间关系的描述:"比如沃尔玛的早期阶段,实力强大的供应商如宝洁公司是很强势的,但当沃尔玛强大之后,并没有反过来对宝洁强势,而是与宝洁结成伙伴关系。它告诉宝洁,我们可以共享沃尔玛的电子信息来改善双方的业绩,结果宝洁公司成为通过计算机与沃尔玛联网的第一批厂商。宝洁还在本顿维尔设立了一个70人的小组来管理其出售给沃尔玛的产品。"

三、选址技术

店铺选址是零售经营的基础,也是目前很多零售企业比较薄弱的环节。由于开店前很少采用商圈考察,店铺开张以后很快就成了经营业绩很差的"烂店",为了挽救烂店,往往又投入大量的营销资源,结果造成更大的资源浪费。

店铺开发一般由发展部负责,主要工作包括:商圈资料的收集;选址标准的确立;店铺的寻找、洽谈与签约;店铺的投资评估;店铺工程设计及审核、工程招标、工程监督、验收;店铺平面配置规划;店铺设备采购、维修与保养等;开店流程安排及进度控制等。

店铺开发的常规流程可以分为七步:店铺寻找、商圈调查、投资评估、店铺购租、店铺规划、开业准备、开业后评估。每一项工作都应该有操作规则和相应的流程与表单。

店铺开发涉及零售企业的各个部门,即使是店铺开发本身的职能,不同的公司也有不同的操作办法。如店铺平面配置与商品陈列,可以由企划营销部负责,也可以由营运部甚至商品部来负责。总之,店铺开发工作不可能由任何一个单独的部门来完成,所以,工作越是标准化,像组配零部件那样,就越能有条不紊。

四、信息技术

信息化是现代零售业核心竞争力的重要标志,没有信息技术的现代化也就不可能有零售业的现代化。所以,信息化已经不是可有可无的"补品",而是每日必需的"食品"。

然而,从信息系统(POS-MIS)到企业资源管理系统(POS-ERP)再到供应链关系管理(SCM)等,比这些概念更多的却是失败的例子。失败的重要原因是高估了"技术系统"的通用性,低估了"业务系统"的复杂性,错误地认为:只要引进一套技术系统就可以彻底改变企业的面貌,变传统企业为现代企业。实际上,企业本身就已经存在着一个系统,如果传统的业务系统不能从根本上实现改变,再好的技术系统也无法充分发挥作用,反倒会因为采用新的系统而导致原有系统的混乱。

1. 零售企业信息化建设的发展阶段

从零售企业信息化的发展水平来划分,信息划分为三个阶段:硬件基础设施建设阶段、软件基础设施建设阶段和核心业务系统建设阶段。目前多数企业还处于硬件基础设施向软件基础设施建设过渡阶段,少数企业处于软件基础设施向核心业务系统过渡阶段。从具体的项目开发进程来说,零售企业信息化的实施一般也可分为三个阶段:

(1)核心业务重组阶段。商品管理系统、门店管理系统与物流管理系统是这个阶段的建设重点。这一阶段实际上是信息从部门化到全面公司化的过程,通过整合,业务层面系统运行的整体性得到加强,业务系统采集的基本数据就能在全公司内得以共享。

(2)管理业务整合阶段。在第一阶段基础上,财务管理系统、人力资源管理系统、办公自动化系统、电子商务系统等管理方面的业务也被纳入了信息管理系统,企业信息化工作从核心业务延伸到管理业务。在零售企业的基本业务数据可靠采集并共享后,财务管理系统将能为管理控制层提供更为可信和科学的财务报表,公司对内对外账目均得到可靠的控制。人力资源管理系统以及办公自动化系统的实施,为公司实现电子化办公进而实现知识管理奠定坚实的信息资源基础。电子商务系统重点发展与企业外部合作伙伴之间的信息共享,通过该平台,逐步整合企业供应链。

(3)智能化管理阶段。这一阶段的重点是建立数据仓库、商业智能系统和客户关系管理(CRM)系统。建立数据仓库是实施商业智能的基础,许多基本报表可以由数据仓库生成,并作为进一步分析的数据源。通过数据清洗、数据提取和数据集成建立面向主题的、集成的、稳定的、不同时间的数据集合,为在线分析系统和数据挖掘提供可靠数据。利用商业智能系统,分析人员和管理人员能从多种角度把从原始数据中转化出来的信息,进行快速、一致、交互地访问,从而获得对数据的更深入了解,协助决策层进行决策。客户关系管理将首先要建立和收集客户基本资料,然后根据企业实际情况逐步开展其他业务,最终 CRM 必将与商业智能系统实现互动,为企业提供一个收集、分析和利用各种客户信息的系统,帮助企业充分利用其客户管理资源。

2. 零售企业信息化建设值得注意的问题

零售企业信息化往往是在抱怨中逐步完善起来的,当然也有被抱怨淹没的"信息化"。导致信息化失败的原因有很多,缺乏 IT 战略规划是其中最重要的原因。

(1) 信息化的前提是经营业务要流程化,即经营业务要按既定的程序与方式来处理,信息系统把这些业务流程固化以后,才能实现信息化处理。

(2) 信息化过程的需求是不确定的。企业在成长的过程中处于一个日益变化的经营环境中,所以,信息化过程的"需求"是不确定的、多变的,只有适应这些变化的"信息化"才能获得成功。所以,不能以"需求说明书"为核心来开发系统,开发系统要以变化着的需求为导向。

(3) 要化解来自传统体制与传统方式的不利影响。从传统的旧体制过来的业务人员与管理人员,比较适应"制度"与"规章"等具有很大"变通性"的法则,变通性比较低的"信息化"方式往往会遇到来自多方面的抵触。在这个时候,最高领导对信息化的支持,直接决定着信息化的进程。

(4) 信息化的过程是一个不断培训的过程。不仅需要信息技术的培训,更需要思想的转变。这个环节甚至常常起到关键性的作用。

(5) 技术人员要修炼"四高素养"。首先是技术素养,成为"技术高手",这是基本功;其次是"业务素养",成为"业务高手",具备把复杂的业务问题简单化并且效率化的经验;第三是"公关素养",成为"沟通高手",具备与业务人员、技术人员、上级领导进行良好交流、沟通并能说服他人的能力;第四是"心理素养",成为"忍耐高手",要始终自信并能承受失败、抱怨甚至被革职的压力。具备这样素养的技术人才已经不是一般的技术人员了,而应该被称为"IT 精英",于是,他们就理所当然地应该享受"高尊重、高地位、高收益"以及与此相关的美好生活。

零售企业的信息化,难的不是技术,而是业务与人的问题。任何企业应该有两个系统,一个是人的系统,另一个是信息系统。人的系统最重要的是新老更替,转变观念,成为专家,不要出现新的外行领导内行的情况。信息系统最重要的是做以下事情:一是在经营计划中更多地融入顾客的需求信息,如建立会员体系。二是建立品类管理与空间管理系统。三是建立更灵活多样的促销体系。四是在财务与业务之间建立外部供应链与内部供应链的衔接系统。五是完善企业内部的报表体系与信息分析系统。六是建立集团化数据分析系统。七是整合公司内部的知识体系,用系统把个人经验上升为集体经验。

五、物流技术

物流技术与物流管理水平直接决定着零售效率,零售商发展成为连锁经营组织后,物流配送就更为重要,它已成为零售业的经营枢纽。无论是第三方物流中心还是零售商自建的物流中心,都包含着三种"流",即物流、资金流和信息流。

近年来,我国大型连锁公司开始自建常温与非常温物流中心。从企业物流(第二方物流)发展到专业物流(第三方物流),由连锁企业自建专业物流,有人称之为"2.5方物流",这是由专业人士组成的,将第三方物流管理理念和营运模式移植到企业客户内部,以帮助企业获得高标准物流营运能力的服务供应商。大型连锁公司自建"2.5方物流"有多方面的考虑:

(1) 中国庞大的物流市场还缺乏真正的第三方物流主导者。我国物流企业的规模还比较小,而且以区域发展为主导,还难以全面满足日益扩大的连锁业务的规模化与跨地区发展的需要。在这种情况下,如果把物流业务全部外包给第三方,存在很大的经营风险,有可能被卡住经营的"喉咙"。所以,宁可花点钱自建物流配送中心。有些公司自建常温物流,但冷冻冷藏商品仍然委托第三方配送,因为这方面的社会资源比较丰富。

(2) 公司规模大了,物流设施的投入费用比较容易分摊,平均的物流费用反而能够下降。以低温商品为例,一家年销售在15亿元的便利公司,年采购低温商品的含税进价金额大致在1亿元以上,如果按照含税进价8%计算物流费用,便利公司每年要向第三方支付800万元的配送费用。达到规模以后,自建低温物流的费用会低于外包费用。为了节省前期投资费用,自建配送中心往往采取库房租赁的办法,也不必将配送中心建得很大,关键是要符合业务需求,该多大就多大,而不是能建多大就建多大。

(3) 为了提高效率。自建物流中心以后,原来由供应商直送的商品(尤其是即食的低温商品)可以通过配送中心的有效控制,能够降低缺货率,提高准时到货率,并使门店收货次数大大减少。以便利店为例,无论美国、日本还是中国台湾,开始的时候大量商品都由供应商直送,门店每天收货次数高达70多次,后来通过整合物流,改直送为转配送,使门店收货次数下降到了10次以下。

(4) 订货模式的变化也是一个发展过程。连锁店在不同区域发展以后,越来越表现出差异化的趋势,甚至做营销也需要改变原来的所谓"标准与统一"的模式,应该实施"差异化营销",要求商品与订货也体现差异化。根据这些要求,有些企业从总部自动订货逐渐发展到给门店一定的订货自主权,并且营运督导每天晚上都要从系统中检查门店的订货情况,对订单作相应的修改,督导对门店销售负责。由集中订货向局部分散订货发展的一个前提条件是系统要健全,物流要适应。一般可以将门店商品分为三种:统管商品(总部决定品种与要货数量)、必配商品(总部决定品种,门店决定要货数量)与选配商品(门店决定品种和要货数量)。

物流系统的实质是信息系统,"2.5方物流"是外部供应链与内部供应链的桥梁,其关键是如何通过信息系统实现库存的有效控制。

六、人力资源管理技术

人力资源对营运业绩的影响越来越明显。不同的模式有不同的结果。

人力资源管理的最高境界是——把人当作人。上海大润发被誉为内地零售业的"隐形冠军"。1997年在零售行业从零起步,短短12年时间,成为全国连锁百强第七位,2009年以404亿元销售首次超越家乐福,在全国连锁百强的排名上升到了第六位。2009年中国连锁百强数据显示:大润发店铺平均年销售额高达3.64亿元,而以业绩著称的家乐福也仅为2.52亿元。大润发用"不'压榨'供应商、用工厂理念做卖场、入职6个月即可持股"这三大独门法则,建立了独特的经营理念与管理体系。在这样的制度下,员工流失率才万分之几,门店总经理的流失率几乎为零。稳定、专业的员工团队,是大润发稳健发展的重要原因。

在从业人员文化水平不断提高,零售业技术含量不断提升,劳动力成本不断攀高的现实条件下,如何充分有效地运用好人力资源,这是每一个零售商都面临的共性问题。

(1) 创业者要超越自我。在新的环境条件下,创业者要改变观念,调整思路,修正经验,关键是要发挥人力资源的互补、融合与整体效应,提高经营管理的专业化水平。假如不能实现自我超越,就很有可能被市场淘汰,被资本抛弃,被新人替代。如果说要求下属变可以称为"变化",要求组织体系变可以称为"变革",那么,在企业中已经拥有绝对权威的创业者自己的变化,则应该称为"革命"。凡革命都是痛苦的,但经过痛苦的洗礼,创业者、企业以及员工将获得"新生"。这也是顾客与投资者的福音,是行业的进步。

(2) 专业授权。很多领导长期以来采取"大权独揽,小权不放"的管控模式,其结果是"应声虫"越来越多,下属的积极性、应变能力与独立工作能力持续弱化,出现了"强将手下皆弱兵"的怪现象。改变方向是:把专业的事情授权给专业的人去处理,让下属自己去做计划,让他们去执行自己计划的任务。这是目标管理的方法,但必须有专业的人来做专业的事情。其结果才会将企业引向专业化方向发展。

(3) 培育下属的权威。专业授权的推行首先必须跨越心理障碍:一怕自己的权威受损;二怕自己的地位动摇;三怕下属不听话。有些领导甚至故意不用专业的人,或者故意错位任用人,懂什么不让你管什么,错位的结果是"外行领导内行",不懂者管懂行者。在这样的环境下,懂者与不懂者全不敢轻易发表意见。于是,领导的"声音"就成了唯一正确的声音。因为不专业的人一般比较容易被控制,"镇住"非专业的人要比"镇住"专业人士容易得多。对自己有信心的领导,就不怕下属权威的提升。其实,对下属最大的支持就是培育下属的权威。如果下属的权威超过自己而达到了无法管控的状况,那就应该选择"急流勇退"。

(4) 散财与聚人相结合。"企业属于投资人"的说法正在受到各方面的挑战,其实,企业不应该是由老板们独立拥有的,企业也是员工、管理者以及整个社会的生存资源。企业经营活动的各类参与者都有权利分享企业的成功,这不应该是老板对他们的恩赐,而是他们本来就应该拥有的权益。那些为企业发展作出巨大贡献的职业经理们,往往会面临非常艰难与不公平的境遇,即企业发展得越好对他们的未来就越不利。因为企业越大就越具有选择的优势,而这些优势正是员工们合力创造的。因此,当企业发展到一定程度,创业者最明智的做法是通过散财而聚人。

(5) 不要单向要求员工奉献。在企业向员工提出"奉献"要求以前,应该想想企业能为员工奉献什么？什么叫奉献？员工为了赚一点口粮钱,被要求奉献与家人团聚的时间、属于未来的健康与属于自己的爱好,这是不现实的。忠诚是相互的,如果企业对员工无法做到"忠诚",企业要求员工忠诚也基本上是一句空话或口号。企业领导喜欢有"责任心"的员工,而其工作能力与业绩却常常被忽视,但责任心是很难衡量的。

(6) 提高 IT 部门的组织地位。中国零售业的 IT 部门是一个在抱怨中成长起来的部门,老板对这个部门真是"爱恨交加"。零售业已经发展到了这样的程度:不仅以 IT 为基础,更以 IT 为依靠。然而目前的 IT 部门仅仅被看做一种"有用的技术工具",在重大的企业决策中 IT 经理没有什么发言权,管理他们的是一些不懂 IT 甚至也不懂业务流程的职位更高的人。零售业在管理信息系统开发过程中,起初完全跟着开发商走,到后来,由于开发商缺乏行业管理经验或对中国零售业的经营环境与业务复杂程度了解不够,那些完全依靠外力开发出来的系统的适用性就很差,开发商在用户的一片抱怨声中总是被用户牵着鼻子走,结果,系统改得一塌糊涂,错漏百出,失败是可想而知的。系统开发失败所导致的更为严重的问题是:领导迷失方向,产生信任危机,专业人才流失。如果技术骨干流失,后果不堪设想。所以,留住这些人才或采取预防措施,应该是一个有关企业命运的大事。

(7) 走出低成本的恶性循环。低成本是中国零售业的一大法宝,但也正是因为低成本模式以及各种"低成本模式的变种"导致经营业绩长期徘徊在低水平。零售费用以租金、人事、电费、折旧这四项为最大(配送费用一般由厂方承担,有些企业还要支付巨额利息)。为了降低租金,只好找稍偏一点的铺面,结果只有旺铺 30% 甚至更低的销售额;为了减少人事费用与保证营业收益,大量使用厂方促销员和专柜经营；为了节约投资成本，店铺装潢工程与设备的质量难以保证，甚至严重影响正常营业。低成本没有什么不好，中国企业的失败往往就是因为成本失控，但是，过份地节省实际上就是最大的浪费，如果是克扣员工利益，那更会引起恶性循环。

有人说，现在很多大公司的部门之间普遍存在相互扯皮的现象。扯皮的根源在于组织制度与企业领导：① 管理职责划分不明确；② 老板担心下属的权威太大，故意让下属相互折腾；③ 中层能力差，威信低，摆不平，因为他们责任无限，权力有限，常常是一个傀儡，如果是外行，情况就更糟糕，这一点也与老板有关。解决办法有：前提是领导要改变工作思路，基础是组织体系要理顺，关键是专业人才要有话语权。

总之，企业应该把员工的成长与发展也作为一个重要的经营成果，把人当作人来用。这是最根本的原则。

七、财务管理技术

零售企业在财务上有两个特点：一是只有应付款没有应收款，当然，有赊销的情况除外；二是每天有现金收入。特别是对大型连锁公司而言，有三项特别重要的工作需要管控：一是每日销售与现金回笼保持平衡，如果制度不严格，就会出问题。二是要控制各项费用，使其保持在一定可接受的水平，如果成本费用失控，连锁公司就非常危险。三是要控制好现金流量，不仅要够用而且不能浪费，只有把握好流动性，才能有安全性与盈利性。

财务部是承担财务会计工作的基本部门，其基本职责包括：资金的筹措、规划、使用和调度；各项财务会计报表的编制；财务分析；账务处理；各项费用、凭证的审核；厂商货款对账与付款；每日营业现金收支统计；会计电算化系统作业；发票管理；税务申报、年度决算申报；门店会计作业指导；内部审计等。

本 章 小 结

1. 经营战略虽然具有全局性、长远性、方向性、竞争性等特点，但有些细小的问题也能通过转换或渐进式的影响而成为重大的战略问题。制定经营战略的难处在于预见这些可能转变为"大问题"的"小问题"。

2. 战略的三个根本问题是：定位、聚焦与技术。技术成为一个战略要素具有十分重要的现实意义，这是因为技术正在改变着顾客体验、零售业态和管理方式。定位的核心问题是如何在顾客心智中占有一席之地，与顾客心智不吻合的定位是"伪定位"。聚焦是要求企业走专业化的道路，但从我国目前零售业的发展情况来看,几乎没有一家本土零售商是单纯通过聚焦而获得成功的,比较成功的零售商有一个共同特点——集中区域开展多业态发展。这种策略能否持久还有待实践的验证。

3. 零售有三项核心业务:一是聚集人气,二是扩大销售,三是节省耗费。零售战略考虑三个层面的问题:一是方向性问题;二是业务性问题;三是操作性问题。通常用五个指标来衡量零售企业的业绩,即净利润率、资产周转率、资产回报率、财务杠杆、净资产回报率。无论是净利润率还是净资产回报率,零售业一般都要比制造业低得多,零售业的广告投资也远远低于制造业。

4. 连锁企业主要存在于商贸服务业领域,竞争重点主要包括:价格、质量(包括商品质量和服务质量)、时间、灵活性。连锁企业可以采用的基本竞争战略分为:总成本领先战略(Overall Cost Leadership)、差别化战略(Differentiation)和目标集聚战略(Focus)。

5. 连锁零售业必须掌握相应的零售技术,零售技术主要包括商品经营技术、店铺选址技术、物流技术、信息技术、人力资源管理技术、财务管理技术等。

1. 理解企业战略的含义、特征、层次结构和形式。
2. 什么叫定位?定位的核心是什么?举例说明哪些定位属于"伪定位"。
3. 为什么要聚焦?如何才能有效地实现聚焦?
4. 连锁企业运营战略的核心要求和战略目标有哪些?
5. 连锁企业竞争战略实施的重点是什么?
6. 举例说明连锁企业基本的竞争战略。
7. 零售业包括哪些基本技术?各有什么要求?
8. 未来零售业的主导战略是什么?

一、课堂测试

内容:提供1~2个连锁品牌名称,然后请每一位被测试者写出三个品牌联想(如果没有三个也可以,完全可以自由联想),要求按先后顺序排列。

要求:统计分析:把相同或相似的"联想"归为一类,计算出"频次",列表以后看看被测试者对某个品牌的"内心认知"。

分析:通过对"联想"结果的分析,对该企业的战略定位进行评价和提出建议。

二、"纽康茶主题餐厅"亮相世博园

在 2010 年上海世博会期间,由光明食品(集团)旗下纽康天然植物科技有限公司开设的"纽康茶主题餐厅"亮相于世博园区内,纽康的主打特色是"绿色"。走进世博园 C 区欧洲广场的餐饮区域,纽康纯绿格调的餐厅布置清新宜人,再看餐单,总共 6 款套餐,可选徽菇扣焖肉或鲍汁白灵菇等主菜加上餐前小碟、时令蔬菜、餐后甜点以及饮料,一份套餐价格在 50~60 元之间。其中食材大有讲究,比如猪肉选用的是"爱森"、调味料是"素易鲜"、油是野生有机茶油等,"一份套餐集中了光明食品集团的各种优势产品"。至于饮品,无论是冰乌龙、低糖乌龙、玫瑰红茶、蜂蜜红茶,还是薄荷绿茶、草本凉茶或抹茶拿铁,全都出自纽康自主研发的超微/速溶茶粉,即冲即饮,不损茶叶风味,还弥补了茶叶营养成分析出不完全、农药残留等弊端。有些顾客在饮用后特意打听市场上能否买到纽康饮品。

虽然"纽康茶主题餐厅"是张新面孔,但因"无色素、无香精、无防腐剂"的"食茶"概念引起了不少消费者的兴趣。纽康董事长孙笑天表示,世博会是纽康天然、健康茶饮事业起步的重要平台,我们的目标是要将纽康发展成茶业中的"星巴克"。

讨论题:

茶与餐厅结合有前途吗?把中国茶做成类似"星巴克"的店铺有可能吗?

第五章　商　品　经　营

学习目标

1. 理解商品经营理念的内涵。
2. 掌握商品经营的原则和商品文化的形成。
3. 掌握商品结构功能性定位原理。
4. 了解商品分类的标准。

连锁店的两个基本要素是人与商品，人包括员工、顾客以及经营相关人员，商品包括两大类，即食相关与用相关。商品经营是核心，在商品经营过程中最重要的原则是：在执行总部政策与标准的前提下，跟着顾客走、围着商品转、随着市场变。

【引导案例】

啤酒和尿布

沃尔玛在美国的一位店铺经理发现，每周啤酒和尿布的销量攀升幅度基本一致，一时却搞不清是什么原因。后来，沃尔玛运用商业智能（Business Intelligence，简称 BI）技术发现，购买这两种产品的顾客几乎都是 25～35 岁、家中有婴儿的男性，每次购买的时间均在周末。沃尔玛在对相关数据分析后得知，这些人习惯晚上边看球赛、边喝啤酒，边照顾孩子，为了图省事而使用一次性的尿布。得到这个结果后，沃尔玛决定把这两种商品摆放在一起，结果，这两种商品的销量都有了显著增加。

思考题：
案例带给我们怎样的商品经营启示？

第一节　商品经营理念

企业经营商品首先应该有明确的经营理念，向顾客呈现明确的"象征意义"，包括物质商品与服务。如上海的"东方商厦"持续推广"礼在东方"的理念，逐渐在上海消费者心目中树立了"买礼品到东方"的印象。每一个企业，不管经营什么商品，要树立自己的特定理念都需要有三个步骤：一是目标顾客定位，二是建立商品经营原则，三是形成商品文化。

一、目标顾客定位

企业要根据目标顾客的特征来树立自己的特色形象。连锁店有各种各样，百货店、专卖店、超市、便利店、折扣店等，以销售快速消费品为主的连锁店，消费者一般有六个基本需求：商品、价格、服务、环境、便利、沟通。任何一家连锁企业都不可能在每一个方面都建立自己的优势与特色，而只能选择其中的1~2个作为自己的特色。如超市以提供"价廉物美、新鲜卫生"的商品为特色。这是因为"高品质、高鲜度、低价格"是消费者对超市商品的基本需求，满足这三点的基本条件如下：

（1）高品质：好的品种，好的产地，合乎卫生条件。

（2）高鲜度：采收后须冷藏，产地处理，良好的处理环境，良好的储存条件，良好的配送系统，良好的陈列销售。

（3）低价格：大量采购，产地直销，缩短流通环节，减少中间差价。

值得注意的是：商品管理是一个系统的全过程，包括总部对商品的定位、商品结构计划与调整、供应商选择与调整、统一采购、商品配送以及门店的商品销售等。其基本内容是商品采购、补货配送与商品销售。商品管理的基础是树立正确的商品经营理念。

二、商品经营原则

商品经营原则包括：商品化原则、商品齐全原则、重点商品原则、商品群原则、单品管理原则、适时更新原则、受控采购原则、陈列配合原则、价值导向原则。

1. 商品化

商品化是指将供货商所提供的产品转化为经营商品的过程。商品化过程必须满足消费需求和商品销售要求。我们通常可以将初次生产出来的物品统称为产品，如"农产品"、"水产品"、"畜产品"，经过加工过程生产出来的产品称为"制品"。无论是产品还是制品，都必须经过商品化过程才能更有效地被消费者接受。同时，商品化过程也能提高商品的附加价值。产品的商品化过程包括：对产品进行鲜度及调味等技术处理→依产品的重量以及颗粒大小进行分类分级包装→给产品赋予品牌及价格→商品陈列并配合适当的促销手段。

2. 商品齐全

商品齐全是指商品品类、品项、品牌、价格等能够满足消费者一次购足的需求。一是与经营定位相适应；二是品类要不断扩大，不仅是产品，还包括服务类商品；三是品项要不断更新与筛选；四是迎合消费潮流；五是要有促销、宣传与陈列的配合；六是要注意各类商品的占比；七是要从顾客的角度来认识商品齐全的概念。值得注意的是：商品齐全并不是商品越多越好，而必须树立为顾客选择商品的理念；商品齐全也并不是要求商品包罗万象，而应该根据经营定位来设计商品组合；商品齐全更不是有货就好，而应该从商品要素的各个方面都能够满足顾客的需求，如商品价格、服务等。

3. 重点商品

重点商品是指高占比、高敏感、高利润、强动力的商品。人们通常是根据"20/80"原则来划分重点商品与一般商品，即所谓20%的商品品种实现80%的销售。值得注意的是：这是经济学的一般原理，在实际营运过程中，不同的店铺具有不同的分割比例；季节性、主导性、形象性、传播性、特殊性等高敏感性、高利润商品以及对其他商品具有强有力带动作用的商品也都是重点商品，其重点是维护店铺的特定形象以及实现特定的经营目标；在商品大类、中类与小类中都有重点品项；在不同的时期，重点商品有一定的差异，要关注季节性重点商品。

4. 商品群

商品群是指店铺经营商品的战略单位，商品群主要应根据消费者的需求来进行划分，并要提出一些新的概念。例如，礼品、熟食、火锅料理、组合菜等都可以作为商品群，但如果能对这些商品群赋予新的概念，其销售效果就可能会更佳。如礼品商品群可提供"太太生日礼品"、"先生生日礼品"、"父母生日礼品"、"儿童节日礼品"、"情人节日礼品"等多种概念。

5. 单品管理

单品管理是指以计算机信息管理系统（POS）为基础，实时采集各种商品的销售明细信息，通过分析实现商品销售的优化管理。与单品管理相关的工作：一是商品定义与建立单品主档；二是POS系统的建立与彻底的单品销售；三是单品销售信息的汇总与分析；四是实行单品进价核算体制；五是单品指导与改进。这是细节化管理的基础，而只有细节化管理才能提高零售业的管理水平。

6. 适时更新

适时更新是指经营商品的汰旧换新，包括淘汰滞销品与引进新商品两个方面。

滞销品是超市经营的毒瘤,为了还超市一个健康的体魄,必须及时实施淘汰。

(1) 排行榜淘汰法:适用于所有商品,在一定的时段内确定一次所售商品排行榜,最后200种或5%~10%为淘汰对象。

(2) 销售量淘汰法:适用于单价低的商品,在一定的时段内(如3个月)测定出一个基数(如250个),未达标准销售量的即为淘汰对象。

(3) 销售额淘汰法:适用于主力商品,在一定的时段内(如3个月)测定出商品标准销售额(如3 000元),达不到标准销售额的即可淘汰。

(4) 质量淘汰法:适用于所有商品,凡被国家行政机关如技术监督局或卫生部门等单位宣布为不合格的商品,列为淘汰品。

(5) 人为淘汰法:适用于"人情商品",这类商品必须进行表决权计数的人为淘汰,排除不正当的人为因素。

新品引进特别应该注意:一是新品包括新品类(如汽车配件、鲜花、DIY五金工具)、新供应商、新包装、新款式、新口味、新品项等;二是引进新品要注意地区差异,一定要属地化;三是要选择好供应商,或者把小的供应商培育起来;四是要注意引进的速度;五是引进新品是一个过程,关键是要有一系列后续配套措施,做到引进、淘汰、分析、评估与管理相结合;五是引进与淘汰在一个过程中完成。

7. 受控采购

受控采购是指商品采购活动必须在受控的情况下进行,有采购计划、采购标准、采购评估、采购流程、采购制度、业绩考核,做到"隐蔽的权力公开化,集中的权力分散化"。

8. 陈列配合

陈列配合是指经营商品必须与商品促销陈列相配合,促销将顾客吸引进店,陈列则把顾客引向特定的商品。超市是靠陈列推销商品的业态,所以,陈列状况是衡量超市经营水平的重要标志。

9. 价值导向

价值导向是指商品管理必须与特定的价值目标相结合,利润是基本的价值导向,但在经营过程针对某些特定的商品时,就不一定是毛利与利润第一,可能是人气第一,也可能是销量第一或形象第一。总之,合理区分不同商品的功能是关键,这就叫商品结构的功能性定位。这是商品经营的核心技术。

三、商品经营理念

连锁公司为了实施差异化经营,树立自己的经营特色,应该形成自己的商品文化,确立特定的商品经营理念。这些理念实际上是公司文化的一个有机组成部分,可以称为"商品文化"。首先必须明确的是公司以什么吸引顾客,一般来说,连锁超市与便利店对顾客的推动主要包括:商品驱动、形象驱动、服务驱动、顾客驱动。超市以"商品驱动"和"形象驱动"为核心,便利店则是以"服务驱动"为核心。

商品驱动——工作的重点集中在拥有适当的商品、适当的渠道、适当的数量、适当的进价、适当的售价、适当的质量,以迎合顾客的需求。管理人员的功绩是用业绩来表现的,体现在采购、陈列、销售商品上。商品要不断更新才能持续地推动和吸引顾客。

形象驱动——工作的重点在于树立特定的企业形象,如经营模式、服务方式、商品价格、人员服务、卖场环境、商品特色等都是构成良好形象的重要因素。

服务驱动——对便利店来说,商店位置的便利性、商品的便利性、服务时间的便利性、服务项目的多样性以及服务人性化等都是构成优良服务的要素。

顾客驱动——往往是通过良好的口碑、广告等手段,以达到促进销售的目的。

就超市而言,商品经营过程一般都十分重视以下三条原则:低价领袖、超越期望、100%有货。

1. 低价领袖

放心满意、日日低价,是超市经营永远的原则。其具体要求是:① 提供高品质商品;② 为顾客省钱;③ 关注价格敏感的消费者;④ 不做"空价零售者",如果以特别低价商品吸引顾客购买价格较高的商品,但低价商品的供应数量很少或不能保证供应,将引起服务形象受损;⑤ 低价格是以低成本为基础和以大量销售为目标的,必须节省广告费用的支出,提高广告效用,节省库存费用,关注有盘点没有销售商品以及周转比较慢的商品;⑥ 争取商品促销活动早于竞争对手,时刻警惕竞争对手抄袭自己的价格体系;⑦ 实施"竞争性定价",决不允许有竞争店的价格比自己商店的价格低,为此,每一家连锁店的员工要经常光顾该商圈内的竞争店,以确保不存在低于自己的售价,每一位采购业务员必须经常了解竞争店,以确保不存在低于自己的进价;⑧ 了解自己的竞争者,包括与自己同类的业态,甚至百货公司也是超市的竞争店,任何出售同类商品的零售商都是超市的竞争对手,为此,必须不断地光顾竞争对手,并相应调整价格,在自己的职权范围内尽力保持低开支,持续地改进自己的工作,使自己成为区域内的"低价先锋"。

2. 超越期望

连锁店的使命是创造并满足顾客需求,超越顾客的期望。为此,必须以高素质的员工来确保高质量的服务,必须以低成本的营运来确保合理的价格,还必须给合作伙伴获得公平利益的机会。做到:顾客想到的我们帮他做到;顾客没有想到的我们帮顾客想到;不仅满足顾客的期望,而且超越顾客的期望。为了发现顾客的需求,满足顾客的期望并超越顾客的期望,必须建立有效的服务体系。门店是直接向顾客提供服务的机构,总部则是为门店提供服务的机构。为此,必须做到:门店急顾客所急;总部急门店所急;人人急公司所急;公司急员工所急。具体必须理解以下内容:

(1) 什么是顾客满意？符合我们的工作成果(商品与服务),符合顾客的期望就是"顾客满意",如果超越顾客的期望就是"特殊的满意",特殊的满意将创造忠诚的顾客。

(2) 顾客满意也包括投诉处理的满意:一个负面的印象将影响12个正面印象,一个满意的投诉处理信息至少会传递给5个人。

(3) 行动至上:不能输给竞争对手,顾客是"现实"的,他们是没有耐心等我们的,所以,我们不能只想不做,只讲不做,而要行动。

(4) 了解顾客的期望。顾客"期望"被当作"客人"般来对待:给顾客一个笑脸,而非一个臭脸(当时);给顾客一个亲切的招呼,让顾客感受到轻松的气氛(当时);给顾客一个干净、舒适的购物环境,让他们有宾至如归的感觉(事前)。顾客是"需要"并"期望"被我们"重视"与"尊重"的:当顾客进门时,给他"立即"的注意,让他有受欢迎的感觉(当时);"正眼"看顾客,而非斜眼或不看,因为正眼看人代表尊重对方,同时亦代表重视对方(当时);当顾客有问题"询问"你时,不要回答他"不知道",因为那会令他感到非常失望及不受重视,所以服务人员是必须具备丰富商品知识及专业训练的(事前与当时)。

(5) 顾客的期望还包括:100%商品到位率;商品符合季节要求;商品摆放有序,便于选购;价格标识清晰;走道通畅;提供足够、清洁的购物车(篮);工作人员配置适当,员工友好,随时提供帮助。

(6) 关注细小、细心的行动,并经常做顾客意想不到的事情,例如,把地上的垃圾捡起;帮助顾客把商品送到账台;帮助顾客把商品送到他们的车上,摆放好;跑步、快速地响应顾客的要求;帮助挑选商品,传授商品知识;附加的关照(如"7时起有七折优惠","吃螃蟹后不要吃柿子","天要下雨了")。

(7) 顾客的便利十分重要,例如,趣味性、快捷(顾客能快速找到并购买到他们所需要的商品)、友好(员工为顾客提供有益的购物经验)。

(8) 对人友好,有帮助顾客的意识并随时提供帮助的员工是企业一笔巨大的财富,员工与顾客的每一次接触都代表着公司的形象。这些员工应该在其他员工面前获得表扬,以显示你欣赏他们的工作。

(9) 相反,不良、劣质的顾客服务应该立即指正,并严肃处理。例如:走廊上堆满商品、商品摆放无序、长时间的排队等候、毫无目标的寻求帮助等不良的服务。

(10) 在商店门前安排一位接待人员。接待人员应该是友好和有礼貌的,他们经过培训,对商店的营运比较了解。

(11) 应该确保每一区域都配备适当的工作人员,便于向顾客提供满意的服务。

3. 100%有货

合理配置商品结构,提高商品到位率,及时更新商品。

(1) 首要工作是有商品供应。友好的服务、低廉的价格、黄金的地段必须以有顾客需要的商品为基础,否则就不能吸引顾客、留住顾客,就不能保证市场份额,就没有竞争力。顾客服务的关键是"有效地提供商品"。

(2) 管理人员必须识别不同类型、不同区域的顾客的需求差异,理解顾客对商品的需求。

(3) 有效地管理补货,减少滞销品占用的面积、货架与资金,了解商店的畅销品并保持100%有货。

专栏 5-1

苏宁电器的终端服务

苏宁人认为:服务是苏宁的唯一产品,顾客满意是苏宁服务的终极目标。苏宁电器立志服务品牌定位,为顾客提供涵盖售前、售中、售后一体化的阳光服务。

连锁店服务——苏宁电器以客户体验为导向,不断创新店面环境与布局,制定了系列店面服务原则,率先推出5S服务模式,会员专区、VIP导购实现一站式购物。根据顾客多样化需求,提供产品推荐、上门设计、延保承诺、家电顾问等服务。

物流配送服务——物流是连锁经营的核心竞争力。苏宁电器在全国建立了区域配送中心、城市配送中心、转配点全国三级物流网络体系,依托 WMS、DPS、TMS、GPS 等先进信息系统,实现了长途配送、短途调拨与零售配送到户一体化运作,平均配送半径 200 公里,日最大配送能力 20 多万台(套),并率先推行准时制送货,24 小时送货到户。

售后安维服务——本着"专业自营"的售后服务,苏宁电器不断拓展服务品类和精细服务,依托遍布城乡的数千家售后服务网络,2 万多名专业服务工程师时刻响应顾客需求,24 小时内快速上门,为顾客提供专业、可信赖的售后保障,成为中国最大的电器服务商。

客户服务关怀——以"提升客户满意度"目标,苏宁电器做到为消费者承诺365 天的电话、互联网、短信、视频等自助式、专家式的服务,利用业内最大的全国呼叫中心平台,全国统一服务热线 4008-365-365 全天 24 小时为顾客提供咨询、预约、投诉和回访等服务。与此同时,专家坐席、会员服务、电话支付、理赔服务、松桥热线、以旧换新通道等全方位的快速服务通道全面响应,极大地方便了消费者。

第二节　商品结构功能性定位原理

商品结构功能性定位原理的基本含义是将经营商品分为形象商品、销量商品与效益商品三类,实施分类管理,达到不同的经营目的。

一、形象商品

(一) 内涵

商品群中最具有低价和品牌代表性,并为消费者所熟知的生活必需品被称为形象商品。形象商品视其降价力度和品牌在市场的影响力程度分为全店形象商品和大组形象商品。

(二) 特征

形象商品的基本特征如下:

(1) 售价代表了全店的低价形象。
(2) 多为对顾客有吸引力的生活必需品。
(3) 多数顾客熟悉其价格和品质,知名度大的品牌商品。
(4) 单品有规模销量,对专业客户有吸引力。
(5) 价格水平在一定时期内基本稳定(至少 30 天)。

(三) 定位

形象商品的定位如下:

(1) 品项:形象商品占商品总数的 5%,要求从各商品大组的重点小分类中筛选,数量严格控制。其中,生鲜、食品类占多数,家电、百货数量控制,尤其是文化用品、体育用品、五金工具要严格控制。

(2) 业绩:形象商品的销售业绩占 15% 以上,要通过形象商品拉动本组、本部门业绩上升。

(3) 售价:按不高于地区总经销价(一批价)或出厂价销售,力争低于此价 3% 以上。

(4) 毛利:控制在 3% 左右,淡季或公司认为有必要时,由采购人员申请,可做零毛利、负毛利销售。

(5) 陈列:给予醒目的特殊陈列或较同类商品 3 倍的黄金排面陈列。

(6) 营业外收入:该类商品重点做低价形象。在促销、广告、快讯、陈列等营业外收入的费用收取上给予优惠,返利按标准执行。

(7) 结算:给予 15 天以下的短账期支持,全店形象商品可执行预付货款、货到付款等结算方式,并予以兑现。

(8) 库存：最低库存量为平均日销量的 3~5 倍，缺货或货源紧张的品项可批量进货。

(9) 收货：旺季收货时不需要排队，货到平台 1 小时内必须收货完毕。

(10) 宣传：在广告、POP、快讯中占突出位置。

(11) 若为会员制超市，形象商品仅限售会员。

二、销量商品

(一) 内涵

价格在市场上有优势，能达到特定销量要求，能保证获取正常毛利的商品称之为销量商品。销量商品按销量大小可分为两类：

(1) 规模销量商品：是指较市场竞争对手有明显价格优势，销量在本地商圈内位居前列，以优于正常经销方式与厂商合作，并能取得优惠交易条件的商品，如采取买断或专卖方式。

(2) 一般销量商品：除了规模销量商品之外的其他销量商品。

(二) 特征

销量商品的基本特征如下：

(1) 品项较多、单品销量能达到一定规模。

(2) 保证正常毛利水平。

(3) 由市场认可的成熟商品组成。

(4) 采购重点监控管理的商品。

(三) 定位

销量商品的定位如下：

(1) 品项：占 45%，其中每个商品小分类中可确定 5% 为规模销量商品。

(2) 业绩：占 60%，其中规模销量商品占 10% 以上，个别商品可通过降价、促销等手段扩大市场份额，加重与供应商谈判的交易砝码，争取部分商品逐步过渡到形象商品。

(3) 价格：售价低于竞争对手 3% 以上，规模销量商品售价低于对手 10% 以上（或低于二批价）。

(4) 毛利：保持该商品大类毛利的定额水平和返利水平，为保证规模销量商品的销量，其毛利报批后可低于正常毛利水平。

(5) 陈列：按销售表现给予正常陈列，对促销品项予以特殊陈列，规模销量商品给予特殊陈列或黄金排面陈列。

(6) 营业外收入：按规定标准收取各项费用，达到规模销量商品业绩要求的品项，可在 30% 以内的幅度给予优惠。

(7) 结算：执行公司规定的结算方式，其中规模销量商品的账期经报批同意后可适当缩短。

(8) 库存：规模销量商品应有日平均销售 1.5～3 倍的最低库存量。一般销量商品按规定时间和最低订货量下单，库区需制订最高库存限量，超订单送货拒收，原则上不允许下紧急订单。

(9) 收货：按规定程序进行。

(10) 宣传：适当突出规模销量商品。

三、效益商品

(一) 内涵

市场竞争激烈商品、个性化商品、新商品、厂商重点推广商品、季节性强的商品，统称为效益商品。

(二) 特征

效益商品的基本特征如下：

(1) 品项多：为满足顾客一次性购足目标不可缺少的品项，对树立品项、丰富形象起到重要作用。

(2) 销售低：该类品项竞争激烈、季节性强，对扩大总体销量起到衬托作用，通过市场培育可发掘出部分销量商品或形象商品，对增强供应商合作信心也有促进。

(3) 效益高：定位于效益商品的商品，须保证高额毛利、最佳营业外收入和较高返利，其对经营效益好坏起到决定性作用。

(4) 淘汰制：3 个月试销期满后，达不到效益商品销量标准的品项需清场，同时再引进新商品补充。

(三) 定位

效益商品的定位如下：

(1) 品项：占 50%，包括未达到一般销量商品的其余品项，品项调整频繁，每月淘汰率应大于 5%。

(2) 业绩：占 25%，此类商品创造的业绩不是公司重点，而是供应商重点。必须在符合公司运营管理政策及规定的条件下对供应商抓业绩给予适当的有偿配合。

(3) 价格：售价应与市场零售价格水平（或竞争对手售价）持平，部分品项可在上下 5% 内调整，对个别不给予效益支持的品项，售价可高于市场价的 30%。

(4) 毛利：应高于本大类平均毛利水平 10% 以上，所有品种都应拿到合理的返利条件。

(5) 陈列：除收费促销品种外一律不安排特殊陈列，列入快讯的品项如特殊陈列位置不够可以不安排；排面不得在黄金位置安排，陈列单品货位为2~5个单位的范围。每月按业绩进行扩大、缩小、清场的排面调整。

(6) 营业外收入：按规定标准收取，不得减免，特别是季节性强、竞争激烈的商品(如日化类、白酒等)，可加收50%以内的费用。

(7) 结算：按合同规定执行，在企业资金偏紧的情况下，可延期付款。

(8) 库存：保证正常排面销售前提下控制或取消库存量，库存的品项由门店确定，并由门店确定最高库存限额。一般情况下，商品清理可以采取：每月15日前门店、收货部或配送中心进行退货清理，退换货遗留问题18日前报采购部，并在25日以前处理完成。

(9) 收货：按规定程序进行。

(10) 宣传：除收取促销费、快讯费、广告费的品项外，不作任何宣传。

四、商品结构功能性定位原理注意事项

商品结构性定位应该注意的问题如下：

(1) 功能性定位管理不是一副"包治百病"的灵丹妙药，而是一个开放式、循环调整、不断完善的系统。由于市场行情、季节、供应商、竞争形势等因素的变化，需要不断根据变化作分析评估，并付诸实施。

(2) 公司的业绩主要来源于形象、销量商品(占80%)。因此，力争形象、规模销量商品的售价低于对手并在经营上实现量的突破，必须培养一批有较强的实力和良好信誉的供应商，各部门对形象商品、规模销量商品要高度重视，因为它们对公司的整体业绩有关键作用。

(3) 一般销量商品、效益商品是获取效益的主力。因此，向供应商力争高额的返利和营业外收入，相应提高毛利水平，通过在促销和陈列上下工夫，引导顾客消费"两手抓"，一手抓培育发掘，一手抓吐故纳新。

(4) 要使功能性定位管理发挥最大威力，需要各部门、各环节、各岗位的通力协作，以及保持良好的沟通和反馈机制。实施功能性定位管理，将会大大提高员工的业务水平和综合能力实施。功能性定位管理取得的良好效果，将有助于企业团队精神的建设。

第三节 商 品 分 类

连锁店因业态不同，经营商品种类也不同，便利商店经营商品较少，一般可将商品分为"速食品"、"饮料品"、"非食品"、"服务性商品"几个大类。超市一般将所

有商品分为食相关商品和用相关商品两部分。食相关商品又可分为生鲜食品(农产、水产、畜产)、加工食品(日配、腌制加工品)、一般食品(罐头、糖果、饼干等);用相关商品则分为家庭杂货(日用品、家庭用品、医药品、化妆品、生活文化用品等)、居住文化品(家具、寝具、电器及相关品等)。

一、分类标准

一般可以将商品分为四个层次,即大分类、中分类、小分类、品项。不同的大类分别属于不同的部门管理。

1. 大分类标准

大分类的主要标准是商品特征,如商品来源、生产方式、处理方式、保存方式等都与商品特征有关。

2. 中分类标准

中分类是大分类中分化出来的类别,往往是建立商品群的基础。其分类标准主要如下:

(1) 按商品的功能和用途来划分,如糖果饼干是一个大分类,这个大分类又可以划分出"早餐食品类",由面包、果酱、麦片等商品组成而成为一个商品群。

(2) 按商品的制造方法来划分,例如畜产品的大分类中可分出一个"加工肉"的中分类,由火腿、香肠、咸肉、腊肉、熏肉等商品组成。

(3) 按商品的产地来划分,例如,蔬果是一个大分类,这个大分类中可分出"奉化水蜜桃"这个中分类;再如,糖果饼干大分类下可分出"进口饼干"这个中分类。

3. 小分类标准

小分类是中分类中分化出来的类别,主要分类标准如下:

(1) 按功能用途分类。

(2) 按规格包装分类,如"乐惠"牌特粳米按规格分为10千克/袋、25千克/袋、50千克/袋三种。

(3) 按商品的成分来分类,如100%原果汁。

(4) 按商品的口味来划分,如方便面可分为"牛肉面"、"鸡汁面"、"咖喱面"等。

二、部门化管理

连锁超市公司总部的商品管理部门一般可以分为四个:生鲜食品、干货、硬百货、软百货。其管理系统目前有两种基本模式,一种是采购委员会制,另一种是部门化管理体制。国内的连锁公司有些是这两种体制的结合,即设立一个采购委员会,同时又把采购系统分为几个部分别管理不同大类的商品。根据商品化原则,采购部门应负责从商品导入到商品销售全过程的计划、执行、指导工作,并对销售业绩负责。大体上可以将总部的商品管理部门分为三项重点工作：一是品类管理，制定商品政策；二是商品开发，包括引进与淘汰等；三是存货管理。同时，每一位采购人员都必须对销售负责，不仅要负责把商品引进来，更重要的是要有效地把商品销售出去。在传统的企业里，这三类人员中以采购人员居多，但在现代大规模经营的企业中，这三类人员从数量上来说是比较平均的。至于订货的工作则可以由配送中心来负责。

1. 商品分类实例一

某大型综合超市的商品分类如下：生鲜食品包括：蔬果、肉类、腌肉食品、海鲜；自制面包、熟食、南北货、中国点心、面包；奶制品、冷冻食品。干货包括：烹调食品、烘焙食品、营养品、即食品、农副产品；化妆品、美容护肤品、纸品、家庭清洁用品、宠物食品；小吃、药品、保健品；烟酒食品、饮料、大包装、礼品。硬百货包括：电子产品（细分）；家庭用品（细分）、家具、灯具；文具、五金、汽配、体育用品、运输；办公电器、大家电、小家电；玩具、床上用品、盥洗用品、家庭装饰品。软百货包括：女装、女孩服装、男孩服装、婴儿用品、童装；男装；女式内衣、饰品、袜子、男式内衣；箱包、鞋类。

2. 商品分类实例二

另一家大型综合超市的商品类别如下：

部1：百货

部组1：服饰与鞋

大类：服装（男装／女装／童装）、服饰（服饰配件）、鞋（男鞋／女鞋／童鞋／拖鞋）

部组2：纺织用品

大类：婴儿用品（小型婴儿用品／大型婴儿用品）、内衣裤（婴儿／儿童内衣裤／女式内衣裤／男式内衣裤）、袜子／丝袜（婴儿袜／童袜／女袜／男袜）、家用纺织（卫浴用品／床上用品／厨房用品／家用装饰品／毛线／缝纫配件）

部组3：休闲百货

大类：工具／家具／宠物（电器配件／手工具／箱包／自行车机车配件系列／清洁剂·清洁蜡·其他／油漆·黏胶／园艺类／家具／宠物用品）、娱乐用品（玩具·游戏类）、文体用品（音像制品／文具／办公用品／礼品／季节品／体育用品／自行车）

部组4：家电

大类：大家电（电冰箱·冷藏柜／洗衣机／空调·取暖器／电视机）、小家电（吸尘器·空气清洁剂／电扇／烹调器具／厨房用具／电熨斗／卫生间用品／电话·应答机／传真机／手表·闹钟／配件／计算器／翻译机）、照相机·摄像机·配件（照相机／胶卷·相机箱）、音响（随身听·录音器材／收音机／录放机／音响设备／音响附件）、录像机·游戏机（录像机／放像机／游戏机／附件）

部组 5：清洁用品

大类：洗护(洗护发用品/洗护肤用品/个人清洁用品/洗衣用品/家用纸制品)、家化(家用清洁剂/环境卫生用品)

部 2：食品

部组 1：酒水

大类：烟酒(香烟/烈酒/葡萄酒/啤酒/特种酒)、饮料(碳酸饮料/水类/果汁饮料/综合饮料)

部组 2：休闲食品

大类：饼干(咸味饼干/甜味饼干/原味饼干/加味饼干/营养饼干/点心类)、糖果·零食(肉干·肉松/蜜饯/核果/糖果/巧克力/膨化食品/休闲杂项/礼盒·礼包)、散装休闲(散装饼干/散装点心/散装糖果零食)

部组 3：杂货

大类：粮油副食(腌渍酱品/调味料/粮油/包装南北干货)、冲调饮品(奶粉/婴儿食品/冲调食品/营养保健食品)、罐头(中式罐头/罐头食品)

部组 4：冷冻冷藏

大类：乳制品(酸乳酪/加工食品/奶油·植物油)、奶饮料(鲜奶/保久奶/保鲜蔬果汁)、熟食类(火腿培根/香肠/面食·豆腐/腌菜·佐料/熟食)、冷冻食品(速食/海产类/肉类/面食/蔬菜类/冰品类)

部 3：生鲜

部组 1：自制熟食

大类：冷食(小菜)、熟食(烧烤煎炸、卤、蒸)、速食(便当/速食)、点心类(饮料、冰点、热点、套餐)、半成品(半成品)、熟食制品(火腿/肠类/熟肉)、原料(荤料/素料/辅料)

部组 2：面包

大类：糕点(糕点)、面包(土司/西式面包/中式面包/比萨/面包杂货)、原料(原料)

部组 3：农产

大类：水果类(本地水果/进口水果/果篮/加工水果)、蔬菜类(叶菜·花菜类/瓜果类/根茎类/调味料与菇类/包装蔬菜/加工蔬菜)、干果蜜饯(蜜饯/核果/坚果)、蛋类(鲜蛋/加工蛋/精选蛋)、散装农产(油/面粉·面条/米·米粉/南北干货/杂粮)

部组 4：畜产

大类：肉类(牛肉/羊肉/猪肉/禽类/其他肉类/自制调味肉类/加工生肉类)、配菜

部组 5：水产

大类：水产（鲜活水产/冰鲜水产/冷冻水产/水产干货）

三、商品的经营性分类

从店铺经营角度看商品分类，可以分为基本商品、季节性商品和促销商品三大类。

专栏 5-2

商品的其他分类法

商品分类的方法各种各样，根据不同方法，可以划分出不同的商品类别。从商品营销学的角度看，有意义的分类如下：

按商品之间的销售关系分类，商品可分为独立品、互补品、条件品和替代品。独立品是指一种商品的销售状况不受其他商品销售变化的影响。互补品是指一种商品销售的增加必然会引起另一种商品销售的增加，反之亦然。条件品是指一种商品的购买要以另一种商品的前期购买为条件。替代品是指一种商品销售的增加会递减另一种商品的潜在销售量，反之亦然。

按商品耐用性和损耗性分类，商品可分为耐用品、非耐用品和服务。耐用品是指在正常情况下能多次使用的有形物品。非耐用品是指在正常情况下一次或几次使用就被消费掉的有形物品。是用于出售或同产品连在一起出售的活动利益或满足感。服务的特点就是无形性和变动性。

按消费者的购物习惯分类，商品（这里主要指消费品）可分为日用品、选购品、特殊品和非需品四类。日用品是指消费者通常购买频繁，希望一次有需要即可购买的，并且只花最少精力和最少时间去比较品牌、价格的消费品。肥皂、糖果和报纸就属日用品。一般来说，日用品都是非耐用品，而且多为消费者日常生活的必需品。

1. 基本商品

基本商品是商场内每日都有销售的商品，例如牙膏、洗涤剂、去污剂等。基本商品的库存是必需的，如果基本商品经常缺货，就会严重影响顾客的惠顾。基本商品的基本要求是：每时每刻都有货；保持永久的陈列位置。

2. 季节性商品

季节性商品主要是指 1 年中特定时节销售的商品，例如圣诞树只有在圣诞节期间销售。季节性商品又可以分为：

(1) 节假日商品：季节性商品之一，这种商品主要为节假日提供，并存放 30～60 天。例如，春节、劳动节、儿童节、国庆节、圣诞节等。

(2) 季节性时令商品：季节性商品之二，这种商品与春夏秋冬季节相关，商品存放 90～120 天。例如，冬装、夏装、充气雨衣等。

(3) 基本季节性商品：季节性商品之三，这种商品在 1 年中都有销售，只是在某些活动期间或主要季节销售进入高峰。例如，在新年期间小家电的销售急剧增加。

全年每个月都有节日，有些节日的时间是固定的，有些节日是不固定的，主要节日的大致时间分布如下：

1 月：元旦、腊八节；

2 月：春节、情人节、元宵节；

3 月：国际妇女节、中国植树节、国际消费者权益保护日；

4 月：愚人节、清明节、复活节；

5 月：国际劳动节、中国青年节、母亲节；

6 月：国际儿童节、端午节、父亲节；

7 月：建党节；

8 月：建军节、七夕节；

9 月：教师节、中秋节；

10 月：国庆节、重阳节、万圣节；

11 月：感恩节；

12 月：圣诞节。

现代社会的节日在不断增加，店长要善于利用节日做好促销和卖场气氛。如果没有节日有时候可以自己创造节日。

3. 促销商品

(1) 促销可以分为公司统一组织的 DM 促销活动、由公司发布的特价、公司统一规定的限时促销、门店组织的促销、供应商配合的场外促销等。

(2) 促销商品一般是必需品（也可以是非必需品）、季节性商品、为某一特定事件而购买的商品。

(3) 促销商品也应该是盈利的。

(4) 促销商品一般可以分为：每日低价商品——可以调整商品品种，但价格必须比竞争对手低；低价特色商品——如形象商品，始终保持低价销售；特别推荐商品——新品、特别采购商品、清场商品等。

(5) 有些公司对促销商品采取特殊的标识，如家乐福有 12 种特殊的促销标识，目的是引导消费。有研究表明：价格标识是消费者决定购买的重要影响因素。

一种好的产品或促销活动必须与 POP 广告相配合才能发挥作用。家乐福的促销标识是：① 惊爆低价——棒，250 个品种。免收通道费。② 清仓折扣,毛利最高商品。③ 天天低价,形象商品。④ 震撼价。⑤ 特价,商场决定。⑥ 推荐商品,有效期 10 天。⑦ 广告商品。⑧ 进口商品,如巧克力。⑨ 新装商品。⑩ 新产品。⑪ 地方特色商品。⑫ 定牌商品。零售商要取得一个特别低的商品价格是有难度的,因为供应商一般不愿意得罪其他零售商。但供应商愿意配合特定的零售商做促销活动。所以,供应商的促销支持力度就十分重要,这取决于零售商的促销策划。连锁公司应该变被动促销为主动促销,根据公司的策划,向供应商提出促销配合的要求。

本 章 小 结

1. 商品经营是连锁经营的核心业务,首先要有明确的定位,其次要设计商品组合,再次要实施有效的促销。提高商品经营业绩最根本的是要有专业的商品经营人才以及依靠信息系统支持,并做好数据挖掘工作。

2. 商品经营原则包括：商品化原则、商品齐全原则、重点商品原则、商品群原则、单品管理原则、适时更新原则、受控采购原则、陈列配合原则、价值导向原则。

3. 商品文化是公司文化的一个有机组成部分。连锁超市与便利店对顾客的主要驱动包括：商品驱动、服务驱动、形象驱动、顾客驱动。超市以"商品驱动"和"形象驱动"为核心,便利店则是以"服务驱动"为核心。

4. 商品结构功能性定位原理的基本含义是将经营商品分为形象商品、销量商品与效益商品三类,实施分类管理。商品群中最具有低价和品牌代表性,并为消费者所熟知的生活必需品称之为形象商品。价格较市场有优势,能达到特定销量要求,保证获取正常毛利的商品称之为销量商品。市场竞争激烈商品、个性化商品、新商品、厂商重点推广商品、季节性强的商品,统称为效益商品。

5. 一般可以将商品分为四个层次,即大分类、中分类、小分类、品项。不同的大类分别属于不同的部门管理。从店铺经营角度看商品分类,可以分为基本商品、季节性商品和促销商品三大类。

问题思考

1. 举例说明如何进行商店的商品经营定位。
2. 滞销品是超市经营的毒瘤,如何划分滞销品?

3. 为什么说超市以"商品驱动"和"形象驱动"为核心,便利店则以"服务驱动"为核心?

4. 如何定义和定位形象商品?

5. 如何定义和定位销量商品?

6. 如何定义和定位效益商品?

7. 商品分类的方法有哪些?

 实践应用

一、零售商——卖还是不卖

民客隆超市是一家坐落在闹市区的大型超市,主要经营食品和日用品。它的营业面积在5 000平方米左右。在过去3个月内,每月总营业额约300万元,毛利率为10%。其中,日用品占30%,毛利率为12%。洗发水品类过去3个月的月平均销量为19万元。其中,宝洁7.5万元、联合利华1.5万元、丝宝2.8万元、其他7.2万元。6月,联合利华的销售经理王某前来洽谈货架计划,建议将其洗发水货架增加50%并加一个货架端头,每月付给商店和舒蕾同样多的费用4 000元;隔天,某一广东的业务经理前来洽谈,要求商店代销他们的新洗发水(25%的毛利率),让商店给予他们5%的洗发水货架,并且要求有一个货架端头,每月给付8 000元陈列费;第三天宝洁公司销售代表孙某前来游说,用品类管理和ECR理论告之现在这种按照品牌在店内销售份额来摆放的方法比较科学,建议保持现有货架。

按照ECR货架观点,相同位置货架单位平方米的产出量由品牌决定。同一品牌从吸引消费者购买的角度来看,先边际递增,超过市场份额后再递减。按照ECR堆头观点,堆头是现代商店刺激冲动性购买的重要工具,数据表明,商店25%的商品是从堆头上买走的。堆头的产出量也是由品牌决定的。但是从零售观点来说,第一,要不断培育新的品牌与新的供应商,让他们在终端市场相互竞争,以避免一品独大;第二,对来自不同公司的观点,应建立自己的判断准则。

讨论题:

假如你是民客隆超市的决策者,你将如何选择?

二、某电器商场商品经营分类

某电器商场商品经营的品种如下:

电视机|组合音响|影碟机|随身听|MP3|收录机|收音机|微波炉|电饭煲|电蒸锅|灶具|电磁炉|烤箱|抽油烟机|电话机|传真机|复印机|碎纸机|电子词典|录

音笔|电脑|考勤钟|验钞机|投影机|耗材|洗碗机|消毒柜|吸尘器|电暖器|剃须刀|美容器|食品加工|电水壶|多士炉|咖啡壶|粥汤煲|热水器|VCD|DVD|复读机|冰箱|空调|洗衣机|照相机|摄像机|手机|掌上电脑|打印机|饮水机|电风扇|空气清净器|电动牙刷|电吹风|电熨斗等。

讨论题：

从商场商品管理的科学性和顾客选购商品的便利性出发，设计该商场的商品分类，并说明原因。

第六章 超市连锁

学习目标
1. 理解连锁超市业态定位。
2. 熟悉连锁超市的分类。
3. 掌握连锁超市的基本特征。
4. 了解连锁超市的发展趋势。

超市与便利店是两种具有不同社会功能的零售业态,每一种业态又都可以分为多种实践模型。按照连锁超市的不同功能定位和经营面积,又可分为便利超市、社区超市、综合超市和大型超市。经营店铺必须首先了解店铺的业态特征,明确店铺的经营定位和基本的经营思路。

【引导案例】

联华超市的生鲜转型

联华股份是我国最大的超商企业,经过近20年的发展,它已经形成多元业态联动互补、组合推进的规模发展优势,市场规模已连续13年位居中国快速消费品连锁企业百强之首。正是这家超商"巨无霸",近两年来却大张旗鼓地朝生鲜经营转型,将生鲜产品比例从传统的20%提高到40%以上。

据介绍,联华生鲜加强型超市打破了原来超市中生鲜食品、常温商品、工业品的"3:3:3"比例,而将其调整为"7:2:1"。其生鲜经营项目有肉制品、家禽、水产品、蔬菜、水果、点心、熟食、烧烤、热食、腌腊等11大类。一些在超市中几乎不经营的生鲜商品,如白条肉、活禽、烧烤等商品,都能在此买到。而一些生鲜商品的品种数也大为丰富了,如蔬菜品种从原来的20种增加到了70种,水产品海鲜类从原先的6~7种增加到了近20种。

> **思考题:**
> 1. 联华超市为什么要进行生鲜经营转型？
> 2. 生鲜加强型超市经营中的重点和难点是什么？

第一节 连锁超市的业态定位

一、超市的发展演变

超市源于食品杂货零售业，现在已经发展成为现代零售业的主导业态。随着时代的变迁和需求的变化，超市的发展模式也发生了相应的变化。在西方国家，超市经历了大约80年的漫长演变发展历程。但在中国，在不到20年的超常规飞速发展的过程中，学习、吸收和实践了国外几乎所有的超市模式，而且达到基本的经营规模，这是了不起的成就。

(1) 1912年经济商店的经营方式为超市确立"廉价销售"的经营哲学奠定了基础。

(2) 1919年出现了"自助商店"可以说是超市的鼻祖。

(3) 1930年8月，第一家现代超市在美国开张营业，1933年首次使用"超市"(Supermarket)这个行业名称，开创了零售业的一个新时代。

(4) 20世纪50年代初，日本从美国引进超市的经营理念，创造了以食品为主，又经营百货服饰品的连锁量贩店(General Merchandise Store，简称GMS)模式。同时根据日本的消费特点，发展了"生鲜超市"的经营理念和经营模式。

(5) 20世纪60年代以后，超市进一步向扩大型方向发展，从欧洲到美国，再到东南亚，大型综合超市、会员制仓储商店、大型专卖店等低价位商店迅速发展。

西方国家的超市从产生到成熟大致经过了30多年时间的发展，是一个自然的演变过程。我国超市是在学习国外经验与实践创新模式中发展起来的，是强势推进的结果，是目标与计划的结果。我国超市的发展基本上可以划分为四个阶段：一是大力发展小超市(标准食品超市)；二是引进外资"超市大卖场"，以及大型专业店的迅速发展，对内资和传统的小商店产生了重大冲击；三是内资创办"大卖场"，超市、大卖场以及大卖场之间出现了"贴身竞争"的格局；四是寻求超市的"差异化"与"生鲜化"的道路，但生鲜超市的发展步履艰难。

二、超市的定义

超市一般是指实行开架陈列、顾客自助购物、货款一次结算的大型食品商场。由于各国的具体情况不同,对超市有不同的理解与定义。

1. 美国对超市的理解

美国以营业额为标准把自选市场分为自选商店和超级市场。20 世纪 50 年代初规定,凡是年营业额超过 37.5 万美元的自选食品杂货店才算超级市场,1963 年提高到 50 万美元,1979 年又提高到 100 万美元,20 世纪 80 年代改为周营业额 4 万美元左右,即年营业额要达到 200 万美元,并规定要有足够的停车场地。

2. 日本对超市的理解

日本规定,凡是营业面积在 100 平方米以上,自选售货的比重占总营业额的 50%以上,均称"自选商店"。日本产业构造审议会认为超市的特征为:主要销售食品、日杂品、衣料等生活用品;主体是自我服务方式;高周转、低赢利,主体是折扣销售;售货面积在 3 000 平方米以上;多数是连锁商店。

3. 欧洲国家对超市的理解

欧洲各国对超市的分类方法大体一致,也相对规范,主要是以营业面积为标准将自选商场划分为特级市场(2 500 平方米以上)、超级市场(400~2 500 平方米)、次级市场(120~400 平方米)。

4. 中国对超市的理解

中国在 20 世纪 80 年代中期称超市为"自选商场",到 90 年代初,"超级市场"的概念才被普遍应用。上海辞书出版社出版的《经济大辞典(商业经济卷)》对超市的定义是:自选商店在国外称为超级市场,是实行敞开售货,顾客自我服务的零售商店。其主要特征是:第一,敞开式售货,自我服务代替售货员服务;第二,广泛采用定量包装,明码标价,分门别类摆放在货架上,适合一次购买较多数量的商品;第三,由电子计算机结算代替人工结算,减少差错,缩短顾客的等候时间;第四,占用售货人员少,劳动效率高,节约费用开支。这个定义并没有突出超市的主体特征,而对信息系统的理解也仅仅停留在表面上。

到 1995 年,上海市人民政府财贸办公室制定了《上海连锁超市规范标准》,对超市的经营业务特征作了四项规定:第一,营业面积一般在 500 平方米以上,第二,实行开架销售,上架经营商品不少于 3 000 种;第三,以经营与人民生活密切的主副食品和日常生活用品为主,切实做好净菜供应,并做到商品门类齐全;第四,贯彻薄利多销原则,部分商品销价低于其他非超市商店。这个定义对超市有了更明确的描述,对超市发展的不利影响是将超市定位于小型化方向。

《连锁超级市场、便利店管理通用要求术语规范》对超市的定义是:采取自选销售方式,以销售生鲜商品、食品和向顾客提供日常必需品为主要目的的零售业态。这个定义进一步明确了超市的目标顾客是日常必需品的购买者,生鲜食品是超市的重要商品。

三、连锁超市的特征与定位

(一) 业态特征

业态所反映的是店铺的社会功能。超市作为现代零售业的主体业态,其社会功能是满足居民以内食材料为主的日常消费需求。"民以食为天",所以超市的业态定位就具备了大众化的特征。超市作为一种大众业态可以广泛布点,从而为实行连锁经营方式和经营规模的扩张创造了有利的市场条件。规模经营、自助服务以及有效的管理将使连锁超市形成低成本运营机制,从而为廉价销售奠定了经济基础。

(二) 组织特征

连锁超市所采取的是多店铺购销分离的组织形式,其组织结构一般分为总部与门店两个部分。从业务运作角度来分析,总部负责业务运作的总体设计、商品供应(采购、集货与配送等)和监督指导等职能,门店负责以销售服务为核心的执行职能。由于总部所具有的职能门店不具备,门店所具有的职能总部不具备,所以总部与门店是"平等关系",而不是"从属关系"。为确保这两个部门步调一致,就需要建立一个协调部门,这个部门可称为"最高管理层",由董事会及下属的各类专业委员会(如采购委员会)、总经理等高级管理人员组成。

值得注意的是:

(1) 从属于总部的督导机构以设置区域经理、督导员或地区总部(适用于跨地区的情况)等形式,对门店实施监督与指导。

(2) 从属于总部的配送中心根据总部采购部所确定的供货商及交易条件,完成集货(进货与验收入库)、储存保管、流动加工以及向店铺配送商品的职能。

(3) 门店的属性一般分为两种情况:一种是由总部直接投资开设的门店,称为直营店,直营店是非独立核算单位,由总部实行统一核算;另一种是通过总部授权,由其他经济组织或个人投资开设的门店,称为特许加盟店,特许加盟店是具有企业法人资格的独立核算单位。

四、连锁超市的经营定位

从超市的特征中可以发现,超级市场是以经营与人民生活密切相关的主副食品和家庭日常生活用品为主,为消费大众提供多品种、价廉物美的商品和优良购物环境、优质服务的零售店。因此,其经营定位是明确的,在经营范围、经营品种、销售价格、服务观念、目标市场、经营策略、经营条件等方面,都有其特定的内容。

(一) 目标市场定位

目标市场就是指企业的服务对象。超级市场从其本意来看,由于经营商品以食品和日用百货为主,所以,最基本的目标消费者是家庭主妇。但随着超市经营品种的增加、经营规模扩大,其服务对象也出现了多样化的趋势。

(1) 双职工小家庭。这类消费者没有时间在菜市场购物,回家后料理家务的时间不太多,所以偏好超市所提供的定量化、包装化的食品和日用品。

(2) 对商品知识或料理方法不太了解的消费者。这类消费者特别喜爱加工食品、熟食。超市如能提供组合配菜,并介绍菜谱及烹饪方法,一定会迎合这类消费者的需求。

(3) 追求新鲜、卫生、品质良好,且对价格不很敏感的消费者。

(4) 收入水平或教育水平较高,比较喜欢尝试新、奇、特商品或追求时髦的消费者。

(5) 比较注重购物环境舒适,购物自由、便捷的消费者。

(6) 大多数女性消费者,且年龄大多在 18~55 岁之间。

(7) 单身在外办事或旅游的消费者。

(8) 外籍人士或曾赴国外居住一段时期的消费者。

(9) 喜欢闲逛比较的消费者。

(10) 礼品购买者。礼品购买者的消费特征是购买商品的选择性较强,超级市场的销售方式正好能迎合这部分消费者的需求。为此,超市需要大力开发礼品商品群,有这类商品的超市在价格定位上不能片面追求廉价的形象,应注重树立礼仪化、情感化的企业形象,以满足不同顾客层的需求。

(二) 经营策略定位

超市的竞争对手不仅包括同业的竞争者,还包括传统的商店,如菜市场、南北货店、杂货店、一般食品店、食品批发市场、便利店等。面对众多的竞争者,可供超级市场选择的经营定位策略主要有:

(1) 注重价格导向,低价销售。

(2) 强调生鲜处理技术及鲜度管理技术,确保生鲜食品的品质。

(3) 所有产品品项齐全,或在某些类别品项上特别齐全。

(4) 强调某些类别商品的特色,例如:新鲜、产地直销、直接由国外进口、新奇、稀有、特殊口味、特别用途等。

(5) 开发自有品牌,如将制造商的品牌转换为超级市场的品牌,超级市场自行研制新产品,或定牌监制、全额包销,或自己独立生产。

(6) 可提供额外的服务,如送货服务、免费停车、影印、电话卡出售、代客送礼等。

（7）可提供特别的金融服务，如自动提款机、信用卡、现金预付卡、会员卡、贵宾卡、礼券、提货券等。

（8）营造卖场气氛及促销活动的开展。

（9）强调高格调的整体形象。

（10）能提供新的商品知识及新的料理方法。

（11）选择连锁经营，选址尽量靠近居民住宅区。

（12）提供购物时间的方便，如提早营业或延长营业时间。

（13）能提供选择性强的多样化礼品。

（14）积极参与公益活动。

（15）通过组织非营利性的消费者活动，改善与社区的关系。

（三）经营条件定位

超市的经营定位受自身条件的制约，因此，在考虑超级市场的经营定位时，不能忽视有关企业自身条件的各种因素。如企业的知名度与形象；财务资金能力及运用状况；专业管理技术、生鲜处理技术和人才状况；企业人才培养及人力资源开发计划，人员薪资、福利水平；物流配送能力、信息沟通能力、与供货商的关系等等。要使超级市场的运作协调而规范化，达到既定的经营目标，经营条件的定位可以说是基础。

（四）经营范围定位

超市是以经营食品为主题的零售店，是传统的菜市场、粮油商店、食品商店、杂货店的组合，向顾客提供高品质、新鲜、卫生的生鲜食品、一般食品及日用百货杂货。随着主副食品加工程度和居民消费水平以及超级市场经营管理水平的提高，超级市场卖菜是大势所趋，也是大有可为的。因此可以说，未来的超级市场可以在一定程度上取代传统的菜市场。

（五）经营品种定位

超市注重品项齐全，可以向消费者提供日常所需的食品和日用品，以满足其一次购足的需求。超级市场商品供应应满足附近居民 80%～90% 的日常生活需求。根据这一要求，超级市场的经营品种就应该十分齐全，卖场规模也就应该比较大。美国营销管理专家菲利普·科特勒在《营销管理——分析、计划和控制》一书中指出：1946 年，一家普通的超级市场经营 3 000 种商品，而今要经营 8 000 种左右，增长最快的是非食品类商品——不需要处方的药品、美容品、家用器皿、杂志、书籍、玩具，现在占超级市场总销售量的 8%。这种"杂乱无章的商品买卖"还在继续，许多超级市场经营非处方药品、各种器械、录音机、运动商品、小五金、园艺工具，甚至照相机，希望能找到高毛利的产品线，以提高盈利。相应地，超市的卖场面积也由 20 世纪 50 年代中期的 1 100 平方米扩大到今天的 1 700 平方米。从发展趋势来分析,大型超级市场具有很强的生命力。

(六)销售价格定位

价格低廉是超市经营定位的一个基本要求。低售价不仅对低收入者有吸引力,对高收入者也同样具有很大的吸引力,通过低价销售能实现大批量经营,并加快周转速度,从而使超市形成"低价化→大众化→连锁化→大量化→低成本→高效益"的良性循环。1979年,美国在纪念超级市场成立50周年时规定:超级市场是至少须有100万美元销售额和纳税后利润率不到销售额1%的零售企业。目前国外超级市场虽然因开发了一些高毛利产品而使盈利率有所上升,但其总体水平还是比较低的,超级市场也属于低毛利的业态。美国典型的超级市场10美元销售额的构成是:7.8美元为厂商、批发商的成本和利润;2.2美元为超级市场的成本和利润,其中2.02美元为超级市场的成本,只有0.18美元为超级市场的利润,其销售利润率为1.8%。可见,廉价销售是超级市场的主要经营特色。

(七)服务观念定位

超级市场强调靠近住宅、购物方便,向邻近居民提供良好的购物场所和多方面的服务。顾客心目中理想的超级市场一般应具备六个条件:首先是价格合理,这是最重要的;其次是品种齐全;第三是卫生干净;第四是服务好;第五是选购方便;第六是靠近住宅。价格与品种问题前面已有阐述,至于后四个方面,主要与超市的选址、卖场配置与商品陈列、购物环境的设计以及服务项目和服务人员的状态等紧密相关。我国目前的超市一般都比较重视商品及其价格,但对选址、卖场商品的配置与陈列、卖场气氛的营造等还缺乏一套科学的标准与规范;在服务方面,许多服务项目还有待开发,如提供商品信息和生活咨询,尤其是卖场服务人员的服务意识有待改进,要牢固树立服务观念,使顾客在超市购物能获得亲切友善的服务。

第二节 连锁超市的分类与基本特征

超级市场(Super Market,简称SM)是采取自选销售方式,以销售生鲜商品、食品、副食品和生活用品为主,满足顾客每日生活需求的零售业态。按照我国2004年修订的《零售业态分类》(GB/T18106)(国标委标批函[2004]102号),根据超级市场的面积和经营特征不同,分为超市和大型综合超市。其中,超市又有传统食品超市和标准食品超市之分;在大型综合超市经营商品的基础上发展起来的又有仓储式商场,它大多采取会员制形式,主要提供会员服务。

一、超市和大型综合超市

1. 传统食品超市

传统食品超市营业面积一般为 300～500 平方米,其经营的商品内容是一般食品和日用品。它的功能集中了食品店、杂货店、小百货店、粮店、南北货商店等传统商店各自的单一功能,使之综合化。传统食品超市是传统小商店的取代者,也是超级市场最初的原始模式,20 世纪 80 年代末 90 年代初,我国最早发展起来的超级市场就是属于传统食品超市。

2. 标准食品超市

标准食品超市也称生鲜食品超市,其经营面积一般在 1 000 平方米左右,与传统食品超市不同的是,它以经营生鲜食品为主,其营业面积的 50%～70%要用来销售生鲜食品,可以说标准食品超市实际是在传统食品超市的基础上,强化了生鲜食品的经营,通过这一经营内容的增加使中国消费者购买频率最高,几乎每天要进行的购买——买菜,在超级市场中得以实现,因此它对传统商店是一个内容和形式上较完整的现代化替代,使超级市场对消费者基本生活品的一次性购足创造了最初的、较完整的形式和内容。

3. 大型综合超市

大型综合超市(General Merchandise Store,简称 GMS)是采取自选销售方式,以销售大众化实用品为主,并将标准食品超市与大众日用品商店的经营优势合为一体的,全方位地满足消费者基本生活需要的、一次性购全的零售业态。

二、连锁超市业态结构特征

1. 超市业态结构特点

根据超市的定义,超市应具备以下特点:

(1)选址:选址在居民区、交通要道、商业区。

(2)商圈与目标顾客:商圈范围较窄,辐射半径 2 千米左右,目标顾客以居民为主,10 分钟左右可以到达。

(3)售卖方式:采取自选销售方式,出入口分设,结算在出口处的收银机处统一进行,可采取连锁经营方式。

(4)商品结构:商品构成以购买频率高的食品、生鲜食品及日用必需品为主,主要有:肉类、禽蛋、水果、水产品、冷冻食品、副食调料、粮油及其制品、奶及奶制品、熟食品以及日用必需品。

(5)服务功能:营业时间每天在 11 小时以上。

(6)规模:商店营业面积在 600 平方米以下,有一定面积的停车场所。

(7) 管理信息系统：信息化管理程度较高。

2. 大型综合超市业态结构特点

根据超级市场的定义，大型超级市场应具备以下特点：

(1) 选址：选址在城乡结合部、住宅区、交通要道。

(2) 商圈与目标顾客：商圈范围较大，商圈辐射半径 2 千米以上，目标顾客以居民、流动顾客为主。

(3) 商品结构：以食品与日用品为基础，增加了百货类商品，可满足消费者"一次性购齐"的需求。

(4) 售卖方式：采取自选销售方式和连锁经营方式，出入口分设，结算在出口处的收银机处统一进行。

(5) 规模：商店营业面积一般在 6 000 平方米以上。

(6) 服务功能：设有与商店营业面积相适应的停车场，一般停车场不低于营业面积的 40%。

(7) 管理信息系统：信息化管理程度较高。

大型综合超市是在超市的基础上逐步发展起来的，经营特征十分相似。不同的是大型综合超市的经营面积更大，经营的商品品种更多，为消费者提供一站式的服务，服务商圈的范围更广，停车场也成为一个重要条件。

三、超市和大型综合超市的经营特点

1. 以自助服务与一次结算为经营方式

超市和大型综合超市一样内部一般没有营业人员，只有理货员，商场尽量利用视听嗅觉来刺激购买商品，在超市门口备有手推车或提篮，货架陈列的商品有价格标签，选择时一目了然，在超市门口一次结算付款。

2. 以食品和日常用品为主要经营品种

超级市场是以经营食品崛起于零售业的，以后逐渐发展到综合经营。超市保持传统的形式，经营的商品应以肉类、禽蛋、水果、水产品、冷冻食品、副食调料、粮油及其制品、奶及奶制品、熟食品以及日用必需品为主；大型综合超市也以食品和日用品为主，但商品品种更齐全，其他种类商品的比重加大，如成衣、电器、床上用品、运动用品等，呈现综合经营的特点。

3. 以大量销售为经营原则

大量销售是超级市场的经营原则，它是超级市场进行廉价销售的前提，也是超级市场向大型化和连锁化发展的重要条件。以大量销售为指导原则，扩大店铺营业面积和所经营的商品品种，使超市顺利发展，成为大型、综合化的超市。目前，许多国家超级市场大多数采用连锁经营形式，以多店铺来扩大销售，日本流通界将

"多采用连锁经营形态"作为超级市场定义中的一部分。

4. 以低费用和高周转为经营特色

超市和大型综合超市采用自助服务方式,不仅节约人力费用,而且超市中顾客与营业员可以共享货架和店铺通道,这样超级市场的营业厅比非自助服务方式的零售店可多陈列和销售20%～30%的不同商品,商品投放能力可提高15%～20%,使营业面积大大增加。

另外,食品类商品本身周转比较快,加上销量大,因此流通费用低、周转率高成为超级市场优于其他业态之处。据统计,美国超级市场的流通费用比标准价格的百货商店和一般商店低一半,每平方米面积的流通额则高出50%,每年商品库存周转次数比标准价格的百货商店和一般商店高3.5倍。

5. 以廉价销售为经营方针

超级市场以其销售价格低、经营品种多、营业面积大、选购方便的特点而大受欢迎并迅速发展起来。国外的超级市场一贯把廉价销售作为其经营方针,以美国为例,超级市场中的食品价格比一般食品店低15%～20%。

6. 拥有较高流通效率

超级市场的出现,使零售业完成了从手工劳动到工业化生产的转变,使商业劳动获得了大幅度提高效率的机会。超级市场的出现,使包装、称重、记价等商业劳动可以在工厂或商店中预先完成,将这部分劳动固化并储存在商品中,实现了商业劳动与顾客购买活动的分离,从而大大提高了流通效率。

超级市场的业务流程可概括为"开架售货、自助服务、小车携带、出门结算"16个字。

四、仓储式商场

仓储式商场(Warehouse Store)是在大型综合超市经营的商品基础上,筛选大众化实用品销售,并实行储销一体、批零兼营,以提供有限服务和低价格商品为主要特征的,采取自选方式销售的零售业态。仓储式商场大多采取会员制形式,只为会员服务。

专栏6-1

麦德龙的仓储式商场

德国麦德龙集团(Metro)成立于1964年,是世界500强之一,在全球零售业排名第三,欧洲第二,在30个国家和地区拥有2 000多家C&C制商场、大型百货商场、超大型超市折扣连锁店和专卖店,拥有员工大约250 000名。2004年,麦德龙集团的销售额达 561 亿欧元,与上年相比增长 5.3%,其中 49% 的销售额来自海外。

麦德龙于 1995 年来到中国并与中国著名的锦江集团合作,建立了锦江麦德龙现购自运有限公司。1996 年,麦德龙在上海开设了第一家商场,从一开始就取得了惊人的成功,给中国带来了全新的概念。麦德龙凭借自己成功的管理模式,以上海为中心迅速向外扩展。麦德龙以"配销"名义在国内注册,现已在上海、南京、无锡、宁波、青岛、武汉等地建立了多个连锁仓储式的大批量销售网点。到 2010 年年底,麦德龙在中国开设了 48 家商场,2004 年销售额达 117 亿元人民币。

麦德龙在中国开设的是会员制大型仓储式商场,其针对的顾客对象主要是:专业客户(如中小型企业、餐厅、酒店、娱乐场所)和公共机构(如学校、医院、政府、团体),直接为企事业单位、中小零售商、宾馆等法人团体服务,间接为普通消费者服务,顾客一律凭"会员证"入场。也就是说,在某种程度上,麦德龙的经营具有一定的批发性质。麦德龙每个分店的营业面积约 1.6 万平方米,吸纳 10 万～12 万个会员制客户,60%～70% 的客户是团体购买或批发销售。

(一)仓储式商场的业态结构特征

(1) 选址:城乡结合部的公路边、交通要道和利用闲置设施。

(2) 商圈:辐射半径 5 千米以上,主要的商圈人口为 5 万～7 万人。

(3) 目标顾客:以中小零售商、餐饮店、集团购买和有交通工具的消费者为主。

(4) 规模:商店营业面积大,一般在 10 000 平方米以上。

(5) 售卖方式:开展自选式的销售,收银台统一结算,采取连锁经营方式。

(6) 商品结构:以食品(有一部分生鲜商品)、家庭用品、体育用品、服装衣料、文具、家用电器、汽车用品、室内用品等为主,自有品牌占相当部分。

(7) 价格策略:一般实行会员制,每天都以较低价格销售全部商品。

(8) 商品策略:经营同其他零售业态能进行价格比较的,知名度、普及率都较高的品牌商品或价格众所周知的商品。

(9) 商店设施:店堂设施简朴、实用,采取仓库式陈列,既具有销售功能又具有储存功能。

(10) 服务设施:设有较大规模的停车场。

(11) 管理信息系统:信息化管理程度较高,对顾客实行会员制管理。

(12) 其他:将超市的销售技术和管理理论、仓储商店的价格影响力、大型综合超市商品供应计划的方法及选址理论等融为一体,灵活运用。

(二)仓储式商场的经营特点

1. 仓储式商场大多采取以固定顾客为满足对象的会员制

这是它区别于其他超市的最大特点。在实行中,会员制分为两类性质,一类是企事业单位的法人会员,另一类是法人会员和个人消费者。例如,德国的麦德龙采取的是前一种会员制度,而美国沃尔玛山姆会员制商店采取的是后一种会员制度。在会员的收费上也有两种形式,收费与不收费。麦德龙是不收会费的,而沃尔玛是收会费的。

2. 仓储式商场所针对的目标顾客是中小型商户和大宗商品的购买者

实际上,仓储式商场是用零售的方式来完成批发配销业务的商店。它的功能主要是,实现对小型零售商业、餐饮业和服务业的商品配销业务,对法人、个人会员实行低价销售,规范企事业单位集团采购的行为,降低采购成本。它的发展在地位上弥补了计划经济转向市场经济时三级批发企业的空缺,它的功能是提升了小的商业和服务业的组织化程度,降低了个人和法人会员的采购成本。

3. 仓储式商场一般以低价销售,以批发价格向会员供货

由于经营商品质量可靠、定价较低、人工费用少、流通成本低,仓储式商场出售的商品与其他商场比,价格普遍低 10%～30%。之所以能实行低价销售,是因为仓储式商场采取了 C & C(Cash and Carry)的销售方式,即现购自运的销售方式。

仓储式商场实现低价销售的内在支持条件具体体现在:仓储式商场将商品的销售和储存场所合二为一,也就是说打开仓库做卖场,节约了卖场建筑与设施的投入。在营业场所装修上,只求为顾客提供一个宽敞、舒适、朴实无华的购物环境。

(1) 采取的是以零售的模式来做批发业务,所以不必向顾客提供商品账期,一律现金结算,既节约了流动资金投入,又可利用每天的现金流量。

(2) 商品大部分采用开架销售、顾客自选的形式,节省了人工服务费用。实行批量定价,多买优惠,鼓励消费者整批购买,减少了商品仓储费用。而且由于一律是消费者自行提货,又节约了批发商应支付的向顾客供货时发生的运输费用。

(3) 仓储式商场一般采取买断经销式的商品采购,其订货批量要高于其他类型的超市,可争取到最大限度的价格优惠。

(4) 采取供应商直接向门店送货的配送体制,节省了占连锁超市企业总部最大运营成本的配送中心的费用支出,降低了流通费用。

以低价销售而言,不同的仓储式商场其价格政策是不同的,如对法人会员可按批发价销售,对个人会员则按批发价加 5% 销售,这种价格差异体现的是法人会员与个人会员在购买数量上的差异确定。就美国的仓储式会员制商店来说,其价格一般要低于一般超市的 30%～40%,它追求的是低毛利率和低利润率,平均毛利率 13%,其中食品 8%～12%,非食品 10%～18%,而一般超市为 23%,净利率会员制批发超市为 2%,一般超市为 5%。在美国按一家商场有企业会员 6 500 个,个人会员 40 000 个计算,企业收费 \$30/年,个人收费 \$20/年,一年会费收入就为 \$100 多万,相当于批发超市一年利润的 80%,所以它可以把价格降得很低。低价

格可以吸引更多的人,而更多的人可以把价格降得更低。

对我国的一些仓储式会员制商店来说,会员一般一年交会费20元,只要每年保证有10万名会员,即使商品按进价销售,企业仍可运转。会员费成了最主要的利润收入。而对不收会员费的会员制批发超市来说,由于把会员限制在购买量大的法人会员上,其经营利润就较多地依靠商品的高周转、付款期的相应延长和经营成本的降低上,所以经营难度也较大些。

在我国的许多地区,特别在华东地区,许多大大小小的商店都自喻为是仓储式商店,暂且不论是否实行会员制度和低价格销售,整个卖场的容积是否有70%以上用来储存商品是判断一个商店是否属于仓储式商场的首要标准,且营业面积要在10 000平方米以上,其中20%的面积要用作到货区,并使用仓储型高层立体货架(6米以上)。

第三节 连锁超市的业态创新与发展趋势

一、连锁超市业态创新的主要影响因素

超市业态的多样化以及不同国家或地区之间的差异性,已成为超级市场经营发展的主要趋势之一。了解各国超市发展的背景材料以及特定区域内的市场环境条件,在明确基本的超市业态前提下,进一步具体规划发展进程、发展区域及发展方式,这是超级市场业态定位战略的重要内容。当前超市的发展趋势主要呈现出扩大型、经济型、便利型三个发展方向,对超市发展的总体影响因素如下:

(1) 消费需求的变化迫使企业调整经营策略。消费需求的变化主要表现为三个方面:一是消费水平的提高,特别是对日用消费品需求的扩大,使大量采购、大量销售的经营方式具备了客观条件;二是顾客购物从注重价格转向更注重便利和品质,尤其是受"一站购足"的消费观念的支配,更要求超市网点向扩大型方向发展;三是追求生活质量,强调个性化需求的满足,所以单纯提供商品的门店就越来越难以吸引顾客,而能够让顾客在购物和消费中感受到自我表现意识的商店则迅速成长,如DIY(自己动手做)。

(2) 产品的日益丰富、品种的增加,使扩大型超市的建立成为必要。世界上第一家超市只有1 100种商品,主要是食品杂货;20世纪40~50年代,超级市场商品品种由食品类向非食品类扩展,诸如开始经营衣料、化妆品、药品等非耐用性消费品以及家用电器、家具等耐用消费品。商品品种的增加要求商店的营业面积也要相应地扩大。

(3) 市场体系的健全以及现代化技术的发展,为有效地组织大规模经营提供了必要的条件。20世纪50年代以后,西方国家产销一体化的市场体系逐步建立,食品的生产、加工及储运、包装等技术也不断发展,大型的零售企业对上游企业的控制能力越来越强,于是货源和产品质量得到了有效的控制,经营成本也因一体化经营而有所降低。因而为廉价销售高质量的产品创造了有利的条件。

(4) 市中心百货店的转型以及郊区购物中心的兴起,为超级市场的发展提供了更为广阔的市场。超市在城郊结合部以及郊区的发展也大大降低了经营成本,为进一步实施折扣销售的策略提供了条件。这一发展趋势与公路网络化及小汽车的迅速普及是紧密相关的。

(5) 从市场竞争及公司的经营战略角度来分析,经济型及便利型超市是一切超市都竭力追求的,但对大型超市公司来说,为了寻找新的经济增长点,并在特定区域内建立自己的优势,往往会采取三种策略:一是在原来业态基础上增设新的业态,如发展便利商店;二是扩大产品组合,引进全新产品,以更好地满足消费者"一站购足"的需求;三是在广泛布点的基础上,在某一区域市场,如城镇居民区内开设社区型的超市。

(6) 由于消费需求的多样化,并当某一特定需求达到一定规模时,客观上就需要形成一种新的业态。如便利商店与专业超市就是在特定需求倾向出现并形成规模的基础上逐渐发展起来的。

(7) 超市经营规模的大小还受特定社会消费习惯的影响。20世纪60年代以后,西欧首创了大型超市,其后,美国、日本也都纷纷扩大了超市营业面积。但近年来,日本、法国的小型超市都具有较好的增长率。从消费习惯来分析,这是因为美国的家庭主妇是一周采购一次,而日本的家庭主妇讲究食品新鲜,每天必上市场采购,所以,小型化超市自然更受欢迎。我国与日本在这一点上有相似之处。因此,在我国,设于居住区的超市规模应以满足食品及日常用品的购物需求为限,开设大规模的超市应特别谨慎。

二、连锁超市的发展趋势

(一) 超市发展的基本趋势

超市发展的基本趋势是一大一小。超市大型化发展是满足"一站式购物"的需求,小型化发展则是满足"就近便利"的需求。

通常,大型超市被统称为"大卖场"。其实,大卖场在中国是一个十分不明确的概念。在早期,上海把营业面积在5 000平方米以上的超市称为大卖场,实际上有多种发展模式。在以后的发展过程中,大卖场这个概念被中国的经营者创造性地应用到了其他多种业态,如家电大卖场、建材大卖场、家居大卖场、餐饮大卖场,以后可能还会出现形式更多的大卖场。因而,大卖场并不是一种业态,正如购物中心不是一种业态一样。实际上,可以把超市划分为四种:一是批发超市,可分为限定品种与多品种两类;二是综合超市,具有社区购物中心的功能,能满足社区居民80%以上的购物需求,以及因购物而引起的休闲性需求;三是生鲜超市,营业面积较前两种超市小,70%为生鲜食品,具有取代传统菜市场的功能;四是便利超市,以一般食品和日用品为主,属传统型超市,主要是满足消费者的补充型需求,生存与发展的空间比较小。

对大型连锁公司来说,特别应该注意综合超市的发展动向:大型超市遍地开花的结果是社区化,商圈范围大大缩小,于是,综合超市开发必须密切关注以下三个基本问题:一是选址的便利性,包括交通、停车及卖场结构等因素;二是卖场的综合吸引力,包括购物功能与休闲功能的适当配置,购物功能中的品类齐全,商品品类中的生鲜强化与百货强化等;三是人性化购物环境的强化,因为未来综合超市主要的发展方向是承担区域性服务中心的功能,单调、乏味、以我为主、不合情理、店大欺客的商业形象与商业作风是不可能吸引顾客、留住顾客的,这样的店铺将会因缺乏竞争力而被顾客无情地抛弃。为此,对综合超市服务人员的要求也会提高,他们的素质以及他们的服务水平和态度将直接决定顾客的满意度。

(二)超市业态的发展方向

根据研究,超市业态会往综合化、小型化、生鲜化、差异化方向发展。

1. 超市综合化

中国超市大部分是从小超市(标超)起步的,后来的外资大多是以大卖场的形式进入中国市场,于是,就出现了大卖场贴身竞争的格局,随之而来的是大卖场租赁成本的大幅度上涨。同时,消费者对超市的依赖性也越来越强。超市的第一个发展趋势就是大卖场与招租的商业项目相结合,变成了具有综合服务功能的小型购物中心或社区商业中心。通过招商既能降低店铺的租赁成本,又能提高消费者的选择性,增强店铺的集客能力和销售额。但大卖场与招商相结合的模式也存在很大的经营风险,这种模式并不是广泛适用的,如果客源不足,大卖场的生意不好,招商区域的经营业绩就难以保证,高额的租赁成本无法通过招商而分摊,就会使经营陷入困境。所以,开设大卖场的商圈调查显得越来越重要。

2. 卖场小型化

超市的第二个发展趋势是大卖场向小型化方向发展。顾国建教授在《大卖场发展所遇到的挑战》中指出:综合超市(Super Store)营业面积规模在 4 000~6 000 平方米,它是大卖场的小型化,是满足消费者对食品、日杂、快速消费品和家居用品一次性购足的超市。一个大卖场一般要 20 万人口的支撑,大卖场在大城市可以有多个店铺的规模式发展,但一旦向大城市的社区发展,或者向中小城市发展的时候,就缺乏消费者规模和消费能力的支撑。因此在规模上缩小,在商品结构上缩减家用电器、服装等百货类商品,扩大食品尤其是生鲜食品,是为了适应市场的客观需求。

3. 标超生鲜化

消费者对超市的生鲜需求已经形成,传统的小菜场又存在许多安全的隐患,生鲜超市将会有很大的发展,连锁超市公司将在整合农副产品供应链的基础上再过生鲜关。无论是大卖场、综合超市,还是中小型超市,都应该将生鲜食品经营好,这是超市的立业之本。此外,快速消费品和日用商品的折扣店也已经起步,它与自有品牌的开发相结合,将重新整合供应链,零售商与供应商的合作关系在自有品牌开发领域将有可能转变为竞争关系。

4. 营销差异化

为了更好地、有针对性地满足目标顾客的需求,连锁超市的业态不断创新,超市的业态种类不断增多,如根据目标顾客定位和营业面积不同,超市业态划分为便利超市、社区超市、综合超市和大型超市;根据超市的定位和经营的品类不同,有传统食品超市、生鲜加强型食品超市和精品超市等。

(三) 超市百货化

超市百货化,主要受两个方面因素的影响:一是超市规模日益扩大,发展成为大型综合超市,从而具备了"百货化"的客观条件。二是消费者需求的多样化,也引导企业不断扩大商品经营范围。超市百货化的具体表现形式是:① 服饰、日用品等百货类商品不断增加;② 通过招商引进专业专卖商品;③ 加强品牌商品与进口商品的引进,以体现商品经营的差异化。

(四) 再过生鲜关

生鲜是超市的一座金矿,也是超市最基础的商品。做不好生鲜就等于放弃顾客,放弃超市经营的主动权,就等于自杀。在上海超市的十余年发展中,开始时是政府用政策来扶持和鼓励超市经营生鲜,之后,超市接受了生鲜的概念,老百姓接受了生鲜的概念,不仅传统的"三生"(蔬果、肉类、水产品)(在"三生"的基础上,增加面包与熟食)食品进入了超市,因此,广义的"五生"食品已成为超市的主力商品。

为什么现在还要再过生鲜关呢?

因为还没有做好生鲜。有一大批超市仍然没有跳出传统超市的框框,不能适应现代消费者的需求。当然,生鲜并不好做,经营生鲜也有一个发展过程。小卖场不便做生鲜,这仅仅是一种常理,实际上,几百平方米的小超市也可以改建成专业的生鲜超市,但如果全面改建也会面临很大的风险。从生鲜经营方式的发展过程来看,先是从每一个店铺自己经营逐步发展到发包经营,最后又回到了自己经销。

若要再过生鲜关,要解决七个问题:一是要建立经营生鲜的组织体系,由专业人员来管理生鲜业务;二是要明确生鲜食品经营的发展方向,确定经营生鲜食品的有效模式;三是要建立生鲜食品经营的技术体系和产品标准;四是要建立生鲜食品的研发中心,建立生鲜食品的供应网络;五是要建立和健全生鲜食品的冷链系统和热链系统;六是要大力开发生鲜食品的经营品种,并改进生鲜食品的经营形式;七是要建立生鲜食品经营的诚信体系。

专栏 6-2

香港 City Super

香港 City Super 全部采用木质货架,货架顶部为空,靠墙的货架镶嵌在墙体内,高度在 1.8 米以下,货架端头的展示效果比较好。

灯光采用三层:顶部、聚光灯、货架上的灯光,货架上的灯光不直接照射到商品上,而是凸显货架上的品类标识,然后将余光洒在商品上。

中间设一展示性厨房,每月大约安排 22 场生活艺会,每次参加艺会的成员大约都在个位数,而且每位需要交费 350~400 元,由上海或香港的名厨亲自制作 2~4 道精致的菜点,并详细讲解整个制作过程。这算得上是该店的最大特色了。

天花板无装饰,门店的动线设计很有特色,以中央展示厨房为中心,货架由低到高呈阶梯状展开,既类似连漪状,同时在顾客沿通道浏览的时候视线效果又很不错;低矮的货架的展示似乎有点展示台的韵味,由于顾客都是俯视的,因此可以一览无余。

生鲜中蔬菜的品种很多,而且多的是平常很少见的蔬菜,量不多,价格却不菲,全是绿色蔬菜或野菜系列;水果的量也不多,品种倒不少,没有堆台展示,基本上都在风柜中陈列,新鲜度不错;海鲜类产品较丰富,而且档次比一般的海鲜餐饮店要高,海鲜品种也不少。

熟食类与外面的配套餐饮组合得不错,既可以成为朋友聚会的地方,也可以成为白领们中午解决餐饮的合适场所,环境很优雅,正好与该店所营造的氛围高度吻合。配套区域的墙角和通道处随处可见的吧台式餐桌和椅子让顾客一进来便能安下心来,试想有谁会在吧台上心急火燎地喝酒品咖啡呢?

进口商品的占比在 80%~90%,在货架中已经很难找到带中国字的商品了,即使找到,仔细一看,原产地竟然是台湾、香港或澳门的,地地道道大陆产的商品确实只有一两成,说这儿是高端确实是名不虚传。

标价多以每 100 克多少元为价格牌,初看价格不高,细看却是让人大吃一惊,这大约也算价格策略之一吧,有谁见过黄金不是以克论价而是以千克论价的?

店内几乎见不到堆码及促销等字样,以服务和品质来获取门店的竞争优势已成为该店的立身之本。

店内店员对于葡萄酒的介绍非常专业,从酒庄到酒的特色,品尝时的感觉,以及什么才是好酒——纯正且适合你自己味觉感受的就是好酒,这种专业及耐心与其他地方的促销小姐的单刀直入还是有明显的不同的。

店长见面时间的话始终是:"先生,不知我可以在哪方面帮到您?"而不是询问式:"先生,有什么事吗?"、"先生,找我有事?",更不是责问式:"先生,有什么事找我?"

本 章 小 结

1. 西方国家的超市从产生到成熟大致经过了30多年时间的发展,是一个自然的演变过程。我国超市的发展基本上可以划分为四个阶段:一是大力发展小超市(标准食品超市);二是引进外资"超市大卖场";三是内资创办"大卖场";四是寻求超市的"差异化"与"生鲜化"的道路。

2. 连锁超市是一种采取自选销售方式,以销售生鲜商品、食品和向顾客提供日常必需品为主要目的的零售业态。连锁超市所采取的是多店铺购销分离的组织形式,其组织结构一般分为总部与门店两个部分。价格低廉是超市经营定位的一个基本要求。

3. 超市和大型综合超市的经营特点表现在:以自助服务与一次结算为经营方式;以食品和日常用品为主要经营品种;以大量销售为经营原则;以低费用和高周转为经营特色;以廉价销售为经营方针;拥有较高流通效率。

4. 仓储式商场是在大型综合超市经营的商品基础上,筛选大众化实用品销售,并实行储销一体、批零兼营,以提供有限服务和低价格商品为主要特征的、采取自选方式销售的零售业态。仓储式商场大多采取会员制形式,只为会员服务。

5. 超市发展的基本趋势是一大一小。超市大型化发展是满足"一站式购物"的需求,小型化发展则是满足"就近便利"的需求。超市业态发展的趋势为综合化、小型化、生鲜化、差异化。

问题思考

1. 结合实例分析连锁超市的经营定位、业态特征与组织特征。
2. 生鲜超市的出路何在?大卖场出现拐点了吗?
3. 发展高端超市需要具备哪些条件?
4. 连锁超市有哪些发展趋势?

一、连锁超市面临的挑战

现在的连锁超市也面临着挑战,往日的优势渐渐消失,因为家电被专业卖场分流,食品被小食店分流,大店被小店截流,小店被马路摊点截流,分流加截流,便利店与超市竞争,折扣店再抢便利店的生意,业态越来越模糊,商圈越来越杂乱,生意越来越难做。

讨论题:

1. 超市大卖场真的不行了吗?假如你是某连锁超市的决策者,你将如何选择?
2. 你觉得在这样的情况下,超市还有什么可做?怎么做?

二、中外连锁超市的调查和比较

目的:通过中外连锁超市的调查和比较,强化学生对连锁超市的经营定位、业态特征和经营方式的深入学习和领会,培养学生的自主学习能力、实践运用能力和比较分析能力。

内容:学生自主选取两家同业态连锁超市,一家为内资连锁超市,一家为外资连锁超市,调查和比较两家连锁超市在经营定位、业态特征、经营方式方面的相同点以及经营和管理方面的不同点,并进行分析和评价。

要求:5～6位学生自主组成学习小组,选取中外两家同业态连锁超市,组内分工,进行课外企业调查、分析和讨论,最终形成课业报告,交老师批阅,制作PPT演示文稿,开展班级交流。

第七章 便利店连锁

1. 理解便利店的发展历史与业态特征。
2. 了解便利店发展的影响因素。
3. 掌握便利店的基本类型。
4. 分析我国便利店的发展趋势。

早在我国近代,就存在着两种便利店:一种叫"仕多店",其名称来自英语"Store",是一种"洋便利";另一种叫"烟杂店",是一种"土便利",商业街、弄堂口,凡是有人的地方大多会有这种"土便利"。我国现代便利店开始于20世纪90年代初。进入21世纪以来,上海等特大城市的便利店迅猛发展,并且出现了多种发展模式。但是,中国便利店的发展仍然没有进入国际化竞争阶段,主要的国际品牌并没有成为竞争的主导力量,所以,中国便利店还没有开始真正的竞争。

【引导案例】

好德便利

"好德"便利(alldays)由农工商超市(集团)有限公司投资创办于2001年,第一家门店开业于2001年4月15日,按预定计划,当年开店150家,2002年店铺数增加到了500家,2003年店铺总数超过了1 000家。大约990天时间开办了1 000家便利店。惊人的发展速度背后是惊人的亏损,投资大约是2亿元,亏损2亿元。但到2005年,销售额达30亿元,并首次扭亏为盈,2006年全年赢利达3 000多万元。2007年,"好德"便利的投资人——农工商超市(集团)有限公司从光明乳业(600597)收购了"可的"便利81%的股权,"好德"与"可的"的门店总数在2 300家以上。这样,农工商超市集团就成为我国拥有便利店数量最多的连锁公司。

"好德"便利的发展,大致经历了三个阶段:第一阶段是2001~2003年的急速发展,因为从 1995~2001 年,上海先后出现了"可的"、"罗森"、"联华"、"良友"、"85818"(后改为光明便利)等便利公司,并成为五大主导品牌,不快速发展就没有市场影响力。第二阶段是 2004~2005 年的调整期。一是经营机制的调整,2003 年年底推出了以单体门店为单位的合伙合作承包经营制。到 2004 年年底有 80%的门店与公司签订了合伙合作承包经营合同。2005 年有 905 的门店推行了承包制,承包门店超过了 90%。生产关系的改进推动了生产力的发展,2004 年 9 月,"好德"便利首次实现了经营性盈利(不包括固定资产折旧)。二是组织调整,2004 年 5 月,商品总部细分为食品部、鲜食部、日用品部和服务信息部 4 个部门,强化了商品管理的专业化水平。三是商品调整,每年商品总部淘汰滞销品 1 600 多种,根据市场需求,引进新颖、时尚、适销对路的商品,如迪斯尼系列、Hello Kitty 糖果、杰士派男士用品等都十分成功。为了扩大鲜食品的销售,先后引进了比萨、黄天源糕团、麻辣煮锅、烧烤以及 18 度鲜食柜的好德盒饭、三明治、汉堡等,累计引进新品达 1 300 种,商品更新率达到 35.64%。四是门店调整,坚持开"优"关"劣",主动关闭租金过高、地理位置分布不合理导致经营不良的门店,同时在市内商务区、高档住宅区等有潜力的地段开发新的门店。五是营运调整,做"医生",不做"警察",抓"大区督导","以点带面",督导到门店发现问题不是一味责备或开罚款单,而是以教为主,及时对存在的问题进行诊断和指导。第三阶段是 2006~2007 年,整合发展阶段。在这个阶段,门店数发展到了 1 110 多家,建造了新的物流中心,信息系统也及时做了更新,经济效益开始提升,这一切都为实现便利店的重组创造了有利条件。2007 年收购光明乳业旗下的"可的"便利以后,门店总数有 2 300 多家,并实施双品牌运作。

思考题:

1. "好德"便利的发展带给我们怎样的启示?
2. 便利店经营有着怎样的自身特点?

第一节 便利店的发展历史与业态特征

一、便利店发展简史

便利店(Convenience Store)简称(CVS),起源于美国,是在 20 世纪 40 年代末期作为超市的补充形式而诞生的。美国曾有一便利商店提出"Get what you forget"的口号,提醒顾客在便利店可买到在超市忘了买的东西。在全球,经营便利店最成功的是"7-Eleven"系统,其前身是1927年创立于美国得克萨斯州达拉斯的桑斯兰德公司(The Southland Corporation),主要经营业务是零售水果、牛奶、鸡蛋。1946年,推出了提供便利性服务的"创举",将营业时间延长为早上7点到晚上11点,"7-Eleven"的名字由此诞生,并于1948年正式将店名定为7-Eleven。关于"7-Eleven"这一名称,日本人有不同的理解,他们认为"7-Eleven"并不全指营业时间从早上7点到晚上11点,而是指便利店主要提供人们在早上7点到晚上11点所需的便利性商品与服务。

1973年,日本伊藤洋华堂公司与桑斯兰德公司签订地区性特许加盟协议,日本第一家7-Eleven店开业,营业至今。1975年,日本"罗森"(LAWSON)东京店开业,1994年"罗森"进入上海开店。1991年,桑斯兰德公司被7-Eleven日本公司收购。1999年4月28日,美国南方公司正式改为7-Eleven INC。1978年,中国台湾统一超商成立,1979年与桑斯兰德公司签约合作,1980年第一家7-Eleven长安门店开幕,2009年进入上海。由香港牛奶公司开办的7-Eleven,1992年首先进入广州。

我国现代便利店早在超市大规模发展之前就已经出现了,最早是1993年3月成立于上海的"百式便利"。我国在超市的专业化经营水平还很低的背景下就开始发展便利店了。在它发展初期,超市与便利店除营业面积与经营品种有大小与多少之分外,两者没有显著差异。罗森与7-Eleven的进入,以及2001年以来新的竞争者的加入,给中国便利店的国际化发展打开了一个窗口,并树立了模仿的样板。于是,中国便利店的经营水平有了新的提高。同时也出现了一些新的形式,如易购超便利、便利店进地铁、北方的16小时便利店以及以满足居民日常生活为目标的便利型小超市等。但是,中国便利店的发展仍然没有进入国际化竞争阶段。

二、便利店业态特征

(一)定义

便利店是满足顾客即刻需求的商店。满足"即刻需求"需要更周到的服务,所以,便利店也可以称为"提供便利性服务的商店"。随着便利店连锁规模的扩大与服务项目的增加,便利店借助信息系统与终端网络系统,其服务功能将越来越显著。

便利店与超级市场具有很强的相关性,首先是因为便利店是从超级市场分化出来的一种业态,经营商品也以食品和日用品为主;其次是便利店和超级市场都采用自助式为主的售货方式,并且都十分强调运用的效率,运用现代技术使经营更具效率,已成必然的趋势;最后是由于一些经营超级市场的大企业,当超市的经营规模达到一定程度时,往往转向投资便利店。可见,便利店与超级市场的关联度是相当强的。然而,便利店又是一种特殊的经营业态,其经营定位与超市有较大的差异。

便利店是向顾客提供便利的商店,其社会功能是满足顾客的即时需求。如果便利店能掌握满足即时需求这一最基本的业态特征,并从商品、时间、空间角度去满足特定顾客群在特定情况下的特殊需求,就能有良好的经营业绩。

便利店的"便",主要体现在:时间上,营业时间长,全天24小时营业,常年不休息;空间上,开店地点灵活,填补消费空隙;商品上,销售的商品全是顾客日常必需品及新品;对象上,同特定服务对象保持良好关系。

日本是经营便利店最成功,也最具特色的国家,日本中小企业厅给便利店下的定义是:"以向消费者提供方便为第一原则,并在经营管理方面追求高效率的零售业。"日本MCR协会(Manufactual CVS Research)为便利店订立的下列条件,可以说是对便利店特征的具体描述:

(1) 营业面积:在20~70坪(1坪约为3.3平方米)之间,小于20坪或大于70坪,则超过便利店的适用范围。

(2) 商品结构:食品至少占全店销售品项的50%以上,且一定要卖速食品,非食品则必须是日常必需品,且提供服务性商品,如代售电话卡、邮票等。

(3) 商品类别比率:店内所销售的任何一类商品,不可超过全店营业额的50%。如酒超过该店营业额的50%,则应称之为酒的专门店。

(4) 营业时间:必须是长时间营业或是24小时营业且全年无休(或几乎无休)。

(5) 销售方式:大部分由消费者自助取用。

(6) 待客之道:必须有亲切、愉快的服务,与顾客建立友善的关系。

(7) 管理理念:愿意投资更多的设备,以追求更高的效率,包括如何改善设备的利用效率、调查商品的周转率、了解客层定位、减少商品人为损耗及失窃,管理报表的及时处理、POS设备的投资等。

(二) 特征

便利店以满足"即刻需求"为基本特征。具体表现为以下四个方面:

(1) 客层年轻化。主客层年龄在12~35岁,男性多于女性。实际上,我国目前便利店的客层十分广泛,12岁以下的儿童以及家庭主妇也都是便利店的常客。而且不同的商圈会有不同的客层。针对年轻化的客层,便利店的员工是否也应该年轻化?这是经营便利店的人事战略问题。

(2) 需求个性化。即刻需求一般是以个人消费为主,是介于"外食"与"内食"之间的"中食"。与便利店相近的业态是超市与餐饮业。与超市相比,最主要的区别是超市满足的是顾客的"生活需求",包括每日必需品和日常生活必需品。可见,超市以商品性需求为主,而且是买回家消费,从吃的方面来讲主要是"内食"。餐饮业无论是正餐或是快餐和小吃,都属于"外食",外食消费花时间较多,开销也比较大。在这两者之间还有一种"中食":外出消费,时间快,开支少,又干净、卫生、方便、温馨。这就是便利店。在日本,上班男人的早餐与中餐都在便利店,晚餐在小酒馆。所以,日本是全世界便利店最发达的国家,他们甚至把便利店的老祖宗(美国的 7 - Eleven INC.)都给控股了。这就是"需求决定"。在需求决定的过程中,"商业模式"的创新是关键的。在商业模式创新过程中,经营者的创造性活动与技术创新则又是关键的关键。

(3)诉求快速化。顾客对便利店的基本诉求是快速与便利,便利店的有效商圈范围只有 300~500 米,约有 80% 的顾客是在 3 分钟内完成购物动作的,另有约 20% 的顾客则在 5 分钟内完成购物。为此,店铺布局与商品陈列都必须与快速购物的消费需求相适应,货架一般控制在 30~35 个。因此,如果选址不良,顾客不便,依靠降价销售是不会对经营业绩有多大贡献的,相反会带来不利影响。

(4)服务多元化。服务是便利店的主导产品,便利店的服务可以分为三个层面:一是商品性服务,便利店提供非常温、小容量的商品,并可以即时加热、冲泡;二是提供时间上、空间上的便利性服务,可以把触角延伸到其他业态无法涉足的区域,并实施全天候服务;三是服务内容多样化,便利店一旦形成了网络,许多服务项目就可以借助这个网络去推广,如 ATM 机服务、订货送礼取货服务(网上商店的不同服务方式)、支付服务(公用事业费甚至交通罚单)、洗印服务、票务等。随着服务内容的增加,服务将是便利店的主要利润来源之一。

(三)便利店与超市的区别

便利店与超市是两个不同时代的产物。超市是经济不景气的产物。世界性经济危机催生出了超市,它的目标顾客是消费大众,超市是满足家庭消费的。便利店是城市繁荣的产物,它的目标顾客是个人的即时消费者。虽然超市和便利店是两个不同时代的产物。但我国是先有超市后有便利店,因此,店铺选址、经营商品、营运管理、物流配送等或多或少都带着超市的痕迹,甚至有点像"迷你超市"。国外是先有便利店后有超市大卖场。

在我国发展便利店,有两点要特别注意:一是不要"散豆式发展",要"集中式发展",集中力量进入现在就有购买力的城市,在这个城市发展也要集中主要区域,然后密集开店,形成区域优势,这样也便于配送。二是进入有些空白点要谨慎,如开办小区便利店,没有超市的时候进入,生意还不错,一旦有超市与折扣店进入,就会立即失去竞争优势。上海的很多社区便利店近年来已经陆续撤离居民小区。

至于对亏损的认识,不仅要有经济承受能力,更应该有心理承受能力。如果超市也没有发展好就想去开便利店,那日子就会越来越难过。只有主力发展得好,承受得了亏损才有条件去发展便利店。当然,有的企业有能力从一开始就让便利店盈利,那另当别论。

三、便利店的即刻需求

(一) 即刻需求过程

便利店的消费从产生需求到需求满足都围绕"即刻"二字,即要求快速完成。即刻需求过程由四个阶段构成。

1. 即刻产生

便利店一般以流动性顾客为主,顾客可能会因为需要购买一包香烟而进便利店,但不一定这个顾客每天都会到你的店里来买香烟,不过,他如果觉得方便和满意,以后便会形成"买香烟到便利店、买香烟到某某便利店的概念",这样,便利店的生意就会越做越大。当然,顾客也会受便利店的媒体广告和店头广告的刺激而即刻进店购买。所以,便利店店面的能见度和透视性是十分重要的。

2. 即刻到达

顾客在很短的时间内就可以到达提供服务的场所,所以,便利店必须就近设立在顾客产生即刻需求的地点,在大城市的商业街上,我们可以看到街两边都有便利店的情况,只要有足够的客流,两家便利店都能很好地生存下去。

3. 即刻购买

便利店的顾客都是来去匆匆,要求购物过程快速,特别是服务台的操作包括收银与其他作业活动一定不能让顾客等候太长的时间。即食品销售改为 DIY 方式将会有助于加快服务速度,提升即食品的销售业绩。有些食品虽然平时深受顾客的欢迎,但在便利店却不是十分合适,如中国的拉面制作、烧煮与食用都需要较长的时间,这种产品不符合满足即刻需求的特征。所以,选择便利店商品不能想当然。

4. 即刻消费

顾客在便利店购物以后一般都会即刻消费,特别是即食品,甚至在店铺内直接食用。所以,便利店一般都会配备相应的快餐桌。在美国,有不少便利店甚至配有桌子与凳子。

实际上,"不便利"就是便利店的机会,但也并不是所有的不便利都是便利店的机会,这还要看便利店的发展条件。便利店从开张到成熟也有一个成长期,开张时销售不理想不一定就失败,关键看成长性以及成长周期。新门店开张以后销售额一般都会有不同程度的上升,主要是顾客对店铺有一个熟悉过程,以及便利店的综合品牌效应和店铺经营面的调整这三个方面的原因。但如果采取人事、商品等方面的措施以后仍然没有什么明显成效的话,就应该关店,以免造成更大的损失。便利店与大卖场不同,大卖场可以通过促销把生意立即做上去,便利店则是靠选址、便利、品牌与服务吸引顾客的,靠低价促销把商品卖出去并不是便利店的本事,如果选址不妥,先天不足,促销是很难救活便利店的。

(二) 即刻需求类型

即刻需求的种类很多,从不同商圈的消费特点来划分,大致可以分为以下八种。

1. 习惯需求

如有些顾客每天路过便利店,习惯于在便利店用早餐,晚上下班的时候再到便利店买点心。这种习惯性需求产生稳定的客源,服务的人性化就会做得更具体。譬如,服务人员认识顾客,甚至知道他需要什么。

2. 零星需求

如开在居民小区门口的便利店,牛奶、面包、料理、小商品之类的零星需求就会到便利店购买,零星的需求到大卖场与超市都不方便,以金钱换取时间与方便,对有些顾客来说会觉得十分值得。顾客总是可以分为三类:第一类是追求价格便宜,只要价格低,多花点时间没有关系。第二类是追求方便,有钱无闲,并且愿意以金钱换方便。第三类是大宗商品集中购物,零星商品随机购买。实际情况是:开在小区出口的便利店的租金比较低,销售业绩也比较稳定。但如果小区内的住户比较少,收入水平又比较低的话,业绩就不会很理想。

3. 临时需求

例如,在大型医院门口开设的便利店,礼盒商品的销售就特别好。当然,医院门口的便利店所满足的并不全是临时需求,也包括习惯需求与零星需求,所以,这类便利店的生意一般都比较好。

4. 应急需求

例如,家里来了客人,喝酒没有冰块,就到便利店去买。所以,在发达国家,角冰在便利店的销售量是最高的。

5. 过往需求

在公交车站、地铁车站、集会场所、娱乐场所、商业街等区域,有大量的流动客源,就存在过往顾客的即兴消费。曾有人在地铁卖肉,结果失败了,但在地铁开便利店一定是有发展潜力的。

6. 消遣需求

书报杂志、休闲食品、零食等商品,顾客一般都偏好到便利店购买。

7. 时尚需求

年轻人追求时尚,而现在有不少供应商也将便利店作为推广新产品的一个重要渠道,两者结合使便利店成为"时尚"的象征,引导时尚就成为便利店营销的重要课题。

8. 派生需求

派生需求实际上是服务需求,顾客习惯了便利店就会对便利店产生依赖,依赖性越强,派生需求就越多,服务提供商也会越来越多,到这个时候,便利店向社会提供的就是一个终端网络服务平台和现代信息技术平台。

把握以上八点需求方面的特征,对便利店的经营十分重要。概括地说,便利店提供的是即时、即食、紧急、零星、非常温、少容量、消遣性、便利性、时尚性的商品与服务。

第二节 便利店发展的影响因素与基本类型

一、便利店发展的影响因素

便利店产生的基础是顾客对消费便利性的需求,其中,快速服务是最为主要的。推动便利店发展的主要因素是:

1. 人均 GDP

便利店发展与人均 GDP 关系的一般规律如下:

(1) 人均 GDP 达到 3 000 美元时起步发展,消费者也开始接受便利店的概念。

(2) 人均 GDP 达到 5 000 美元时进入成长期,便利店的形态与顾客的需求开始结合,特别强调时间上的便利性。

(3) 人均 GDP 达到 10 000 美元时进入竞争期,同业竞争加剧,品牌开始整合,经营面强调产品组合的便利性。

(4) 人均 GDP 达到 20 000 美元时进入成熟期,品牌进一步集中,出现主导品牌寡头垄断的市场格局,经营面更强调品质,商品更新更快,服务向多元化方向发展。对此,有两点必须注意:一是我国 GDP 的含金量问题;二是一定的 GDP 水平如何支撑众多店铺的问题。例如上海,人均 5 000 美元的 GDP 很难支撑 3 000 多家便利店(4 866 家店铺中市内约为 3 200 家)。我国便利店没有经过充分的成长期就直接进入了竞争期。

2. 生活方式与业态发展的相互影响

汽车的普及使居住地与购物场所之间出现了越来越大的物理空间;购物中心、大型卖场排挤了传统的中小零售商店,使顾客购物产生了不便利;职业女性的增加以及工作节奏的加快,减少了购物时间,快速便利的购物方式就越来越受欢迎。

3. 社会背景

如在日本,1972 年《大店法》生效,限制开大型店铺,于是,纷纷转向开便利店。特别是在 1978 年 11 月,由于 7 - Eleven 的店铺达到了 500 家,便利店显示了极大的成长性,结果,几乎所有的大超市都加入了便利店领域。经过了两年时间的两位数增长后,到了1980年,市场竞争加剧,便利店开始拉开了差距,并导致了业界内部的重新组合,最终出现了大户独占的市场格局。

4. 消费习惯

我国早在近代,就存在着两种便利店:一种叫"仕多店"的"洋便利";另一种叫"烟杂店"的"土便利"。所以,以提供便利服务为特征的便利店与我国消费者的传统购物习惯是比较吻合的。但是,由于我国的超市与大卖场发展迅猛,日用消费品的价格又不断走低,消费者往往把便利店当作小超市,便利店要形成特定的顾客群还需要有个发展过程。

5. 气候条件

一般来说,纬度越高、气候条件越恶劣,就越难普遍发展便利店。如7-Eleven目前虽然已遍及全球20余个国家,店铺数超过2万家,但"7-Eleven"大规模扩张不是在美国本土,而是在人口密集、经济发达的东亚地区,尤其是日本、中国台湾、泰国、中国香港、菲律宾、韩国等国家或地区,约有65%的店铺在亚洲。

二、国外便利店的发展类型

在便利店行业,一般以7-Eleven为样板,但实际上,由于各地的影响因素不同,发展模式也会有较大的差异。如美国的便利店行业协会(NACS)就把便利店分为六大类:

(1) 购物厅式便利店(Kiosk),面积小于75平方米。

(2) 迷你型便利店(Mini CVS),面积70~110平方米。

(3) 限择型便利店(Limited Selection CVS),面积140~200平方米。

(4) 传统型便利店(Traditional CVS),面积220~230平方米。

(5) 扩展型便利店(Expanded CVS),面积260~330平方米。

(6) 超大型便利店(Hyper CVS),面积370~460平方米。

在我国,实际上也存在不同类型的便利店,如社区型便利店、商务型便利店等。出现上述情况是很自然的,特别是中国幅员辽阔,经济发展水平差异很大,消费需求也千差万别,在一种业态的发展初期甚至在规模化发展阶段都不可能是一种模式。但在多种发展模式中必然会存在一种或几种主导的、最具发展潜力的模式。所以,对公司的决策者来说,发展模式与利润模式的选择以及阶段性的推进就成了经营的关键。

按照消费类型,可以将便利店划分为"步行消费型"(A型)与"驾车消费型"(B型)两种。当然,也有部分以旅游为主导的地区是发展"旅游消费型"(C型)的便利店。其发展现状是:美洲以B型为主导,欧洲与亚洲以A型为主导,而印度则以设在旅游景点处的 C 型为主、B 型为辅。

便利店的发展类型与营运主体也有密切的关联性。在北美行业分类体系（NAICS）中，A 型便利店属于"零售贸易"（Retail Trade）——"食品饮料商店"（Food and Beverage Stores）中的一个分支，就是 CVS（Convenience Stores）。A 型便利店的主要营运商是大型商业集团，如法国的家乐福、荷兰的阿霍德等。

B 型便利店属于"零售贸易"（Retail Trade）——"加油站"（Gasoline Stations）类型中"带有便利店的加油站"（Gasoline Stations with Convenience Stores），它属于加油站系列，因此，它的营运商通常就是石油巨头，如在美国便利店 10 强中，除位居第一的 7-Eleven 以外，第二位是英荷皇家壳牌石油公司，第三位是菲利普斯石油公司，第四位是英国石油 PLC 公司，第五位是埃克森-美孚石油公司。

从国际便利店的发展类型来看，便利店的发展是一个非常复杂的社会问题，在特定的社会背景下会发展出特定的模式，我们既不能简单套用发达国家的发展模式，也不能用一种模式来推进各地便利店的发展，更没有必要将便利店划分为"传统模式"与"现代模式"，凡是适应消费需求的模式就是好的模式。

三、我国便利店的发展类型

我国的便利店由于地域差异与发展背景不同，也呈现出多样化的发展态势。

（一）大型商业集团是我国便利店的主导营运商

我国便利店大部分是由商业集团（尤其是超市公司）创办的，也有部分便利公司是由粮油企业或食品制造商创办的，如上海的良友集团创办了"良友金伴"便利、光明乳业创办了"可的"便利中国石化在加油站内开设易捷便利店等。在国外，便利店已经撑起加油站利润的半壁江山，但中国的非油品业务经营正处于发展的初级阶段，可能需要一段时间才能全面进入"便利店"时代。亚洲国家到目前为止还没有以加油站为便利店主导模式的成功实例。在适当的时候与适当的区域，加油站便利店作为一种补充模式来发展是有必要的，但很难成为主导模式，便利店的营运商也将以商业集团为主。

（二）我国便利店发展类型不拘泥于国外定义

我国以提供便利服务为特征的"烟杂店"与我国消费者的传统购物习惯比较吻合，它们与新一代的便利店共同生存着，主要原因有三个：一是价格由店主自由控制，经营比较灵活，并且靠近邻里，对顾客有亲近感；二是个体店铺的税收负担比较轻；三是店主就是业主，店长的主动性比较强。但是，由于我国的超市与大卖场发展迅猛，日用消费品的价格又不断走低，消费者往往把便利店当作小超市，便利店要形成特定的顾客群还需有一定的发展过程。到了现代，在超市的竞争"白热化"以后，出现了便利店的"贴身竞争"，于是也就有了便利店的各种新形式，人们常常把"迷你超市"型便利店叫做"传统便利店",而将24小时营业的、比较明亮的小型食品商店叫做"现代便利店"。以前还有叫做"便民店"的,后来有专家称"只有便利店,没有便民店"。大概是受国外便利店定义的影响,认为"便利店就是为白领们服务的商店",因而进一步认为,便利店就应该是"某种式样"的。其实,这样的判断是武断的。中国这么大,人口这么多,有资格提出任何一种商业类型,并按照我们的方式来定义,完全没有必要拘泥于外国的某种形式。

(三)中国便利店的主导模式与类型

现在大家通常把7-Eleven作为便利店的样板和主导模式,"良友"便利改为"良友金伴"便利以后引进了很大的后台加工项目,有点类似美国的便利店,但是,这种模式的投资与营运成本都很高,销售不见同步提高。因此,这不是模式本身好与不好的问题,而是适应不适应消费需求的问题,因为最终的裁判还是顾客。如果全国的便利店全部按照7-Eleven的模式来发展,那肯定会出问题,因为全国大部分地区的消费者并不都需要7-Eleven。实际上,中国便利店市场的主导模式应该由中国的消费者来决定,能够满足最大多数日常居民消费需求的小型的食品零售商店,都可以叫做"便利店",没有必要把便利店界定得非常严格。以下类型的便利店值得关注。

1. 社区型便利店

在超市并不是十分发达的地区,或者小型超市类型缺位的城市,这种便利店很有生命力。如在大连,缺少中间的超市(500~1 000平方米),便利店以上就直接是2 000~3 000平方米的大超市或者更大的综合超市。这些地区的本土便利店系统也不是很强大,所以,外地便利店进入这些城市以后获得了较好的发展,甚至通过兼并获得了经营规模的快速扩张。这种便利店实际上是对小型超市缺位的补充。但是,这种便利店是否会有持久的生命力则要看能否适应竞争环境的变化与消费需求的变化。如果拘泥于便利店的格局,商品少、价格高,就很难持久地适应顾客需求。如果随需应变,不断调整,"迷你型便利超市"照样能够有强大的生命力。

2. 混合型便利店

2004年上海出现了"伍缘折扣店",是由农工商超市集团投资创办的。之前两年,在农工商大卖场内以店中店"伍缘馆"的形式已经发展了60多家。2004年9月份首次推出的"伍缘折扣店"是一种新的模式,不仅有均价5元的日用杂货,还有鲜肉、蔬果、大米、鸡蛋、豆制品、散装酱菜等商品,在店铺设计上采用了便利店的模式,用服务台收银加面售,人员非常精简。这种店铺开到便利店附近给便利店造成很大的打击,因为便利店有的商品它也有,便利店没有的商品它也有,投资成本与营运费用低于便利店,销售额却高于便利店。营业面积仅为250~300平方米,既不是超市,也不是便利店,生鲜很便宜,所以就叫做折扣店,它实际上是一种吸收了便利店、小超市、折扣店、均价店等优点的混合型商店,贴近居民生活、就近方便,所以,也可以叫做"混合型便利店"。其最大的特点是便利,虽然不是"Any Time"式的服务,但是,也基本能够满足消费者对距离的便利性、购物的便利性、服务的便利性与时间的便利性要求。

3. 邻里型便利店

位于里弄出口处、居民小区内、小型的沿街居住区中,几个平方米一个店、每隔几十米就有一个店,主要的设备是卖冷饮的冰箱,主要销售香烟、饮料、冷饮、调味品、日用纸品等,还附设公用电话。这种店已经延续了上百年甚至具有更悠久的历史,它的生命力不仅在于便利、经济,还包括友善与亲近社区居民,店老板甚至叫得出全部顾客的姓名。易购365就是这类小店。但是,这种小店是极不容易整合的,因为他们全部是私有的,运作成本非常低,税务成本也很低,按照正规做法肯定无法维持下去。所以,完全用连锁的办法来做,用几个"统一"去规范的话,就很有可能把这些小店"统死"。有一个办法可以做,就是让他们组合成为自愿结合的联合体,组成会员制自由连锁组织,分享集中进货的好处。

(四)便利店发展模式的多样化

我国便利店从一开始就呈现出多样化和差异化的发展态势,除参照7-Eleven模式发展起来的便利店外,社区型的小超市和邻里型的杂货店都是十分普遍的类型。近年来,国内外还出现了一些新的便利店发展形式。

1. 加油站便利店

(1)国外情况。国外加油站便利店属于"驾车消费型"便利店,从属于"零售贸易"中的"加油站系列",该类便利店在美洲发展得特别好。在欧美等国家加油站的非油品业务发展较为成熟,除加油、充气、加水等常规业务之外,便利店、餐饮、户外广告、洗车、修车,乃至银行提款机、通讯、彩票等多元的非油品业务均开展得较为普遍,部分地区非油品业务销售利润占到加油站利润总额的50%以上。BP在美国、英国、澳大利亚的零售总利润中,非油品业务所占的比例已分别达到36%、40%和48%。国外加油站便利店的发展有其特殊原因,除汽车普及外,某些特殊法规也促进了加油站便利店的发展。国外对司机连续驾车时间有严格规定,如在德国,车上装有行驶记录器,司机如果没有按规定休息就会受到重罚,所以,司机都很自觉地到加油站休息。德国的这种便利店往往只有一个服务人员,加油机与便利店的收银机是联网的,司机自助加油后到便利店付款,休息20分钟以后再上路,游客也与司机一起休息购物。所以德国加油站便利店的生意就很好。

(2)我国情况。近年来我国也在不断尝试"加油站+便利店"的发展模式,总体情况不是很好,广东比上海好。广东夜生活时间长,依托加油站24小时营业的特性,开在加油站的便利店生意就比较好。而在上海,商业网点多,购买习惯也不同,人们更愿意去卖场购物,于是加油站便利店就成了"城市商业的孤岛"。"联华快客"在中石化上海地区有38家门店,经营状况一般,未来不打算扩容。加油站便利店每天常温产品的销售有1 000元已经是很不错了,最重要的商品是香烟和饮料,香烟占了销售额的七成。我国加油站的经营方式与国外不同,国外都开在郊区,长途驾驶员成为其消费对象,但上海的加油站主要集中在市区,除了香烟和饮料外没有特别急切消费需求,虽然盒饭也有需求,但便利店的盒饭还不如其他渠道供应的盒饭更适应消费需求。

(3) 发展趋势。由于国际原油价格持续走高,以及陆续调高汽、柴油出厂价,导致中石油、中石化两大巨头下游加油站利润空间极度萎缩,中石化不得不将目光转向非油品业务,寻找第二个利润增长点。如果以后加油站便利店真正发展成一个新型的连锁网络,也是有良好发展前景的。2006年12月11日,原油和成品油的外资批发禁令将被取消,外资便利店有可能会趁机潜入加油站。中石化正在跟一家东方实创企业管理有限公司洽谈,计划在全国3万多家加油站里全线增设24小时便利店、广告、洗车、修车、餐饮、银行提款机、通讯、彩票等非油品业务。中石油BP成立不到1年,在广东一带收购和新建了近400家加油站,其中半数以上开设了便利店,到2010年这个数字将突破6 000家。有关专家认为,收入水平较低、生活消费习惯不同以及加油站体制不同,是我国加油站目前还无法大规模推广便利店业态的三大原因。

2. 生鲜型便利店

(1) 诞生。早在2001年4月,"SHOP 99"在东京创办了第一家100日元便利店。大部分商品的定价为税前99日元,税后实际售价为104日元。便利店+均价+生鲜,就是这种新型便利店的特色。商品方面引进了"水果、鲜肉和鲜鱼"三类生鲜食品。由于经营业绩优秀,对以7-Eleven为代表的传统业态造成了巨大冲击,业内外齐呼"便利店杀手来了"。

(2) 发展。2005年5月27日,日本的"罗森"在东京都的一个住宅区开设了第一家"100日元生鲜便利店",店名为"STORE 100"。至6月末发展了20家,到2006年2月,店铺扩张到了100家,到2008年2月,店铺扩张到了1 000家。

(3) 特点。根据《零售创新案例》一书提供的材料,生鲜便利店与传统便利店相比,主要有以下特点:店铺面积扩大到130～170平方米;日销售大于50万日元(折合人民币37 500元);一般商品税前价格为百日元,盒饭等部分商品为200日元、300日元、400日元;客单价为600～700日元;营业时间为17～24小时;目标顾客为主妇、中老年顾客、单身居住顾客;来客数1 200人次;毛利率为25%～30%;商品品种3 500种以上(水果和生肉分别为60个和5个品项);销售结构为午餐和杂货分别占20%,生鲜和其他加工食品占60%;自有品牌占销售额的60%;物流配送将三种非常温食品由每日3次改为每日1次混载式一篮子配送,常温则减少至每周2~3次配送,还采用供应商直送到铺的新模式;服务方面,有些店铺开始尝试停办公共项目交费、快递、票券销售等服务项目。从总体上来说,虽然客单价低于传统便利店,但来客数高出罗森传统便利店47%,所以单店日销售额提高了20%以上。

3. 时尚化便利店

2005年,日本的"罗森"开出了"自然罗森"(Natural Lawson),推出了高附加价值的商品。"全家"则推出"针对东京白领女性的时尚店"。7-Eleven已经不再是便利店的唯一模仿对象了。

可以与传统便利店竞争的另一种小型店铺就是"药妆店",如香港的屈臣氏个人护理店和台湾统一集团的康是美药妆店。统一有意在上海发展康是美药妆店,因为目前在上海这个市场基本上由屈臣氏独占。台湾统一企业旗下的康是美和香港牛奶公司下属的万宁都已经进入内地市场。2004年年底,统一超商与丽珠医药合作,共同组建统一康是美商业连锁(深圳)有限公司。也就从2004年开始,统一超商确定了在中国内地重点发展超市、量贩以及个人护理店等几块业务。康是美在上海发展可能有几种选择:便利店、药妆店或是便利+药妆。康是美在商品结构上有一定的优势,便利性商品走低价策略,药品与传统药房平价,化妆品走中高档路线。目前屈臣氏个人护理店已经在广州、上海、北京和深圳等核心城市拥有较高的影响力,现正在向二线城市拓展。屈臣氏个人护理店近来加速了在内地的拓展步伐,在2005年年初,屈臣氏在广州正佳广场开出第100家个人护理店后,开店明显提速,至年底全国已有近200家店,屈臣氏公布了其未来5年的"千店计划",即到2010年为止,屈臣氏在内地的门店数量将多达1 000家。2005年11月,屈臣氏在杭州开出的店铺面积达500多平方米,称为"第四代店铺"。与以前的店铺相比,第四代店铺更多考虑了女性的消费心理需求,力求营造一个更新颖、更令人兴奋的环境,让顾客在店里感受到一种更新、更舒服的购物体验,从而乐于在屈臣氏消费。新店运用了对人体产品更强刺激的色彩进行分区,并利用人体工程学的原理,针对亚洲女性相对娇小的体型,将货架的高度相应调低,同时将走廊加宽,加之灯光的配合,消费者获得更加舒适的购物体验。屈臣氏、万宁与康是美的共同特点是针对女性消费者,但在商品结构上,康是美一般是药品占40%,化妆品占35%,居家用品占25%;万宁店铺里以化妆品为主,占到60%~70%,保健品、药品占20%,其他如食品等仅占10%;而屈臣氏店铺里,主要是日用品、化妆品和保健品。三家店各具特色,并拥有基于不同需求的消费者。由于我国城市大小药店很多,竞争比较激烈,康是美进入以后可能会减少药品的比重。

四、便利店的发展特点

1. 以小见大

由 100 平方米左右的路边小店组成的便利店系统有可能成为零售业的第一业态。日本有专家曾判断和预测：便利店的基本规模是 300 家,在中国估计为 200 家。具体的门店数只是一个相对数,是相对于消费需求、竞争情况、管理水平而言的。但是,便利店的基本规模肯定比超市、大卖场、专业店、百货店要大。另外,它在发达国家已经不是作为超市的一种补充业态,而是现代社会消费大众密切相关的一种主导业态。

2. 大小结合

以大集团为发展背景与以小商户为经营实体相结合是发展便利店的基本模式。国际著名的便利店系统,无论是加盟主还是地区的主导加盟者,几乎都是以大集团为背景的。日本的伊藤洋华堂公司发展 7 - Eleven,大荣发展 Lawson,西武发展 Family Mart,台湾的统一企业发展统一超商下的 7 - Eleven。在上海,光明乳业发展"可的"便利、正广和发展"85818"、烟草集团发展"捷强"便利、粮食局发展"良友"便利、联华超市发展"快客"便利、农工商超市发展"好德"便利、有房地产背景的家得利超市发展"21 世纪"便利(2003 年被美亚音像收购)。这基本上是按公司成立的先后来排列的。但是,光靠大集团的支持还是不够的,店铺多而且小,只有总部的积极性,不仅投资庞大,管理难度也很大,经营会缺乏活力。便利店的发展需要大公司的统一运作与小商户的经营资源和经营活力相结合,即连锁经营与特许加盟相结合,大小结合才是便利店的基本组织模式。

3. 特许经营

便利店发展的基本出路是特许经营,但发展特许经营必须把握有利时机。特许加盟是一把"双刃剑",在经营体系还不成熟,没有独特的、有价值的、可传授的经营理念、利润模式和经营技术的情况下大规模发展特许经营,不仅对加盟者来说是不公平的,而且这把"双刃剑"很容易反过来杀死自己。国外特许经营在立法上几乎都以控制与规范加盟主的行为为主导,其原因就在于加盟主往往会因为利益的驱动而损害加盟者的利益。加盟主是一个提供服务的机构,利益的源泉在于服务,不能提供优良服务的系统自然就没有资格发展特许加盟。同时,连自己都不清楚能否盈利的系统,不能在正常的市场条件下保证加盟者盈利的系统,也是没有资格发展加盟店的。希望通过特许经营让加盟者分担自己创业风险的战略是很难获得市场支持的,其发展也就必然缺乏良好的基础。

4. 注重服务

服务是便利店的利润之源。从表面上看,便利店是一种零售业态,售卖的主要是商品。但实际上,便利店销售的是一种服务,是提供便利的服务和提供信息的服务。随着消费水平的提高和对时间价值的重视,消费者对服务的需求也会越来越强烈,同时便利店经营规模的扩大也为提供多种服务项目创造了有利条件,服务项目便会从收费、洗印等代理服务发展到提供信息、趣味、时尚、金融、广告等增值服务。于是,服务的附加价值也就能显著提高,便利店的利润模式便会在服务模式的发展过程中产生根本性的变化,便利服务与增值服务是未来便利店的利润之源。但在我国便利店发展初期,在某些城市或企业,开办便利店甚至被当作分流与安置闲杂人员,推销自产产品,方便居民日常生活的一种途径和方式。所以,它从一开始就误入歧途,走了一条弯路。

5. 循序渐进

在便利店的发展过程中,质量比速度更重要。急于求成是中国人的基本经营心态,超速发展则是中国连锁企业发展的一条基本经验。快速扩大经营规模对中国的连锁企业来说主要有五个作用:一是成为行业中的主导企业,能受到更多的关注和支持;二是实现经营者的自我价值,创造和延续经营者征服市场、战无不胜的经营神话;三是用规模来吸引和征服更多的供应商,并从中获得更大的附加利益;四是抵御其他竞争者,更有利于未来的发展;五是抢占稀缺的店铺资源,增大企业价值。但并不能因为有这些理由就可以无视经营质量。经营质量不好的公司,规模越大就越危险。所以,质量比速度更重要。如果说占有有利位置就可以抗御竞争的话,国际便利店系统好像已经没有多大的发展空间了,而事实上,便利店是一种以国际著名品牌为主导的行业,如果整体的营运质量不提高的话,不管你现在拥有多少优质的铺面,照样会被人家打败。展店当然很重要,问题是发展快了,展店也往往很粗糙,事后加上管理不精细,店铺的营运质量就难以提高,结果是:"征服者"有可能被新的征服者所征服。这就是"螳螂捕蝉,黄雀在后"的道理。中国台湾的 7 - Eleven 店铺开发初期速度较慢,以后逐步提速。第一个 100 家用了 6 年时间,第二个 100 家用了 2 年时间,从 200~1 000 家用了 7 年时间,平均每年开 100 家。从 1 000~2 000 家仅用了不到 4 年时间,平均每年开 250 家。从 2 000~2 500 家仅用了 1 年半的时间。而且单店销售额随店铺规模的扩大而上升,但在提速开店期间,单店销售额却有小幅回落,出现了速度与质量之间的矛盾。虽然时代不同了,情况有差异,但基本的原理还是一样的:欲速则不达。中国台湾的 7 - Eleven 在 1980 年创办时,已有多家便利公司存在,有的公司门店数已达几百家,但随着 7 - Eleven 的稳健发展,这些公司的下属门店逐渐成了 7 - Eleven 的加盟店。这是一个值得经营者深思的事实,也是一个高难度的问题,只有具备战略头脑和战略组织实施能力的经营者才能更有效地处理好速度与质量的关系。

6. 技术领先

便利店是一种高科技的产业,只有技术领先才能经营领先。便利店的永续发展除品牌、展店等先天条件外,主要取决于商品系统、信息系统与门市服务。而决定这些方面的经营技术又是多方面的,包括:店铺评估、商品配置与空间定位、商品更新与退调、物流配送、信息采集与挖掘、分层培训、沟通与督导、单据处理与财务核算、商品盘点、营销活动策划等。目前,在培育经营技术方面,国内企业也存在"急于求成"的问题。配送中心似乎是建得越大越有气派就越好,受到某些领导的肯定就能得到政府的支持,而实际上并不一定能够达到预期的效率。信息系统的开发也基本如此,似乎是越先进就越好,想一步到位,想少走弯路。其出发点是好的,但结果往往不好。因为信息系统是对成熟的业务体系与业务流程的固化,体系不顺、流程不畅、观念不变、方式不改,再好的系统也没有用武之地。便利店信息系统的发展在国外经历了一个渐进的过程,不可能一步到位,更不能急于求成,想通过购买一套软件来解决发展初期及持续发展时期的管理问题的想法是不现实的。以日本7-Eleven为例,便利店的信息系统已经发展了五代。20世纪70年代后半期设置门店订货终端,即EOS,这是第一代系统,其重点是门店业务的效率化。80年代前半期,引入POS和连接总部、门店、供应商的综合网络,这是第二代系统,重点是通过网络化实现信息的共享。80年代中叶引入图表信息分析系统,并可查询商品库存,这是第三代信息系统。90年代前半期,引进了GOT,这是一种图示化的订货系统,同时,总部也更新了信息分析系统,并开始使用ISDN通讯方式。这是第四代信息系统。第三代与第四代的基本特征是单品管理的深化。90年代后半期,门店、订货及信息分析系统等进一步更新,并且开始应用卫星及多媒体技术,从而实现了便利店单品管理的进一步细化。

实际上,未来便利店市场会发生显著的变化,这种变化受制于以下三个方面:第一,随着城市的发展与人均GDP的提高,一方面便利店的消费者市场会越来越成熟,但另一方面,商业成本也会大幅度提高,竞争的加剧又迫使便利店的经营投入必须增加,结果是只有那些高效率的便利公司才能生存与发展。第二,便利店是一个耗钱的行业,需要以大集团为背景并提供充足的发展资金和承受长期而巨额的亏损。目前国内超市公司的盈利水平非常低,门店经营总体上大部分公司是亏损的,在大力发展大卖场和快速开拓全国市场的情况下,超市的亏损面与亏损额也是有增无减,大型超市公司能否为便利店提供足够的发展资金并承受巨额亏损,是令人担忧的一个问题。第三,寄希望于加盟翻身和通过出售盈利的想法也是单相思。在未来,便利店的加盟市场肯定会十分繁荣,但是,加盟店成功的基础是总部的品牌、技术与服务,以及加盟者全身心的投入。如果不能基本保证加盟者的利益,加盟关系就不可能长期维持下去,这样的加盟体系最终是要崩溃的。另外,如果被收购者开的都是一些"烂店",是没有人会来收购的。中国发展便利店已经有十余年了,最大的成果是什么?培育了一个便利店市场,提高了消费者对便利店的认识度。如果我国现有的便利店系统不能做实做强做大的话,那么,我们前十年的投入与亏损所创造的成果将被他人坐享其成。

为此,我们应该意识到:第一,便利店将经历像超市那样的整合期,只有定位明确,战略得当,具备实力和核心技术的公司,才能获得生存与发展的空间。第二,便利店与超市是两个不同时代的产物,随着零售业态的不断细化,便利店应该做特定消费群的生意,而不能变成"迷你超市"。第三,便利店作为一种零售业,它的发展轨迹不是突变,学习与创新应该动态结合,是一个循序渐进的过程。我们更应该看到便利店是一种服务与信息产业,提供信息服务与便利服务是便利店的核心功能。

专栏 7-1

全家特许加盟体系

全家特许加盟体系分为委托加盟与合作开店两部分。

委托加盟:店铺由总部提供,店铺的租金、招牌、装潢、设备、商品等均由总部投资提供。加盟者条件:夫妻二人专职经营,年龄在 55 岁以下,刻苦勤劳且共同经营,身体健康检查合格,三周教育训练合格,一位连带保证人。资金准备:加盟金:30 万新台币—包括教育训练费、商标使用暨开店相关费用。● 发票税金:1.5万—5%的发票税金。● 保证金:60 万新台币。1. 公司所提供之店铺、商品、设备的债权保证。2. 营业期间给付利息。3. 契约结束退还保证金。契约期为 5 年。加盟者的利益:

加盟者利益: 毛利与其他收入	当月营业总利益 50 万元以内 40%,超过 50 万元以上的部分依不同级距比例分配
共同负担费用	水电费 50%,发票纸卷费 50%,不得扣抵之进项税 50%
最低毛利保证	100 万+年营业额 4%

合作开店:加盟者自有或自行承租店面;或由总部提供现有店铺。店铺面积需 25 坪左右,立地为三角窗为佳,具公共设施或集客力之地点。店铺为自有或承租者,经总部评估许可。店铺的招牌、部分设备、商品等,由总公司所投资提供。条件:契约主体一人,具管理能力,愿为自己的事业努力奋斗者,身体健康检查合格,三周教育训练合格,一位连带保证人,公司或行号之设立。资金:草约金:10 万新台币(未税)—教育训练费,加盟金:20 万新台币(未税)—商标使用暨开店相关费

用,保证金:60万新台币——营业期间给付利息,期满可退,店铺装潢费:约120万——现有店铺总部以现况让渡予加盟者。契约期7年。加盟者利益:

加盟者利益: 毛利与其他收入	当月营业总利益60%,外加营业强化补助:最高额度销货毛利5%
共同负担费用	水电费40%,发票纸卷费60%,不得扣抵之进项税60%
最低毛利保证	200万

第三节 我国便利店的发展特点与趋势

我国便利店没有经过充分的成长期就直接进入了竞争期。便利店在地区之间的发展也很不均衡,像上海这样的城市,便利店已进入了贴身竞争阶段,但在有些地方,则还刚刚开始。

一、我国便利店的发展阶段

我国便利店的发展经历了三个发展时期:

第一阶段:1995~2000年是导入期。早在20世纪90年代初,境外便利店品牌已经进入了中国便利店市场,但市场格局仍以内资为主导。

第二阶段:2001~2003年是成长期。新竞争者加入以后急速发展,打破了原有的市场格局,消费者对便利店的认知度普遍提高,在贴身竞争中出现了新的主导企业,如由农工商超市集团创办的"好德便利"(alldays)就是在这个时期从零开始,发展到了现在1 000多家直营连锁门店的经营规模。

第三阶段:2004年以后是整合期。本土便利公司在快速扩张中由于存在开业投资高、营运成本高、单店销售低、平均毛利低的"两高两低"状况,导致新老企业大面积、高额的连年亏损(甚至有人认为是全行业亏损)。持续亏损换来的是特定的便利店消费群体逐渐形成。就在这个时候,中国零售业开始了全面开放的进程,便利店国际品牌与本土品牌的竞争也从南到北拉开了序幕。目前中外品牌的规模差距还很悬殊,但本土企业如果核心竞争力不提高,很容易被人家整合而失去独立的市场地位。如果营运质量差,店多不仅不是优势,反而是劣势,这样的公司是"嫁不出去"的,即使嫁出去了也难以起死回生,业内已经出现了这种状况。便利店的真正竞争即将开始,这就是品牌与核心技术的竞争。

目前面临的主要问题是:① 便利店的功能没有充分发挥。便利店是以满足即刻需求为其基本特征的,但是我国目前的便利店普遍存在满足即刻需求不足的问题。由于满足即刻需求不足,所以舍本求末,便利店就变成了"迷你超市"。② 没有建立完善的即食品供应链,经营商品没有特色,缺乏差异化与价值感,毛利空间比较小,甚至出现了便利店也打"价格战"的奇怪现象。③ 人力资源严重不足,管理人才的培养跟不上门店的发展速度,员工缺乏良好的训练与教育,统一的服务水平与服务形象难以保证。④ 经营成本(尤其是租赁成本)居高不下,同业异业的竞争压力大,外资集团的进驻更加重了国内经营者的心理负担。在这种心理负担下,经营者犯决策错误的可能性也在增加。

专栏 7-2

上海便利店的形成过程

1. 第一梯队:1993年3月创办的来自香港的"百式便利",以及其后由本土创办的"百家便利",它们是上海便利店的"先驱",更是先烈(在1998年前后就已消失)。

2. 第二梯队:1995～2001年,主要有如下5家:"可的"(成立于1995年1月,2007年被农工商超市集团收购,与"好德"便利两块牌子一套班子运作至今)、"罗森"(1996年2月)、"联华快客"(1997年11月)、"良友"(1998年9月)、"85818"(1998年6月,2005年春节前改为"光明")。

3. 第三梯队:2001年上海出现了三个新竞争者:好德便利(2001年4月)、21世纪便利(2001年5月,2005年退市)、喜士多(2001年4月)。这三家便利店的发展各有特点,21世纪是在被美亚收购中折腾死的。2001年5月,上海城开集团、上海城开安置公司、上海家得利超市有限公司共同投资组建了21世纪便利公司,仅用2年多时间就在上海开了500多家便利店,2003年6月28日,21世纪便利的575家直营店被上海美亚投资有限公司以2亿元收购,改称"上海美亚21世纪便利有限公司"。从2004年4月开始,21世纪便利店出现了"大规模、长时间的门店货品短缺"现象,引起媒体的高度关注,到2005年上半年,陆续有21世纪便利店改换门面,最终被其他的便利公司瓜分。

4. 第四梯队:2004年4月,由顶新(开曼岛)控股有限公司、我国台湾全家便利商店股份有限公司、日本Family Mart株式会社和伊藤忠商事株式会社以及我国内地中信信托投资有限责任公司等五家公司共同投资的"上海福满家便利有限公司"在上海成立。其后,原来开设在上海的"全佳"全部更名为"全家"(Family Mart),并计划3年内在上海开300家,5年内在华东地区开1000家。

5. 第五梯队:按照上述发展经过,统一7-Eleven进入上海,应该算是第五梯队。从现有开设的店铺来看,统一7-Eleven在饮食文化方面很有特色,如盒饭与中式快餐竞争、西点与西式快餐竞争、下午茶与面包房(85℃)竞争。因此,其一旦形成规模,影响是广泛的。就目前而言,影响最大的并不是本土便利店,因为本土便利店门店众多,7-Eleven 在局部区域开店暂时还难以对本土便利公司构成实质性的威胁。门店数量较少的全家、罗森等便利公司所受的影响恐怕会更大一些。

二、我国便利店的发展特点

我国便利店的发展特点是跃进式发展、渐进式改进与多样化模式相结合。跃进式发展是指发展速度快,国内便利店基本上是从 2000 年起急速发展起来的。这样做的好处是迅速形成规模,并依靠竞争而培育了比较成熟的便利店市场。渐进式改进是指在发展中调整,在调整中发展,还没有完全想明白就开始干,边干边想,边想边干,而不是等想明白以后再实施。这样做的好处是既抓住了发展机遇,又能够较好地跟随消费者同步发展。多样化模式是指我国便利店不是按照一种既定的模式发展起来的,也没有趋同于一种发展模式,由于各地的经济发展水平、居民消费水平以及业态成熟度不同,便利店在发展中形成了不同模式。

(一)"跃进式"发展

从 2001~2003 年,是我国便利店的规模化"跳跃"时期,期间我国便利店实现了"超速发展"。这对经营便利店的母公司来说带来了双重影响:一是为经营规模扩张开辟了新的增长点;二是总部利润被便利店大量吞噬。面对"两难"问题,最高决策者所实施的战略决策主要有以下四种:一是坚定不移地把规模扩张作为首要任务,集中力量发展并承受着巨额亏损的压力;二是从高目标开始,遇到无法预料的巨大亏损,调低发展目标,降低发展速度,以减少亏损;三是通过资产整合,引进外来的"和尚",但仍然无法改变亏损的局面;四是当本地市场出现饱和状态时,把发展重心转向其他区域。从这些战略的实施效果来看,有以下几种结果:第一,母公司的实力与决心相结合,经过一定时间持之以恒的发展与改进,终于在规模化经营的前提下走出了"亏损地带",如农工商超市(集团)有限公司创办的"好德"便利就属于这一类型。"好德"便利创办于 2001 年 4 月 15 日,第一年开店 150 家,第二年发展到了 500 家,第三年达到了 1 000 家的经营规模。连续亏损 4 年,直到 2005 年才实现盈利。第二,母公司对便利店的发展信心不足,决策上动摇不定,最后失去发展机会,以变卖或倒闭为结局。最典型的就是上海"21 世纪"便利,开始的时候制定了"要么不做,要做就做第一"的目标。当发展到 500 家的时候,面对上亿元但还不见底的亏损,领导者思想上就产生了动摇,最后又错误地认为与"美亚"可以实现优势互补,美亚收购以后,在没有搞明白便利店运作的情况下,又错误地实施了一系列所谓"改进与改革",最终导致"21 世纪"便利在"消费者、房东与供应商"

三者联合夹攻下被迫退出市场。"21世纪"便利的退出,与其说是被市场淘汰的,更不如说是由一系列决策失误和处事不当导致的,连锁公司应该从中汲取教训。实际上大家都面临着危机,危机处理能力强的可以面临危机而继续生存,否则就被淘汰。

最近几年快速发展起来的便利公司基本上就是按照以下轨迹发展的:经过"跃进式"发展达到了规模扩张的第一目标以后,再用几年时间进行调整,然后再继续发展。

(二)"渐进式"改进

渐进式的改进也发生在快速发展时期,快速发展的过程也就是渐进改进的过程。上海便利店近年来为什么由量变实现了质变,与其在发展过程中的不断变化是分不开的。2005年应该说是一个转折年,主要是销售与服务收入有较大幅度增长,暂时进入了盈利期。这种转折是以前两年的调整和改进为基础的。

这些年来的改进主要表现为以下六个方面:

1. 改头换脸

有外国人问,中国的便利店为什么老是在换脸。确实,"快客"与"可的"都换脸了,而且动作比较大。正面的说法是在不断改进,反面的说法是,因为进入便利店的时候根本没有想明白便利店是怎么回事,所以要不断地改。其实,即使是后起之秀如"好德"便利也在改头换面,门面已经用上了亚克力面板灯箱,虽然投资成本提高了,但光亮度更好,也便于清洗,还可以在店铺调整时拆卸再次使用。

便利店的改头换脸主要发生过两次。第一次从2001年开始,主要是将便利店从超市中分离出来,起用了独立的商号,并在门面灯光与设施上有较大改进。上海的"好德"便利在这方面曾经是行业的代表,其宝蓝色门面、移动门以及差异化的店铺名称等都对推动行业的发展起到了积极的促进作用。第二次是行业间互动的改进。"联华"便利和"可的"便利都对原有的门面进行了再设计,推出了新的代表色与店铺标志,行业中开始普遍使用亚克力面板做门头灯箱。

实际上,改头换脸反映的是经营理念与经营思路的转变,门头的改进体现了便利店越来越向"经营业态专业化,销售服务时尚化,企业形象图案化"方向发展的新趋势。

2. 调整结构

最初的便利店大部分是迷你超市,其优势就在于"空间与时间的便利性"。近年来尤其是2005年,即刻需求与即食品越来越受到便利公司的重视,行业中普遍出现了"18度鲜食柜",盒饭、三明治、汉堡等即食品已经十分普遍,有些公司还率先瞄准了韩式菜系,推出了适合早餐、午餐和晚餐食用的韩式菜肴。如"可的"便利研制推出的中式、西式、韩式等自有商品,已经有将近200个,涵盖了点心类、便当盒饭类、糕点类、面包类等鲜食品类。"可的"把旗下16%～18%位于商务区、医院、大学城的门店改造成为全新的特色门店,并对产品结构进行调整,大约有30%的产品由"特色商品采购部"专门采购、配送。商务门店引进高档文教用品,并推出团购业务;大学城门店在品牌文化用品和时尚新产品上体现特色;医院门店则推出保质期要求更高的便当类产品。为了实施差异化经营,便利店也在大力发展自有品牌商品。资料显示,日本便利店的个性化商品占总销售额的比例是:7-Eleven为46%,罗森为35%,全家为29%。

值得关注的另一个普遍问题是:烟草证在某些地区(特别是上海)是由各区的烟草局严格控制的,一年发两次证,先申请排队登记,店多证少,即使排上了队也得不到证,即使拿到了证也不能保证香烟的足量供应。这是影响便利店销售的一个重要因素。此问题在国办发[2002]49号文件《关于促进连锁经营发展的若干意见》(国务院办公厅转发国务院体改办、国家经贸委)中早有明确规定:连锁经营企业经营烟草、药品、书籍、报刊、音像制品,代售邮票、信封、明信片、电话卡、代办公用电话等业务,可由总部向审批机关申请办理有关批准文件(或许可证)。总部取得批准文件(或许可证)后,门店不需再办理相应批准文件(或许可证),可由总部(或委托门店)持加盖总部印章的批准文件(或许可证)复印件,向门店所在地有关部门备案,并由门店向所在地工商行政管理机关办理相关登记即可。但是实际操作则是另外一码事。由此可见,发展我国连锁经营的最大障碍恐怕不是市场竞争的压力,而是来自政府与垄断行业的习惯势力以及传统的制度、体制、机制与既得利益。传统体制与现代流通之间的冲突与矛盾问题,有待专家学者们去研究。

3. 增加服务

服务性商品在便利店具有很大的发展空间,大公司的卡类销售和代收代付金额已经超过了商品零售销售额。公用事业缴费到便利店已经成为居民的习惯,但是便利店收取公用事业费的服务费率平均还不到0.3%,即收取1 000元金额的公用事业费,便利店服务收入还不到3元。这一比例在我国台湾约为0.6%,日本为1%。因为费率太低,又常常影响正常的商品销售业务,因此有些公司已经停止收费。另外,早9点以前晚5点以后一般不收公用事业费,早上收费影响早营业高峰期间的生意,晚间收费会积存大量现金,不安全。

便利店可以推广的服务项目还有很多,如代收广告、快递信件、冲洗照片、洗衣代收等代收代理服务;还有设备服务,如影印、电话传真、自动提款等;信息提供服务,如生活娱乐信息、家庭生活咨询等;其他服务,如为每日三餐不方便的顾客提供实时的加工和运送服务。便利店在商品配置上往往是根据商圈特征而分类型的,不一定所有门店提供完全相同的服务项目,一般是根据不同类别设定经营商品和服务结构。

此外,便利店还利用有限的空间推出了视频广告服务,增加了便利店的收入。但同样做广告,烟草公司在店铺服务台后壁柜上做的广告就很难收到钱,而且也不允许在店铺内出现进口烟草广告,这也是因为垄断。

4. 加强营销

营销包括日常营运与主题营销活动。门店营运也是一个渐进的过程,开始的时候并没有建立起真正意义上的以业绩为核心的营运体系。因为便利店刚刚起步,也没有资深的督导,只是借用超市管理的模式,对门店现场的服务、环境卫生、商品陈列等面上的工作进行检查与督促。后来,各家公司普遍建立了营运督导体系,开始从关心服务现场转向对商品的关注,形成了"以商品为中心"的管理模式。在这个时期,由于缺乏营运标准与信息系统的支撑,营运仍然没有充分发挥保证目标实现、提升经营业绩的重要作用。发展到第三阶段,营运才真正从前台走向后台,从关注商品发展到关注人,最终是关注经营业绩。在营销方面,由于超市与大卖场起步早于便利店,顾客又往往把便利店当作提供购物便利的"小超市",甚至超市与便利店也存在贴身竞争的问题。因此,便利店也常常会与超市发生价格摩擦。

从总体来说,目前便利店营销气氛和主题活动还不够活跃,商品陈列也不够丰满,非价格营销手段运用得不够。要提高业绩,必须强化"即食品"和"定牌商品"经营,把营销计划做到每一天,通过主题活动和非价格营销吸引顾客并提高客单价。

5. 转换机制

便利店最终的组织模式是特许加盟,而且是以区域特许的方式为主导,如统一集团就拥有 7-Eleven 在中国台湾地区与菲律宾的经营权。我国便利店的组织模式仍然以直营为主,没有达到以加盟为主的水平,加盟市场发展潜力很大。跨地区发展便利店仍然处于摸索阶段,"快客"是全国发展战略,"可的"则是局部发展战略,主要集中在华东地区比较发达的城市,"好德"则是集中在上海地区发展。市内发展以加盟为主,市外发展以直营为主,但市外新开门店的加盟比例在提高。目前的加盟形式主要是"委托加盟",店铺租赁权和设备大部分由总部拥有或投资。特许加盟在我国没有进入繁荣发展时期的原因是错综复杂的,如法律规范、行业成熟度、加盟者市场等。一般在发展初期是直营,再是内部加盟(实际上是一种有抵押金做保证的经营承包责任制),然后在本地开展特许加盟,再发展到跨地区的特许加盟。在便利店行业还没有出现纯粹意义上的地区加盟商,这与加盟者与被加盟者的成熟度有很大的关系。

国外便利店品牌把中国的便利店市场瓜分为一个个区域,如以北京为中心的华北地区,以上海为中心的华东地区,以深圳为中心的华南地区等,内资便利店发展壮大以后,也可以实施区域特许模式。在行业中值得关注的一种新模式是"好德"便利推行的"合伙合作承包经营制"。2003年10月份,"好德"便利推行以单体门店为单位的"合伙合作承包经营制"的试点。实施该办法以后,在不改变店铺产权关系的前提下,总部与门店的两个积极性得以充分调动,销售明显增长,费用明显下降,当年9月,"好德"便利首次实现了经营性赢利。2005年,"好德"便利进一步加大了"合伙合作"的推进力度,又有86家门店进入了"合伙合作"行列,全公司90%以上的门店实施了合伙合作承包经营。2005年,"好德"便利终于实现了全年盈利的目标。所谓"合伙合作承包经营制",即由便利店店长与一名以上员工一起"合伙"向公司交纳风险抵押金,建立承包经营的班子;门店与公司签订包括销售指标、费用指标,以及根据不同的毛利额确定的分成比例的"合作"经营合同。

6. 提升技术

在便利店的创牌时期,发展速度与经营规模是关键的,但达到了一定的规模以后,物流设施、信息系统等方面的技术支撑就显得越来越重要。我国便利店物流设施与信息技术的发展经历了两个阶段:

第一阶段首先是从自己拥有的超市物流中分化出相对独立的常温物流,它与超市物流不同的主要是增加拆零配送,并扩大配送中心的合流区。非常温商品则委托第三方物流或由供应商直送。在这个时期,物流作业以人工作业为主,订货等日常业务采取传真、邮件、网络等多种方式,零售、物流、供应商之间没有形成完整的信息链。为了保证门店销售,防止因缺货造成的销售损失,有些公司借助"自动补货系统",订货由总部集中负责。这样做虽然会减弱门店的随机应变能力,但却保证了基本的销售业绩,实际上在发展初期有利于在较短时间内达到统一与标准的要求。这个时期,由于便利店的主要功能仍然是商品销售,所以,信息系统以及对网络设施的要求也比较低。

第二阶段是在达到了几百家甚至上千家门店规模以后,便利公司开始考虑新建配送中心,试图将非常温物流整合起来,并开始使用一系列新的物流技术,如WMS仓库管理系统、RFID无线射频技术、电子标签等。这个时期的物流与前一个时期的变化从表面上看是技术性的,其实最大的变化是依靠信息技术的支撑,物流开始了整体规划与联合组配,使配送效率大大提高,直送商品大幅度减少,门店接单次数也就相应减少了。与此同时,商品订货规则与补货系统也发生新的变化,从总部自动订货逐渐发展到给门店一定的订货自主权,把商品分为:统管商品,由总部决定品种与要货数量;必配商品,总部决定品种,门店决定要货数量;选配商品,门店决定品种和要货数量。营运督导每天晚上都要从系统看门店的订货情况,对订单作相应的修改,这样督导就对门店销售也负起了责任。连锁店的管理也开始从"以商品为中心"向"以营运为中心"转变。

由于经营规模的扩大,各种服务提供商开始利用便利店平台发展自己的业务或实现资源共享,公用事业收费以及各种充值卡业务在便利店的开通,使消费者对便利店的依赖性也日益增强。在此背景下,便利店的信息系统也相应地进行了多方面的升级换代,可实现与服务提供商的各种接口,宽带网络的建立更为实现网络资源与信息资源的共享和开通信用卡业务提供了有利条件。2005年年初,上海的部分便利店还开通了国际信用卡业务。

在未来的发展中,有三个问题是值得关注的:一是要根据商品类别形成专业化物流体系,如常温、冷冻、鲜食、文化品等。二是要进一步整合供应链信息,特别是要整合鲜食商品供应商。三是建立更为动态与及时的信息分析与反馈体系,利用气候等各种信息资源实现更精细的经营。

通过上述六个方面的改进,我国便利店系统开始从规模化发展过渡到了规范化与标准化管理,经营业绩也有了显著提高。但是,我国便利店发展的总体趋势仍然是发展模式的"多样化"。

专栏7-3

上海便利店发展状况

便利店	门店数(家)	市内门店(家)	加盟门店(家)	市内占比(%)	加盟占比(%)
好德可的	2 322	1 471	51	63	2
罗森	321	321	243	100	76
快客	2 016	1 302	1 081	65	54
光明	359	359	165	100	46
良友	550	550	270	100	49
喜士多	191	191	115	100	60
全家	413	413	156	100	38

资料来源:上海连锁经营协会,数据截至2010年12月。

三、我国便利店的发展趋势

我国便利店的发展正处于三个转折点:第一,前几年急速发展起来的公司已经基本上走出了长期亏损的困难时期,准备着新一轮的发展;第二,新的业态与新的竞争者正在逐渐进入中国市场,而且法规与政策也更有利于外资进入,无论你现在的规模有多大,竞争者绝对不会放弃中国这个巨大的市场;第三,我国便利店的竞争将从规模竞争向品牌与技术竞争的方向发展。

(一) 大型便利店公司的发展方向与基本问题

首先想到的是大型便利公司的发展前途问题。这里所谓的大型也是相对的,不能用一个绝对值来衡量,主要应与本地规模最大的公司比较而言。

1. 大型便利店公司的发展方向

(1) 以品牌为主导,利用品牌与系统运作的经营技术优势,用特许加盟方式建立全国性的便利店连锁网络。

(2) 集中一个或几个临近的区域,实施区域发展战略。

(3) 放弃自己的品牌,独立加盟或与人合作加盟国际品牌。

(4) 相互合作成立新公司,创立新品牌。

(5) 彻底放弃品牌和经营权,退出便利店行业。

2. 大型便利店公司要解决的基本问题

(1) 市场化的运作机制。中国还没有以便利店为主导业态的上市公司,在未来,便利店应该作为一种现代产业组合上市。

(2) 专业化的管理体系。便利店从直营向加盟发展,对管理的要求会更高,没有一套成熟的管理体系与管理技术,是不可能有效地运作加盟系统的。

(3) 开放、学习、合作的经营心态。无论是从前台服务还是从后台系统保障,内资与外资的差距是客观存在的,最关键的是顾客的感觉存在差距。这种差距不可能在一夜之间就消失,要利用已经掌握的优势。无论是智力优势还是资源优势,都是优势,都应该利用好。以开放的心态、学习的精神、合作的态度去经营便利店,便利店的本土品牌将具有广阔的发展前景。

(二) 兼并联合是必然趋势

2007年,光明食品(集团)有限公司(原"上海农工商(集团)有限公司")属下的光明乳业(600597)发布公告称,光明乳业以2.268亿元人民币的价格转让其持有的"上海可的便利店有限公司"81%股权给农工商超市(集团)有限公司。这一转让一经完成,农工商超市集团就成为全国拥有连锁便利门店最多的连锁公司。门店总数超过2 300家。网点除上海外,相对集中分布在江、浙两省,如嘉善、嘉兴、湖州、杭州、萧山、绍兴、宁波、昆山、太仓、苏州、吴江、无锡、扬州、宜兴、张家港、常熟、江阴、常州等20余个大中城市,形成了直营、委托加盟与特许加盟三种发展模式。具有比较完备的常温与低温相结合的物流配送体系和成熟的信息管理系统。

"可的"便利成立于1996年,在便利店行业是稳健发展的典范。"可的"与海鼎公司在信息物流技术方面的互动合作,在行业中也是有口皆碑。

"好德"便利由农工商超市集团于2001年创办,第一家门店开办于2001年4月15日。"好德"便利在短短6年多时间的发展中曾经有一系列创新举动:① 启用与超市差异化的店名,引起了行业中两次"改头换面";② 使用自动门,改善了门店服务环境,近年来行业中已经比较普遍使用自动门;③ 在超市公司的大力支持下急速发展,3 年时间主要集中在上海开了 1 000 家店铺;④ 坚持开直营店,同时推行"合伙合作承包经营",既保证了统一经营,又能够发挥门店的积极性,推行承包经营以后不久就实现盈利,实践证明这是一种有益的创新;⑤ "好德"便利依附于农工商超市大卖场发展,也取得了较好的业绩;⑥ 在其他公司快速向外发展的时候,"好德"便利仍然致力于在上海地区集中发展的策略,集中中心城市快速发展为其在创办 4 年以后实现从巨额亏损到全面盈利的转折奠定了战略基础。

便利店的发展一般都有大集团的背景。如美国的便利店主要是加油站型便利店,它的营运商通常就是石油巨头,如在美国便利店 10 强中,除位居第一的 7 - Eleven 以外,第二位是英荷皇家壳牌石油公司,第三位是菲利普斯石油公司,第四位是英国石油 PLC 公司,第五位是埃克森-美孚石油公司。亚洲的便利店主要是"食品饮料商店",大型商业集团是主导营运商。

农工商超市集团目前已经发展成为商务部认定的,拥有 2 000 多家连锁店、3 万多名员工、年销售额超过 200 亿元的 20 强流通企业。"好德"便利与"可的"便利的携手,可以共享农工商超市集团的网络优势,应该具有良好的合作前景,有可能推动中国便利店进入一个新的发展时期,也许由此将诞生中国第一家便利店上市公司。

合并是否成功,关键是两点:一是双方都要保持开放的心态,是合作而不是兼并,即使算是兼并也应该在平等互利、相互尊重的前提下开展工作;二是要坚持科学的发展观,以顾客为裁判而作出明智的决策,不要有你我之分,想人为控制将适得其反,只有互动合作才能顺利完成整合。"可的"有许多值得同行学习的精神、经验、技术与模式,"可的"的品牌也很有市场价值。总之,整合的效率来源于开放与真诚。

(三)全面提升服务形象

最近 6 年发展起来的便利店已经进入了设备更新期,店铺出现了老化,人员工资处于最低生活保障线的边缘,服务人员普遍缺乏良好的服务精神,进入便利店甚至连最起码的"欢迎光临"也听不到,加盟或承包虽然调动了店长的积极性,但由于缺乏一整套有效的管理措施,或即使有标准也没有严格执行,服务环境普遍难以令顾客满意。便利店还远远没有达到"明亮、整洁、热情、活跃、丰富、美味"的经营水平,但其价格却已经定位于白领。就目前的便利店形象而言,如果不做根本的改进,不仅得不到白领的青睐,也很难吸引家庭消费群。另外,店铺也进入了新的租赁期,势必会不同程度地提高租金。设备更新也好,提高租金也好,都需要便利店具有更强的赚钱能力,否则就会被市场淘汰。这与你有多大规模关系并不密切,甚至规模越大反而越危险。所以,提升服务形象,吸引更多的顾客,让顾客买得更多,这才是根本的出路。

(四)便利店的服务发展趋势

2006年上半年,在上海连锁经营协会便利店专业委员会的例会上,上海八家便利公司共同呼吁提高代收公用事业费的费率,这在社会上引起很大反响,虽然最终没有获得全胜,但这一行动反映出目前上海便利店的业务中,代收公用事业费已经占很大的业务量。很多店铺一天的商品销售收入不到5000元,水、电、煤气、电话的收费就达上万元甚至几万元,过年等节假日的量更大,甚至已经发生店员卷款潜逃的情况。这种事件在我国台湾的7-Eleven也曾发生过。为此需要对现金解缴与管理作出更详细的规定,并适当增加技防手段。代收代付到便利店,这是趋势,以后还将从公用事业收费逐渐扩展到各种罚款的交付。

服务项目不仅仅是上述这些传统服务,更有一系列新的业务可以开发,快递业与便利店的合作应该是服务发展的良好开发项目。国内快递业上门取件的模式导致客户的交寄等候时间过长,私人客户从安全角度考虑更不愿意陌生人到自家取件。据报道,UPS已宣布在上海写字楼高密度的社区开设两个UPS快递便利店,附近客户除了可以随时将快件投递在该便利店之外,UPS的工作人员也可在半小时之内步行到社区内取件,节省了客户的等候时间。快递公司如果按此办法建立自己的服务渠道,成本非常巨大。为此,可以把便利店作为快递公司的附属渠道,中国台湾的便利店,大部分都和DHL、UPS合作开展收件业务。2006年情人节和中秋节期间,广州喜士多便利店已经尝试通过宅急送来为顾客快递一些玫瑰花和月饼,广州宅急送与喜士多便利店已经商谈合作事宜,双方酝酿在快递业务方面结成联盟。

信息技术服务是便利店服务发展的重要内容。据国外媒体报道,微软公司日本部门与日本7-Eleven宣布,双方将通过各家便利店的专用设备为Vista操作系统用户提供数码照片打印服务。数码照片打印服务与Windows Vista的影集软件捆绑,用户可通过软件选定自己希望打印的照片。照片将上传到富士施乐公司运营的服务器上。当照片上传完毕,服务器随机生成一个8位字符的字母数字代码。该代码是个密钥,用户凭此可从7-Eleven所有便利店的机器上打出数码照片。该代码还可与他人共享,以便多个亲友能得到同一张照片。富士施乐公司方面表示,照片搞错的几率非常低。用户在机器上输入代码后,照片从服务器上被下载。此时用户根据系统提示选定所打印照片并交纳费用,一张大尺寸照片30日元(0.25美元),打印照片从机器中弹出。打印完成后的照片从机器内存中被自动删除。这项新服务针对那些没有家庭打印机的用户,或那些希望在活动之后将同一照片分发给多个人的用户。

类似的服务项目还有很多,便利店的发展一定要关注社会变革、需求变革与技术变革,要跟上时代步伐。

（五）个性化发展

2005年,便利店通过新一轮的"变脸"和发展即食品,逐渐往个性化方向发展。个性化应该有两层含义:一是便利店要与其他业态有差异,走出"迷你超市"的阴影。但这也不是绝对的,有些地方的便利店就是迷你超市,而且也只有迷你超市才有利可图。这里所说的是业态高度细分化的城市,如果便利店仍然是"迷你超市",那终会有被淘汰的那一天。二是便利公司要树立自己的品牌特色,实施经营上的个性化与竞争中的差异化。吃是最能够体现差异化的,台湾五大便利店系统几乎都设有"试吃队",主要以试吃新开发的鲜食为主。本土便利店过去的鲜食产品基本上是由供应商提供的,现在有些公司已经开始实施自行开发计划。我们应该向人家学习精细经营的精神,像统一超商,为了让"锅贴里要有汤汁",员工试吃队成员除了吃遍全台湾锅贴,回到公司厨房里还要再试验、再练习。这样做出来的东西才会有特色,形成了特色后还要维持与改进,因为最难对付的是那张喜新厌旧的"中国人的口",而便利店的发展商机也就在其中。

（六）有计划的亏损是一种投资

在新世纪发展起来的我国大型便利公司大都有一个特点:规模的快速形成是以巨额亏损为代价的。当谈到亏损时,都搬出台湾7-Eleven亏损8年的事例来。其实,台湾的7-Eleven没有亏损很多,主要原因是没有急速发展,而是在100家规模盘整了8年。1978年4月统一企业集资1.9亿元创办了统一超商(President Chain Store Corp.),1979年5月,14家"统一超级商店"同步开幕。1980年2月,经过美国南方公司授权的第一家7-Eleven在中国台北诞生,到1986年4月第100家店开张,整整用了6年时间,才开始出现盈利。

这一事实告诉我们两个基本信息:① 统一超商的7-Eleven(包括前期运作"统一超级商店"的两年)连续亏了8年;② 统一超商在8年亏损期间,有的本土便利店已经发展了几百家门店规模。但是它没有把重点放在规模扩张上,只在100家门店的经营规模盘整,集中精力积累7-Eleven本土化经验和提升核心竞争力。

统一超商的7-Eleven先总结成功经验,慢慢地开,时刻琢磨,把道理想透了再快速扩张。其实,当时已经有本土强手,最大的便利店系统的门店数甚至有500家,但最后还是7-Eleven和Family Mart(全家)分别占第一与第二位。于是,就有人判断,我国的便利店发展得太快了,以为快速开店是造成巨额亏损的根本原因。其实,统一从经营7-Eleven的第一天开始就已经拥有了一个国际品牌,它的主要任务不是创立品牌,而是把这个品牌具体化为本土可以接受的便利店模式,所以,总结经验是最关键的。因为市场空间还很大,所以可以从容地发展。但中国大陆是一个特殊的市场,特殊的市场就需要采取非常手段,用常规做法往往无法达到预期的目标。

(七) 便利店最适合本土化发展

中国的消费者非常注重生活的便利性，大卖场虽然便利了顾客的综合性购物，但也给顾客造成了购物的不便利。中国应该大力发展具有民族特色的便利店，在比大卖场更广泛的区域内发展"生鲜型"、"时尚型"、"服务型"等多样化的便利店业态。百货公司、大卖场、家居等业态，外资势力越来越强大，市场占有面、市场占有率在持续地扩大与提高，如果便利店也拱手相让，那本土企业就"大小全无"了。本土企业以前拼命想做大，其实，大是内资的弱项，小才是内资的强项。以多胜少，以小胜大，发扬"愚公移山"和"蚂蚁啃骨头"的精神，用人性化的服务、优质的产品、便利的地理位置，吸引大多数消费者，这是本土连锁企业的一条不可放弃的发展道路。

(八) 便利店是靠品牌与技术取胜的业态

便利店的竞争其实还没有真正开始。虽然到处可见贴身竞争的便利店，但国际品牌还没有对内资便利店构成很大的竞争威胁，还是自家人之间在争斗。无论发展环境、品牌形象、技术手段等，都还与国际水平存在较大差距。就品牌来说，名称都差不多：光明乳业旗下的"可的"便利、农工商超市旗下的"好德"便利、苏果旗下的"好的"便利，这些名称有点像家族姓氏的传承，虽然他们毫无关联。便利店真正的竞争是：对特定品牌的"顾客信赖"；标准商业模式的"快速复制"、"持续服务"与"经营创新"；物流整合与信息技术的支撑能力；融合总部与门店各自优势的能力。从经营上来说，服务项目增加与营销创新是关键；从管理上来说，物流信息系统与营运管理是关键。从整体来说，发展特许加盟，调动总部与门店两个积极性是关键。当便利店的发展达到一定规模以后，一方面要依靠品牌吸引顾客，另一方面要依靠技术吸引加盟者。所以，便利店的成功最终将依靠品牌与技术，总部与加盟者两个积极性相结合才是一个完整的便利店系统，但总部是一个"提供服务"的机构，而不是"警察局"。

便利店发展潜力巨大，形象、服务、营销、物流、信息这五个方面是下一步的改进重点，而要完成这些改进必然需要有一个强大的总部，需要有规模的支撑。通过联合兼并，将会进一步扩大便利店的经营规模，提高综合效益，提升品牌形象，然后通过特许加盟或委托加盟，发挥总部与加盟者的两个积极性，实现我国便利店的新发展。

(九) 便利店的营销创新潜力很大。

这个问题与便利店的定位紧密相关。如果把便利店定位于满足居民家庭日常便利性消费的店铺，那最好是把便利店开在居民小区的出入口，以方便居民购物。这样的话，商品的配置就要与家庭生活相关，油盐酱醋、米蛋菜肉等就是便利店的必备商品，而且这些敏感商品必须按照"低廉原则"来销售。这样的定位必然把便利店引入价格竞争的误区。如果把便利店定位于满足个人即刻消费的店铺，那就应该把鲜食、面包、面、饮料等作为主力商品，这些商品的特点是日配和毛利率高、保鲜要求高，销售不好的话损耗很大，供应链合作要求也高。但是，现实并没有如此简单。定位于家庭消费的话，如果附近来了一家超市，便利店就没戏了；定位于个人消费的话，如果盒饭卖不掉又不能退货，最后是店长与员工天天吃卖不掉的盒饭。每家便利公司现在都是分几个不同类型的商圈，分别配置不同的商品，如商业街、娱乐区、商务区、居民区、医院、学校等。在一个城市有这么多变化，在不同城市就更不用说了。中国如此之大，地区差异是如此之明显，从而使麦当劳、肯德基等国际品牌也不得不跟随顾客的变化而变化。

迎合顾客总是正确的，只要有足够的量并且能够将成本控制在可以盈利的范围内。统一集团旗下的 7-Eleven 首先是作为中式快餐的竞争对手，把很多小餐档打垮了，以后又推出"汉堡"，成为洋快餐的竞争对手。我国大陆便利店的竞争与此存在很大差异，我国目前便利店鲜食商品的占比，很多公司 5% 还不到，甚至根本不卖鲜食。

便利店的营销，主要不是价格竞争，而是各种各样的趣味活动与主题活动。台湾的 7-Eleven 2007 年 1 月 17 日推出了深受女性上班族喜爱的 36 款 SNOOPY 卡套，包含 36 个台湾著名景点，目的是要让全台消费者体验阖家收集的欢乐。除了这套 SNOOPY 卡套外，还推出很多设计美观、实用新颖的赠品。统一超商整合行销部表示，搞笑、活泼的 SNOOPY 在台湾拥有许多粉丝，常接获消费者反映，希望全店行销活动能以 SNOOPY 为主角，因此经过半年的筹划，特地选在农历春节的旅游旺季，推出 SNOOPY 游台湾主题。为期 10 周的活动取得 10% 业绩成长的目标。这样的活动在中国内地也有所见，但无论策划力度还是影响力度都与上述营销活动有很大差距，这不仅是营销的差距，更是消费市场的差距。这方面的改进潜力非常大。

便利店是一种消除不便、提供便利的服务产业，所以，整合消费信息，细节化经营并获得消费者的认同才是成功的关键。经营便利店最重要的是要做好四件事：一是打造商店形象这块"金字招牌"；二是培育以核心技术为基础的连锁店复制机制；三是建立以信息技术为基础的商品采购配送网络；四是构筑以 POS 为基础的信息产业。

本 章 小 结

1. 便利店是满足顾客即刻需求的商店。便利店的"便"，主要体现在：时间上，营业时间长,全天 24 小时营业,常年不休息;空间上,开店地点灵活,填补消费空隙;商品上,销售的商品全是顾客日常必需品及新品;对象上,同特定服务对象保持良好关系。便利店以满足"即刻需求"为基本特征,具体表现为以下四个方面:客层年轻化、需求个性化、诉求快速化、服务多元化。

2. 便利店产生的基础是顾客对消费便利性的需求,其中,快速服务是最为主要的。推动便利店发展的主要因素有:人均 GDP 水平,生活方式与业态发展的相互影响,社会背景,消费习惯,气候条件等。一般规律认为,人均 GDP 达到 3 000 美元时,便利店开始起步发展;人均 GDP 达到 5 000 美元时进入成长期;人均 GDP 达到 10 000 美元时进入竞争期;人均 GDP 达到 20 000 美元时进入便利店发展的成熟期。

3. 美国的便利店行业协会(NACS)把便利店分为六大类:购物厅式便利店(Kiosk);迷你型便利店(Mini CVS);限择型便利店(Limited Selection CVS);传统型便利店(Traditional CVS);扩展型便利店(Expanded CVS);超大型便利店(Hyper CVS)。按照消费类型,可以将便利店划分为"步行消费型"(A 型)与"驾车消费型"(B 型)两种。

4. 便利店的竞争还没有真正开始,日后的竞争将会更激烈,品牌形象决定着发展前景,选址也十分重要,如果核心竞争力不强,没有高效率的物流配送体系和信息系统的支撑,品牌形象与便利性又不好,以后必然会被淘汰。品牌与形象最直观的来源是人员服务,所以,必须重视对服务人员的持续的教育与训练。便利店之间的差距从什么地方表现出来?产品有特色只是一个方面,更重要的是顾客的感觉,门面、环境、人员服务、便利性等。能做到鲜度、清洁、亲切这六个字,并且不走样,再加上不断有新东西(可以称为时尚),就是一家好的便利店。

问题思考

1. 如何认识我国便利店?便利店在国际上是怎样分类的?
2. 我国便利店发展环境有哪些特殊性?为什么便利店与超市是两个不同时代的产物?
3. 为什么说便利店不一定是靠规模取胜的业态?为什么说便利店的配送中心不是越大越好?
4. 为什么说便利店是最适合本土化发展的零售业态?
5. 便利店的服务有哪些发展趋势?为什么说便利店的根本出路在于"特许经营"?

7-Eleven 进入上海

我国现代便利店开始于 20 世纪 90 年代初,进入 21 世纪以来上海等特大城市的便利店迅猛发展,并且出现了多种模式。大型综合超市海外品牌已渐成主导力量;便利店则是本土品牌占绝对的地盘优势,如在上海,海外品牌门店数仅占 13%。2009 年 4 月 30 日,台湾统一集团旗下的 7-Eleven 如期在上海四店同开,统一 7-Eleven 进驻上海。

在 7-Eleven 进入上海之前,尽管人们一直在说上海便利店处于"贴身竞争"状态,但这个行业的真正的竞争实际上还没有开始。

上海作为国际化大都市,不能自家人占尽地盘,而应该吸纳全球最优秀的服务商参与市场竞争,只有这样才能让消费者真正感受到具有国际水平的服务。

讨论题:

你认为 7-Eleven 进入上海对本土便利店有哪些影响?影响结果如何?

第八章 折扣店连锁

> **学习目标**
> 1. 理解折扣店的业态特征。
> 2. 掌握折扣店的基本类型。
> 3. 了解折扣店的发展趋势。
> 4. 熟悉折扣店的有效管理。

【引导案例】

只放一只羊

有一本叫《只放一只羊》的书,写的是德国的阿尔迪折扣店。阿尔迪(Aldi)是一家以经营食品为主的连锁折扣店。它的前身是1948年阿尔布莱希特兄弟接管其母在德国埃森市郊矿区开办的食品零售店。1962年该店进行了改组,第一家以阿尔迪命名的食品店在多特蒙德诞生。阿尔迪取自Albrecht 和 Discount 的前两个字母,意为由阿尔布莱希特家族经营的廉价折扣商店。至今,阿尔迪仍属于阿尔布莱希特家族的泰欧和卡尔兄弟两人所有,分别经营阿尔迪在北德地区的北店和南德地区的南店。多年来北店又逐步扩展到丹麦、法国、荷兰、比利时和卢森堡,南店进入了英国、爱尔兰、奥地利、澳大利亚和美国。

这家公司以简单、高效、品类集中、单品销售规模大而著称。店铺曾经不装电话,老板的观点是:装电话多废话!Aldi 几百平方米的店铺就两个服务人员,一个收银一个上货,货架上全是整箱陈列的商品,便于出样,可减少人工成本。

是放一只羊还是放一群羊?阿尔迪选择了"少而精模式",沃尔玛选择了"大而全模式"。10年前,德国人还认为像 Aldi 之类的商店是穷人商店,而如今开着奔驰、宝马到 Aldi 购物已不足为怪。就在全球最大的零售商美国沃尔玛公司宣布退出韩国不到两个月内，又宣布退出德国。沃尔玛总裁在退出声明中不得不承认，低估了竞争对手的实力。

  Aldi 成功的秘诀，是它的商业逻辑非常简单，一切围绕"最低的价格"。Aldi 创始人卡尔坦承："我们唯一的经营原则就是最低价格。"为了便宜的价格，Aldi 简化了自己的一切，从选址、商品品种、商品采购逻辑、店铺经营、机构设置、人力资源各个方面进行简化，甚至达到了简陋的程度，给人的感觉就是"穷人店"。正是由于 Aldi 的简单，给了目标顾客以真正独特的价值，那就是"中档质量、最低价格"。店铺只销售大约 700 种商品，商品价格低廉，一般比其他超市便宜 10%～20%，有些甚至便宜 50%。德国一般商业企业的销售利润率为 0.5%～1.5%，但 Aldi 的销售利润率却在 3%～5% 之间，主要得益于"节流"意识。店铺以 600～800 平方米为主，选在中低收入者居住区或郊区小城镇，有停车场，装修简单。布点密集，德国平均每 2.5 万人口的地区即有一家阿尔迪分店。日常运营中想尽办法降低成本，公司总成本控制在 9.5% 左右。设备简陋，一般只设两三个银台，营业人员仅为 4～5 人，人员身兼数职。只使用最简单的收款机，只收现金，不接受任何电子付款手段或支票。每个地区公司设有五个部门：采购、销售、管理、物流、新店发展。地区公司对下属分店的管理采用值班监督检查和业绩检测相结合的考评制度。选人标准注重管理者的品格甚于文凭，要求人员具有俭朴、自律、坚守原则的性格特点。重视员工的职业培训，用人原则是能力加高薪。重视员工队伍的精干和年轻化。阿尔迪所有部门，包括分店店长等的负责人都不从外部聘请，只从本公司选拔。所以，与其他零售企业相比，在阿尔迪，年轻员工只要努力工作，不仅升迁机会多，而且薪水也要高出同业人员 10%～20%。

  Aldi 以节俭与低成本著称，采购价格也是对供应商一压再压。但就是这样一家公司，有一次他们发现供应商报错了价格，不是报高而是报低了，他们主动向供应商提出，并按照高于供应商报价的实际价格接受了货物。

思考题：

1. 阿尔迪折扣店的发展和经营带给我们怎样的启示？
2. 你如何评价折扣店？

第一节 折扣店的业态特征与基本类型

一、折扣店的业态特征

在《零售业态分类》国家标准中,对折扣店的描述是:

选址在居民区、交通要道等租金相对便宜的地区;商圈半径 2 千米左右,目标顾客主要为商圈内的居民;营业面积 300~500 平方米;用工精简,为顾客提供有限的服务。

20 世纪 50 年代以后,折扣店成为零售业的一种新业态在欧美国家得到了快速发展,但官方的统计定义一直不是很明确,常用的是 discount department stores、discount stores,还用 junior department stores、promotional department stores、non-traditional department stores 的英文表述。

折扣店的定义模糊,起因于业界实践的混杂。例如,沃尔玛是大型百货超市,却又被认为是最典型的折扣店之一。

定义的不确定并不意味着这是一个随意的业态,折扣店主要有以下特征:

(1) 以销售自有品牌为主。自有品牌与折扣店是孪生兄弟,零售商叫制造商用剩余的生产能力生产零售商品牌的产品。从供应链来看,折扣店已经不是零售店,它是一个"怪物",折扣店是没有工厂的制造商,零售商与供应商的合作关系因为定牌生产而变成了竞争关系。

(2) 限定品牌、品类与品项。折扣店的经营品种是有限的,按店铺大小不同经营品种在 500~1 500 个之间。这也包括品牌与品类的精选,一般只销售排名最前面的品牌,同一个品牌也只经销销售量最大的品类。品牌、品类与品项的精选,使商品种类减少,单品销量做大,这就为批量定牌生产或批量采购创造了条件。

(3) 价格低廉。因为自由品牌产品占比很高,折扣店就能够超越传统商店的利润空间,享受制造利润与商业利润,并节省营销成本,再加上经营管理上强调节俭操作,价格便宜就有了基础。而价格便宜也是吸引特定顾客群的重要原因。关于"廉价与折扣"有三点要特别注意:① 目前在中国出现的"折扣店(Discount Store)"一词源于欧洲,合理的翻译应是"平价超市"。但考虑到"折扣店"一词已为大家所接受,而且"折扣"一词也有低价、平价的含义,因此仍以"折扣店"命名。② 折扣店虽然名为折扣,但与商家最常用促销方法打折并无关系。有工商部门指出,在店招上写上"折扣"两字有误导顾客的倾向,并且认为,既然是折扣,就应该写明折扣是多少,原价与现价是多少。其实,折扣店本来就这个价,"折扣"不是

"打折",而是"平价"。③ 工厂直销店(Outlet Stores)并不是折扣店。工厂直销店由生产商所有并运营,因为削减了中间环节而获得真实的折扣。折扣店因为进货量大而获得较低的价格;工厂直销店因为省去了中间环节而以折扣的价格销售品牌产品。

二、折扣店的类型

折扣店时常被分为硬折扣店(Hard Discount Stores)和软折扣店(Soft Discount Stores)。

(一)硬折扣店

硬折扣店以店铺小、商圈小、就近便利为基本特征,经营商品以食品及自有品牌为主,兼顾经营周转快的商品,建立排他性的商品供应链,实行少品牌、少品种、大量化、快周转,并突出季节性商品销售的经营方式。一般经营面积为300~600平方米,经营品种为500~800个,所以也称"限定品种店",这是硬折扣店最显著的特征。硬折扣店内的商品陈列,采取"整箱陈列法",一般是将其原包装箱的上部剪掉打开,并含外包装整箱陈列在指定货架位子上销售,或有的商品就以原包装箱为基础,置放于托盘或地板上,形成堆放式陈列销售。但整箱纸箱是特别加工制作的,一是纸箱有色彩,与商品配色很好,二是纸箱在出厂的时候已经在出样面或上部做好"割线",陈列时无须再用刀割,只要轻轻一拉就能去掉割线部分的包装。采用整箱陈列方式的店铺,也被称为"纸箱店"。

(二)软折扣店

软折扣店除具备折扣店一般特征外,与硬折扣店相比主要以店铺面积与商圈范围较大为基本特征。它的选址也有别于硬折扣店,分为郊外有停车场型、城内繁华地段靠近鲜活商品超市型和社区型。商品结构较宽,以经营食品为主,也兼顾经营一部分鲜活商品,知名品牌多,一般有部分知名品牌商品可与集团其他大零售业态联合统一进货,经营品种在1 000~1 500个,并有相当部分的自有品牌商品。

第二节 折扣店的发展趋势

一、折扣店的发展背景

在全球范围,折扣店发展迅速。进入21世纪以来,在大型超市、超市、便利店、折扣店、药店、现购自运商场六个业态中,销售最大增长情况出现在折扣店业态上。

折扣店主要增长地区为拉丁美洲、中东欧及亚洲地区。从折扣店的产生与发展背景来分析,都与经济发展景气程度和消费习惯有直接关系。如20世纪70年代中后期,在世界性石油危机和经济发展不景气的情况下,出现节俭型的消费,折扣店在此时得到广大消费者的欢迎。同时,使折扣店业态的创新性也在世界范围内得到广泛认识。德国的阿迪折扣店在这一时期除在德国得到快速发展外,在澳大利亚、荷兰、比利时、美国、丹麦等也得到了发展。世界许多国家的零售商也都学着效仿这一业态的经营方式,并相继开店。1979年日本大荣公司引进折扣店经营理念,以东京均玉县南部为中心,开始发展折扣店经营。大荣的折扣店虽然也实现了低价位的销售,但由于经营品种有限,在有限的经营面积和商品结构中,不能经营鲜活商品,没能得到喜欢鲜活商品消费的广大日本消费者的欢迎。此后,伴随经济发展的逐渐景气,折扣店的发展又出现了世界性的停滞不前。然而,到1988年,德国阿尔迪折扣店业态进入法国发展,1990年又进入英国发展,从此,折扣店又迎来了发展的黄金时代。折扣店的新一轮发展与政府立法有关,因为大型店铺的开发受到严格控制,小型的折扣店就迅速得以发展。另外,在新鲜度、可选择性、高质量与服务方面超市还没有充分发挥潜力,超市所存在的缺陷也为折扣店提供了发展空间。实际上,折扣店的成长正在改变人们的购物习惯,越来越多的消费者青睐就近、便利、廉价的购物方式,如沃尔玛折扣店的发展不仅是一种零售现象,更代表了美国中产家庭的购物习惯。

二、我国折扣店的发展前景

2002年我国兴起了一股"折扣店热",家乐福旗下的迪亚(Dia)以合资方式进入北京与上海,许多大型连锁超市公司也提出了大力发展折扣店的计划。2003年7月17日,"迪亚天天"以上海为第一站,首次出现在中国零售市场,第一批4家门店齐开业。2003年10月30日,北京迪亚开业,基本上按照2周1家的速度开发。到2007年10月底,"迪亚天天"在上海的店铺有161家。而2004年9月由农工商超市集团创办的"伍缘折扣"则有店铺324家。在折扣店领域,内资的发展速度仍然比外资快。

我国折扣店的发展前景如何?有人认为:"整个中国就是一个折扣大市场,还开什么折扣店"!其实,折扣店与折扣是两个不同的概念,折扣店的实质不是折扣,而是要通过发挥自身的独特优势,如以自有品牌商品经营为主,对品牌商品而言,选择单一的供应商、单一的品牌、单一的规格,目的就是为了将某一类商品的销量集中在一个规格、一个品牌和一个供应商上,这样才能在与品牌商的谈判上用足够的销售量为筹码取得优势地位。这一点与中国消费者的基本需求特点不是很一致,中国消费者的需求更偏向于多样化选择,折扣店的选择性不是很好,单一品种,不一定适合中国人的口味。但中国的消费者也特别善于接受新事物,只要向消费者提供有价值的服务,尽管折扣店的品种比较单一,也照样能够吸引很多消费者,关键要有被顾客认可的独特之处。

我国发展折扣店主要有以下有利条件:① 连锁公司已经形成了规模化经营的格局,以超市公司为基础发展折扣店连锁应该是一个比较好的发展空间。上海的农工商超市集团从2004年开始发展伍缘折扣店,到2007年10月,连锁折扣店规模就扩大到324家,店铺数比2003年开办的迪亚天天多1倍。② 我国消费者在享受大卖场一站式购物的便利与廉价时,也感觉到了大卖场在交通、停车、结账、环境等方面的缺陷。很多消费者更愿意就近购买生鲜食品,他们在购物过程中对环境与服务的要求也越来越高。基于我国消费者十分关注便利、环境与服务的需求心理,临近居民住宅地的硬折扣店应该是我国折扣店的主要发展方向。③ 我国农村商业的组织化程度仍然很低,农民消费水平也相对较低,县级市以及小城镇将是我国折扣店发展的重要区域。④ 我国食品资源丰富,中小食品加工企业多,生产加工能力充足,劳动力成本较低,有开发自有品牌商品的市场空间,这也为创造折扣店独特的商品供应链提供了市场机会。

三、折扣店的发展趋势

折扣店的发展趋势从经济环境影响消费需求与市场竞争推动连锁企业创新发展这两个方面来看,折扣店仍然会在全球尤其是发展中国家得到较快的发展。

(1) 由于各种消费品价格持续上涨,将会使消费者的购物行为更趋于理性,表现出较强的价格敏感性。消费者在大型超市购物的比例将有可能因此而降低,而在居住地附近的折扣店购买食品与日用商品的比例将会提高。这是折扣店持续发展的消费动力。

(2) 消费者的购物选择将会使零售商"随需应变",各种类型的折扣店在未来几年将会有更快的发展。目前经营超市或便利店的连锁公司也会纷纷开拓新的连锁业态,或者将居民区附近的小型标准超市或生鲜超市改造成为折扣店。这将加快折扣店的发展步伐。

专栏 8-1

四种业态2008～2013年销售增长预测

2008年经济危机来临之际,Planet Retail Ltd预测了2008～2013年期间,大卖场、标超和便利店、现购自运、折扣店四种业态的发展趋势,折扣店发展速度最快。如图8-1所示。

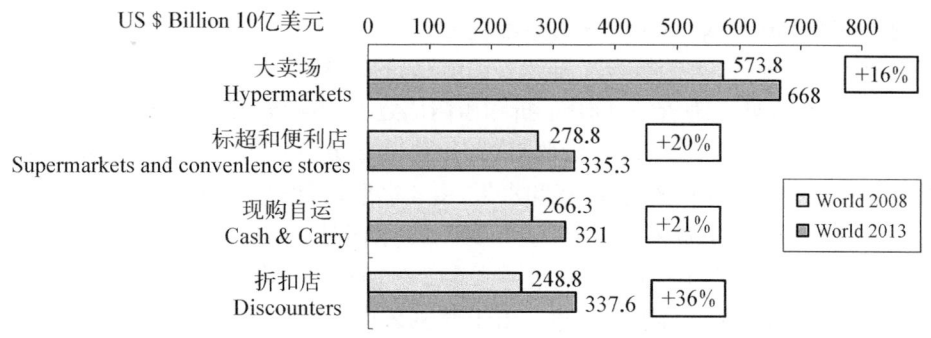

图 8-1 四种业态 2008～2013 年销售增长预测

第三节 折扣店的经营之道

一、迪亚折扣店

"迪亚"折扣店,法国境内称 ED,法国以外称 Dia。Dia 在西班牙文中的意思是"天",所以在中国的 Dia 连锁店取名"迪亚天天"。"迪亚天天"起步的时候,店内的单品约为 1 200 种,而自有品牌只有 400 多种。自有品牌的占比计划要达到商品总量的 50％以上,目标是 60％～70％,自有品牌的商品计划比市场上的同类商品便宜 5％～20％。

(1) "迪亚天天"于 2003 年 7 月 17 日,以上海为第一站,首次出现在中国零售市场。第一批 4 家门店。在发展过程中,无论南方还是北方都遇到一些问题,其实质是本土化的问题。北京"迪亚天天"开业的时候甚至连面粉也不卖。想进入人群多一点的市场,但租金高,难以承受。

(2) 500 平方米店面最佳:迪亚折扣店的面积大多在 250～1 200 平方米(认为 500 平方米为最佳),经营品种在 1 000 种左右。

(3) 门店平均毛利率 18％:Dia 的商品分为 10 大类:饮料、罐头、牛奶、糕点、果酱、化妆清洁用品、百货纺织、水果、冷藏食品、鸡肉。百货纺织品只有大的门店有,陈列面积较小,但毛利率在 30％～40％;销量最大的是饼干,毛利率为 15％左右。2001 年,迪亚在西班牙的门店平均毛利率为 18％～19％。

(4) 选小生产商做定牌产品:Dia 一般只选择较小的生产商为它做定牌产品。自有品牌商品占 40％的店面和 60％的销售额。

(5) 1 万元/天销售对应 1 名员工:Dia 在西班牙有 5 个地区管理分部,多数分部的人员有 140 余人,每个仓库人员配置为 200~250 人。一般门店的员工人数根据它的销售额安排,大约折合 1 万元人民币/天的销售对应 1 名员工。

(6) 1 个区域经理管 70 间店:折扣店门店之上为区域经理,1 个区域经理负责 70 家门店的管理,区域经理下设监督员,每位监督员负责 10 家店,门店里只有收银员。在法国 ED 店有 80 种蔬菜和水果,由 4 名职员负责采购;在 Dia 有 1 400 个商品,由 60 名员工负责采购,相当于每 20~25 个商品对应 1 名采购员。

(7) 先开小店再扩建:Dia 选址是考察 5 分钟车程内覆盖区域的人口,如合适就先开一家小店,而后再逐步扩建。由于西班牙租房毁约无需交违约金,Dia 门店装修成本较低,门店的办公面积很小,有的只有 6 平方米。所以即使选址不当,退出的损失也较小。

(8) 平均配送距离 90 千米:马德里配送中心面积为 30 000 平方米,有 86 个发货通道,每个通道一般只向一家门店发送货物,仓库平均库存周转期为 7 天,最大配送距离为 300 千米,平均送货距离为 90 千米。所有商品库存由仓库和供应商双方共同负责管理,每一种商品的信息每天至少向供货商发送 1 次。仓库内设 1 个信息平台,连接着仓库内的 30 根天线,这 30 根天线又连接着车辆和员工身上的移动通讯装置。门店要货时,仓库电脑系统通过天线告诉每一位装卸工他应该用叉车取走的货物位置、数量和种类。

(9) 高效程序减七成验货量:发货检验的第二道程序是将叉车称重,再将同一载有某一门店所要商品的叉车称重,然后由电脑系统根据数据库中每一商品的重量乘以门店要货数量所求出的重量与电子秤称出的重量核对,Dia 认为该程序可减少 70% 的验货量。

(10) 高流通商品占 8%~9%:在门店中,高流通的商品占全部商品种类的 8%~9%,它的配送除了面包以外均由配送中心负责。Dia 仓库的配送费率是 4%,其中 2% 为运输费用。

二、伍缘折扣店

"伍缘"折扣店是农工商超市集团独资创办的"上海伍缘现代杂货有限公司"下属的直营连锁店。公司成立于 2002 年,2004 年下半年独立开办"伍缘折扣店",2006 年年底达到 300 家的经营规模。

大卖场虽然品种多价格便宜,但存在诸多购物不便。便利店虽然就近便利,但每日生活必需品比较少,价格也比较贵。居民身边的传统菜市场也存在品项不全、食品不安全以及购物环境差等方面问题。总之,满足居民日常生活的零售业态仍然存在市场空隙,尤其是居住新区更是存在购物不便的状况。针对这种市场情况,农工商超市集团在农工商超市与"好德"便利的发展进入良性循环以后,又开发了

"伍缘"折扣这一新业态,以新的方式来满足居民每日生活所需。"伍缘"折扣店是对大卖场、生鲜超市、便利店、杂货店、均价店与折扣店的优化组合。

公司创办初期,在农工商超市大卖场中以"店中店"的形式设立"伍缘馆",经营商品全部是日用杂货,并以"伍圆均价"销售。2004年9月底,首次以折扣店的形式在上海独立开店,并对原有模式进行了一系列创新改进,突出表现为两个方面:一是提升了经营定位;二是改进了店铺设计。具体包括以下十个方面:

(1) 把"伍缘"折扣定位于"居民身边的大卖场",既便宜又方便。

(2) 变"伍缘馆"为"伍缘折扣",改变了单纯经营非食品与伍圆均价的经营模式。

(3) 与农工商超市农副产品的经营优势相结合,引进了居民每日必需的生鲜食品,同时将店铺分为生鲜折扣区与伍元均价区。

(4) 为顾客优选商品,集中有限品项,实施以低成本为基础的低价销售。

(5) 整箱陈列,简洁明快,简单方便,节省成本。

(6) 借鉴便利店的设计,将服务台与收银台合二为一,既提高效率也通过面售增强了服务的人性化。

(7) 要求设备供应商设计开发了冷冻与冷藏合一的陈列设备。

(8) "伍缘"折扣店突破了国内连锁超市固有的沉稳的店面形象,而以视觉冲击力强的红黄两色作为底色,采用白色字体,跳跃的色彩与亮丽的店面,在视觉上与传统店铺有很大的差异。

(9) 采取直营连锁方式,集中特定区域,快速发展。

(10) 公司成立了创新改进小组,专门负责各个方面的创新与改进,以实施有组织的、持续的创新与改进。

随着居民生活水平的进一步提高,就近便利、新鲜低价、环境舒适、购物简单的店铺将越来越受到广大消费者的青睐。农工商超市集团开发的"伍缘"折扣店利用背依大集团的优势,将农工商超市的农副产品延伸到了新业态,具备了四个基本特征:① 贴近社区,就近便利;② 商品优选,生鲜低价;③ 自有品牌,定牌经营;④ 环境舒适,购物简单。

"伍缘"折扣店是一种新的商业模式,不仅有均价五元的日用杂货,还有鲜肉、蔬果、大米、鸡蛋、豆制品、散装酱菜等商品,在店铺设计上采用了便利店的模式,用服务台收银加面售,人员非常精简。营业面积仅为300平方米左右,既不是超市,也不是便利店,生鲜食品新鲜低价。它实际上是一种吸收了便利店、小超市、折扣店、均价店等优点的混合型商店,贴近居民生活、就近方便。其最大的特点是便利与廉价,虽然不是"Any Time"式的服务,但以独特方式简便地满足了消费者对距离的便利性、购物的便利性、服务的便利性与时间的便利性要求。

本 章 小 结

1. 折扣店是指选址在居民区、交通要道等租金相对便宜的地区;商圈半径 2 千米左右,目标顾客主要为商圈内的居民;营业面积 300～500 平方米,店铺装修简单,提供有限服务,商品价格低廉的一种小型超市业态。拥有不到 2 000 个品种,经营一定数量的自有品牌商品。

2. 折扣店不是打折,但是,折扣店必须提供比其他商店更廉价而且质量有保证的商品。在石油价格持续走高的经济背景下,消费将更趋向理性。折扣店的成功发展取决于能否向顾客提供独特的价值,而要做到这一点,一是要明确定位,二是要开发自有品牌,三是要节省成本,四是要确保质量,五是要处理好追求单品规模与满足顾客多样化需求之间的矛盾。

3. 折扣店时常被分为硬折扣店(Hard Discount Stores)和软折扣店(Soft Discount Stores)。折扣店的发展趋势从经济环境影响消费需求与市场竞争推动连锁企业创新发展这两个方面来看,折扣店仍然将会在全球尤其是发展中国家得到较快的发展。

1. 什么是折扣店?它与品牌直销店的主要区别是什么?
2. 软折扣店与硬折扣店主要有什么区别?
3. 折扣店呈现出什么样的发展趋势?
4. 我国折扣店的发展前景如何?Aldi 适合中国吗?为什么?

对某折扣店作实地调研

目的:通过对某折扣店的实地调研,强化对折扣店的经营定位、业态特征和经营方式的深入学习和领会,培养自主学习能力、社会实践能力和团队合作能力。

内容:学生自主选取一家折扣店,开展实地调查和观察,采访店员、管理者和顾客,分析和总结该折扣店在经营定位、业态特征、经营方式以及管理方面的特点。

要求:3～5 位学生自主组成学习小组,选择一家折扣店,组内分工,进行课外企业实地调查、采访和讨论,最终形成课业报告,交老师批阅,并制作 PPT 演示文稿,开展班级交流。

第九章 专业店连锁

1. 掌握专业店的业态特征。
2. 熟悉专业店的基本分类。
3. 了解专业店的发展过程和未来趋势。
4. 认识服饰、家电、汽车和家居装潢等专业店的发展特点。

专业店起源于手工工匠,就凭这一点,它应该是富有特色的商店。从前上海的南京东路之所以有吸引力,那是因为在数量有限的大型商店周围聚集了一大批专业特色商店,现代购物中心的吸引力也在于丰富多彩的专业商店。可以这样说,专业商店是零售创新的摇篮,也是现代生活方式的创造者;专业店的生命力在于创新,在于让顾客获得新的生活感受。

【引导案例】

UNIQLO

"UNIQLO"源自英文单词"UNIQUE"(独一无二)和"CLOTHING"(服装)。UNIQLO是以"让所有人都能穿上最好休闲服"为目的的一家日本新兴企业。

UNIQLO不追求一时的流行,而力求满足来自国民的基本需求,定位在大众品牌上,生产无论何时、何地、何人都可以穿的休闲服装款式和规格。该公司认为这种与生活紧密相连的休闲装永远不会过时,向着这一目标,公司就能永不停歇。

(1) UNIQLO的休闲服:超越一切年龄、性别、国籍和种族,男女老少均能穿着;简约休闲和多功能;所有人都能以他们负担得起的价格,购买和穿着这些服装。

(2) 公司信守的原则：① 每个季节都要改善所有管理技术，以求保持最高水平的商店和商品。② 为实现商品低价销售，实行低成本经营。但不以牺牲质量、设计、服务为代价。把经营资本集中投入到顾客需要的地方。③ 对顾客的3项承诺：让顾客愉快购物，保持商店内清洁；防止广告商品缺货，万一缺货时，尽快帮助顾客订货或选购代替商品；不问原因，购买后3个月内随时可以退换商品。

(3) 经营策略：UNIQLO的服装款式简单，以少品种、多色彩、大批量方式实现"高质量，低价格"。如有一种售价为1 900日元的夹克，其颜色达到50种以上，在日本曾经创下了销售2 000多万件的记录。UNIQLO的服装所用原料大多在中国采购，进口到日本后再出口到中国进行生产，使用这种采购形式在日本海关可以退税，因此生产成本比在中国直接采购和生产要低。

思考题：
1. UNIQLO专业店体现了怎样的经营特点？
2. 专业店的未来发展前景如何？

第一节 专业店的业态特征与基本分类

一、专业店的业态特征

专业店(Speciality Store 或 Specialized Store)是指专门经营某一类或某几类，甚至某一种商品的零售业态。从一种类型的专业店来看，其商品经营范围的伸缩性很大，可以仅经营一类商品，例如鞋类、领带类、面包类、器皿类等，也可以扩展到若干种类相互关联的商品，如家电专业店，商品品种就非常多。

美国营销学专家玛丽·K·克劳伦斯认为，专门经营一类商品或几种互有关联商品的商店，称为专业店。

美国营销学权威菲利普·科特勒认为，专业店经营的产品较为狭窄，但产品的花色、品种较为齐全。例如，服饰店、体育用品商店、家具店、鲜花商店和书店均属专业商店。他认为，根据产品线的狭窄程度可以将专业店进一步分类。服装店是单一产品线商店，男士服装店是一种有限产品线商店，男士定制西服店则是一种超级专业品店。

日本专家认为,专业店是指那些经营销售特定商品,并不符合大众化需求的商店。其特征是:非常讲究店面装饰,给人以精品的感觉。例如,出售具有传统特色的商品,店堂布置突出古典美;出售流行、新潮品,店堂装饰突出现代感。同时,专业商店提供比其他商店更多的服务,诸如消费咨询和建议等。

专业店一般具有以下三个特点:

(1) 强调特色与选择性。强调商品的与众不同,重时尚与品质,汇集各种不同规格、品种及品牌的商品,选择余地大。

(2) 紧跟时尚与流行性。对市场的新趋势反应灵敏,关注消费者的需求变化动态。

(3) 专业服务与专业性。店员要具备丰富的商品专业知识,为顾客提供专业的服务。

二、专业店的基本分类

专业店的分类依据主要是商品类别。不同国家对专业店的分类有一定的差异,有些国家分得细,有的国家分得粗。美国把专业店分为:汽车及零部件经销店、家具与家居装潢店、电子电器店、建材经销店、食品饮料店、保健用品及药品店、加油站、服装服饰店和运动、休闲、图书、音乐用品店等九类。日本对专业店的分类在美国分类的基础上增加了燃料店、农具店以及其他非食品类专业店。欧洲国家一般把专业店简单地分为三大类:食品饮料烟酒专业店、医药品、化妆品专业店和其他非食品专业店。

2007年8月,商务部颁布了《家电专业店经营规范》(2007年12月1日起实施),该规范根据营业面积和经营品种的数量,将家电专业店划分为大型店、中型店和小型店。2010年新的零售业态标准(讨论稿)将专业店分为专业市场和专业超市。其中专业市场(Speciality Market)是以经营某一类别商品为主,采用摊位制管理方式的零售业态。专业店(Speciality Store)是以专门经营某一大类商品为主的零售业态。包括办公用品专业店(Office Supply)、玩具专业店(Toy Stores)、家电专业店(Home Appliance)、药品专业店(Drug Store)、服饰店(Apparel Shop)、家居建材商店(Home Center)等。

随着商品品种的增加,或经营模式的进化,新的专业店将不断分化出来。如在食品行业,近年来就分化出一种叫"水果大卖场"的专业店。10年前就有人想通过水果批发市场来整合遍布城市各个角落的水果摊点,但没有成功,而如今以"大卖场"的形式出现却迎合了消费需求,也改变了买水果要讨价还价的传统习惯。品种丰富、就近方便、廉价便宜,这是消费者选择"水果大卖场"的主要原因。

第二节 专业店的发展过程及趋势

早期的店铺都具有专业商店的特征,是从事专业商品经营的商人造就了专业店,专业店可以说是封建社会的主导零售形式。

一、专业店的发展三阶段

(一) 第一阶段:独立发展

最早开设店铺的是手工工匠,后来随着生产力的发展和交换规模的日益扩大,专门从事店铺经营而不从事商品生产的商人出现,随之独立化的专业商店便产生了。据专家考证,在11世纪,西方许多国家伴随着城市的诞生和复兴,产生了店铺。而在中国则更早,唐朝(618~907年)中期随着"市坊合一"而出现了夜市,这时候在城内的居住地(坊)就有了很多店铺,这些店铺就是"专业店",往往是前店后工场,作坊与店铺连在一起。

(二) 第二阶段:分化发展

18世纪时,西方零售业的主要形式是杂货商店,常采取物物交换和赊销的形式,提供日常所需用的商品,遍布乡间。城市的发展,使城市居民产生了对特定产品的选择性需求,各类专业商店应运而生。到19世纪上半期,西方国家的专业商店迅速发展,但以小店铺为主。工业化与生活方式改变是专业店产生的社会经济原因。首先是休闲阶层的产生,以及追求享乐和漂亮的女士们的需求,掀起了一股追求时尚的消费潮流,这股潮流使专业店发生了分化。一部分成为满足人们日常生活需要的专业店,例如:肉店、面包店、鞋店、帽店和食品杂货店;另一部分成为满足人们新潮消费的精品店,例如:时装店、珠宝店、首饰店、香水店、化妆品店等。这种专业店常常汇集各种名牌产品,质量优良,价格也较昂贵。这两类专业商店发展的结果,形成了西方城市中的两种商业区,前者为穷人区,后者为富人区。

(三) 第三阶段:高档化发展

第二次世界大战后,专业店向高档化方向发展对大型百货商店也造成了冲击。20世纪70年代以后,大型百货商店为了与各类自选市场竞争,放弃了过去价廉货全的特色,开始突出专业化,并提高商品档次,重点经营女用饰品和装饰用品,每个商品都可以成为一个独立的专业商店。这样使大型百货商店走出了困境,但却使专业商店步履维艰,特别是一些世界级名牌时装专业店,品牌单一、顾客有限,只好靠开拓其他高利产品维持经营。因此,专业店并不一定是高档与豪华,其根本特征在于专,高档常常是专而精的陪衬。

有两个数据能够说明现代专业店的市场地位：进入 21 世纪以后，入围全球 TOP200 专业店零售商的年销售额已经超过 20 亿美元；从全球主要国家的平均水平看，专业店的销售额占一国零售业销售总额的比例接近 50%。专业店是一种会裂变的行业，而这种裂变取决于产品的专业化与消费的精致化。产品越多，专业店也越有条件发展，如现在有了健身器材，就出现了健身器具专业店，而运动与健身的流行不仅推动了健身器材专业店的发展，更产生了一系列与运动相关的专业店的发展，如运动休闲装专业店。

专业店的发展，北美第一，欧洲第二，亚太第三。

专栏 9-1

世界各地主要专业店

公司名称	成立时间	国别	业态
AutoNation	1980	美国	汽车
AUTOBACS	1948	日本	汽车
Walgreens	1901	美国	药品
Boots	1849	英国	药品与化妆品
Matsumoto Kiyoshi	1954	日本	药品
Home Depot	1978	美国	建材家居
B&Q(Kingfisher)	1969	英国	建材家居
IKEA	1943	瑞典	家居
Best Buy	1966	美国	电子电器
Dixons	1937	英国	电子电器
Yamada Denki	1983	日本	电子电器
Toys "R" Us	1948	美国	玩具
Staples	1986	美国	办公用品
Barnes&Nobles	1917	美国	图书音像
Bertelsmann	1835	德国	图书出版商
GAP	1969	美国	服装
Hennes&Mauritz(H&M)	1947	瑞典	服装
Uniqlo	1949	日本	服装
Michaels	1984	美国	工艺品
PetSmart	1987	美国	宠物用品
OTTO	1949	德国	邮购

二、专业店的发展趋势

专业店的增长速度由于受经济萧条的影响而有所下降。总的发展趋势是：

(1) 大型化。传统的专业店与超市的运作模式相结合，店铺规模向 300～500 平方米甚至几千平方米的大型化方向发展，采取连锁经营方式，大规模进货，大量销售。

(2) 多样化。大型化为经营品类的多样化创造了有利条件，混合经营方式被普遍采用，如电子电器专业店通常还出售家具家居用品。

(3) 个性化。为了吸引顾客，专业店的设计开始效仿服装专卖店的做法，店铺走道更开阔，色彩更明亮，布局更人性化。

(4) 盛行 DIY。到商店买材料与工具然后回家自己动手做。但这种理念在我国不是很成功，商店买的家居材料，还需要商店上门安装，甚至消费者还要向商家支付一定的安装费。

(5) 网络销售。网上购物与专业店的业务开始相结合，许多公司在网上向顾客提供专业店的商品目录与门店分布，顾客可以就近到商店购物也可以网上订购。

此外，专业店也开始广泛应用 IT 技术，兼并收购也愈演愈烈。

第三节 专业店的经营之道

一、家电专业店

商务部 2007 年颁发的《家电专业店经营规范》(2007 年 12 月 1 日起实施)，对家电专业店作出了一个明确的定义：家电专业店(Home Appliance Speciality Store)是指以专门经营消费类电子电器产品为主的营业场所，并依据经营面积和经营品种将家电专业店分为大型店、中型店和小型店三种。

大型店(Home Appliance Speciality Store of Large Scale)一般营业面积在 8 000 平方米以上，其经营品种在 12 000 种以上的专业店。

中型店(Home Appliance Speciality Store of Middle Scale)一般营业面积在 3 000～8 000 平方米之间，经营品种在 7 000 种以上的专业店。

小型店(Home Appliance Speciality Store of Small Scale)一般营业面积在 3 000 平方米以下，经营品种在 7 000 种以下的专业店。

该规范还对家电专业店的营业场所位置、营业设施、安全通道、商品采购、质量保证、售后服务以及员工、促销等方面都提出了相应的要求。

近年来,我国家电专业连锁店发展迅速,家电专业连锁店已成为全国连锁百强排名第一和第二。例如,我国经营规模最大的两家家电连锁公司——苏宁电器与国美电器,已占据我国连锁百强排行榜的首位。从2006年开始,国美电器以86.93亿元销售额与820家门店的经营规模,首次超越百联集团,登上中国连锁百强榜首,苏宁电器紧随其后位居第三。其后,苏宁电器一路高歌猛进、发展迅速,在2008年超越国美成为连锁百强第一。国美、苏宁两家家电连锁企业近年来在连锁百强中的排名情况见表9-1。

表9-1 国美、苏宁两家家电连锁企业在连锁百强中的排名情况

年份	企业名称	销售规模（万元）	增幅(%)	门店数(家)	增幅(%)	排名
2006	国美电器集团	8 693 000	74	820	92	第一
	苏宁电器集团	6 095 237	53	520	43	第三
2007	国美电器集团	10 235 000	18	1 020	24	第一
	苏宁电器集团	8 547 546	40	632	22	第三
2008	国美电器集团	10 459 378	2.2	1 362	33.5	第一
	苏宁电器集团	10 234 242	19.7	812	28.5	第二
2009	国美电器集团	10 680 165	2.1	1 170	−14.1	第二
	苏宁电器集团	11 700 267	14.3	941	15.9	第一
2010	苏宁电器集团	15 622 292	33.5	1 342	41.4	第一
	国美电器集团	15 490 000	45	1 346	15	第二

(一)国美和苏宁的商业模式

国美和苏宁的成功得益于中国二十多年家电业独特、迅猛的发展。十多年来,中国家庭对家电需求极为旺盛,家电业发展迅猛,利润一直较高,但厂家竞争日益激烈,"鹬蚌相争,渔翁得利",直接面向顾客的商家自然就占有先天优势。国美和苏宁的当家人正是抓住了家电业的"天时地利",即抓住了家电业业态转换,从传统商场转为连锁店的大好时机,大量发展连锁店,实施薄利多销,并逐步实施统一品牌和形象标识、统一采购、统一配送、统一管理和统一资金结算的"五统一"连锁经营模式,从而傲视群雄,成为中国家电零售龙头,也同时成为中国连锁百强的领头人。

在家电专业连锁店发展初期,国美、苏宁既获得规模快速扩张,又保持强劲盈利能力的根本原因在于,其商业模式实质上是一种"类金融"模式:国美、苏宁在与

消费者进行现金交易的同时,延期3~4个月支付上游供应商货款,这就使得其账面上长期存有大量浮存现金,并形成"规模扩张——销售规模提升带来账面浮存现金——占用供应商资金用于规模扩张或转作他用——进一步规模扩张提升零售渠道价值带来更多账面浮存现金"这样一个资金体内循环体系。随着规模的不断扩大,国美、苏宁"集中采购"、"统一配送"、"标准化复制"等经营模式对于降低经营成本和费用的效用越来越大,其品牌影响力也越来越强,并获得较高的市场占有率和较好的效益。与此同时,由于对终端消费者的控制力和与供应商的谈判能力相应增强,容易获得更大比例的折扣及更优惠的付款结算方式,国美、苏宁销售规模得以快速增长,最终形成"低价销售——提高销售规模——获得更多返利和通道费——更低采购价格——更低价格销售"这一循环的盈利模式。

有学者认为,国美和苏宁尽管都没有直接从事房地产业务,但从公司架构中发现,其实两家公司均采取了"商业＋地产"模式的运作。由于中国这几年房地产的超常规发展和城市化进程的加快,商业地产运作开始盛行。很多公司都不同程度参与到地产运作中,国美、苏宁的"圈地"运动也不例外。这种"商业＋地产"模式,实际上是零售商希望借助商业养地产,同时通过房产开发为自己提供网点铺面以降低租金价格上涨压力的经营模式。

与此同时,国美和苏宁的快速发展,不仅仅体现在店铺扩张带来规模效率和"商业＋地产"运作模式上,更体现在把握内功,不断创新,提炼自己的管理能力上。例如,苏宁建立了以SAP/ERP为核心的国际化信息平台,对全国连锁店面及物流中心实时图像监控,总部及大区远程多媒体监控中心负责实时监控连锁店、物流仓库、售后网点及重要场所运作情况,全国连锁网络实现"足不出户"的全方位远程管理。它还依托SAP系统,与上游供应商之间实施了B2B供应链项目,实现了信息系统对接,对于信息共享、在线采购和结算、产品开发和消费者数据研究具有很强的战略价值。在最佳商业模式评选中,通过对企业创新性、行业促进、客户价值、业务增长性、盈利性、稳定性、整体协调性和未来发展性等8个方面设立的评价指标和打分体系,苏宁在这八个领域都体现出了行业领导者的实力。苏宁荣获"2008年度中国最佳商业模式"奖。专家评委会在颁奖辞中写道:"苏宁创建了国内最优秀的家电零售管理后台,实现了超越性的连锁价值新模式——内生式增长,成为国内企业的新标杆。"

(二)百思买的商业模式

家电连锁专业店的另一种运作模式是2006年进入中国的百思买。百思买集团(Best Buy),是全球最大的家用电器和电子产品零售集团。百思买以控股的方式实现了对江苏五星电器的收购,于2006年进入中国,成为中国家电连锁企业的前三强。百思买采取在自有门店自行买断商品,并采取"品类陈列"与"现款提货"

为特点的商业模式,强调顾客体验以及更好的服务,即百思买定位高端,业内人士称之为"家电卖场的奔驰宝马":提供个性化服务,购物体验好,但商品的价格高于国内本土家电卖场。这一经营模式不仅便于消费者比较,能更好地满足消费者需求,而且也能够使零售商掌握经营的主动权。实际上,百思买与国美、苏宁形成了两种截然不同的盈利模式。但是百思买自2006年进入中国后,在随后的4年里举步维艰,仅开出了7家自有门店,旗下的五星电器也只新开30余家。而同一时期的国美则新开门店350家,苏宁新开421家。业绩低迷、频繁换帅,让百思买陷入了困境。究其原因,初入中国的百思买意气风发,将其首创的"大型家电专业店+连锁经营"模式也照搬了进来。这一强调买断产品、建立互动娱乐体验中心的零售业态,虽然广受北美客户的青睐,但却让消费成熟度不高的中国买家无所适从。已习惯了在促销员指导下选购商品的中国消费者,在彰显个性的百思买卖场中往往一头雾水。更为关键的是,"性价比"是目前中国家电购买的硬道理,而百思买恰恰在这一点上无力与国内家电销售巨头比拼。"规模经营、低价销售"是零售企业的制胜法宝,但由于门店量远远少于中国本土企业,百思买在价格上并不具有优势。百思买面对市场份额的萎缩已然学会了"低头",效仿内地企业也提出了天天低价的策略,反过来百思买注重购物体验、自派销售员、按商品品类而不是品牌陈列等经营理念,亦已被国美、苏宁等本土家电连锁专业店所借鉴,并纷纷转型发展,通过学习国外的先进经营理念来提升自己的经营业绩。

二、汽车4S店

4S店是集汽车销售、维修、配件和信息服务为一体的销售店。4S是指整车销售(Sale)、零配件(Sparepart)、售后服务(Service)、信息反馈(Survey)等。因此,4S店是一种以"四位一体"为核心的汽车特许经营模式,是自1998年开始逐步由欧洲传入中国的舶来品。由于它与各个厂家之间建立了紧密的产销关系,拥有统一的外观形象,统一的标识,统一的管理标准,只经营单一的品牌,并具有购物环境优美、品牌意识强等优势,能够较好提升汽车品牌、提升汽车生产企业形象,被国内诸多厂家所效仿。汽车行业的4S店就是汽车厂家为了满足客户在服务方面的需求而推出的一种业务模式。4S店的核心含义是"汽车终身服务解决方案"。

自1998年广本、别克、奥迪率先在我国建立汽车4S店以来,这种形式得到了制造商的青睐。随后,大大小小的汽车制造商纷纷建立自己品牌的4S店,短短几年内,4S店如雨后春笋般遍布于全国各大城市。4S店一般采取一个品牌在一个地区分布一个或相对等距离的几个专业店,按照生产厂家的统一店内外设计要求建造,投资巨大。

（一）汽车销售的四种渠道模式

（1）总代理制。其渠道模式可表述为：厂商→总代理→区域代理→下级代理商→最终用户。进口汽车主要采用这种模式，如奔驰、宝马等。

（2）区域代理制。其渠道模式可表述为：厂商→区域总代理→下级代理商→最终用户。这种模式与IT渠道的区域代理制基本一致。这是汽车渠道最早采用的模式，目前使用这种模式的厂商已较少。

（3）特许经销制。其渠道模式可表述为：厂商→特许经销商→最终用户。区域代理制实施一段时间后，汽车厂商逐渐发现很难对经销商的经销行为进行规范，市场价格体系混乱。1996年后，汽车渠道逐渐向特许经销制转变。目前一汽捷达、神龙富康等采用这种模式。

（4）品牌专卖制。其渠道模式可表述为：厂商→专卖店→最终用户。品牌专卖制是1999年发展起来的渠道模式，其主要以"三位一体"（包括整车销售、零配件供应、售后服务）专卖店和"四位一体"（整车销售、零配件供应、售后服务、信息反馈）专卖店为表现形式。目前广州本田、上海通用是这种模式的代表。

（二）汽车4S店具有的优势

（1）能够提高公司信誉。4S店有一系列的客户投诉、意见、索赔的管理系统，给车主留下良好的印象，而普通汽车改装店、维修店由于人员素质、管理等问题，经常是出了问题找不到负责的，相互推诿，互相埋怨，给车主留下非常恶劣的印象。

（2）更好的专业化服务。由于4S店只针对一个厂家的系列车型，有厂家的系列培训和技术支持，对车的性能、技术参数、使用和维修方面都非常专业，做到了"专而精"。而其他汽车用品经销商由于接触的车型多，对每一种车型都不是非常精通，只能做到"杂而博"，在一些技术方面多只知其一，不知其二。所以在维修、改装等需要技术支持和售后服务的产品时，4S店能够做到更为专业的服务。

（3）售后服务更有保障。随着竞争的加剧，4S店商家越发注重服务品牌的建立，由于4S店的后盾是汽车生产厂家，所以在售后服务方面可以得到充分的保障。特别是汽车电子产品和汽车影音产品在改装时要改变汽车原来的电路，这为以后的售后服务带来了麻烦，所以有的汽车制造商严厉规定：不允许在汽车电子方面进行改装，如果改装了，厂家不进行保修。但是在4S店改装的车却能对车主承诺保修，消除了车主的后顾之忧。4S店改装一些技术含量高的产品成为车主的首选，由于服务到位，售后有保障，通过服务形成与其他汽车维修改装店的直接竞争。

（4）更为人性化。在4S店让车主真正享受到"上帝"的感觉，累了有休息室，渴了有水喝，无聊可以看杂志、书刊、报纸、上网，如果急着用车还有备用车供你使用，整个流程有专门的服务人员为你打理，不用自己操心就完成整个业务手续。而其他汽车维修店或改装店不可能提供这样全方位的服务。

（5）实施体验营销。4S店首先是以汽车销售为主，由于有了生产厂家技术的支持，销售人员的服务更为专业。能够根据消费者的要求实施针对性的一对一销售。同时，4S店能够提供更好的试驾服务，让消费者亲身感受预购汽车所带来的全新感觉。在试驾过程中，既有销售人员向客户介绍汽车的基本性能，又可以让消费者亲自驾驶汽车体验新车的感觉。

三、建材家居专业店

依据《零售业态分类标准》（GB/T18106—2004），家居建材专业店是以专门销售建材、装饰、家居用品为主的零售业态。由于现代人对生活品质的追求，建材、家居、家装等成为生活中一个很重要的消费项目。

建材家居专业店是以经营建材与家居产品为主，配备具有丰富专业知识的销售人员并提供适当售后服务的零售业态，经营的品种主要包含建材、家居、家装、家纺、家饰等，可以说是围绕家庭装饰与家居相关的方方面面。这类店一般选址都在城郊，具有店铺占地面积大，经营商品种类多，车辆进出入、停车方便等特点。这类专业店仍然以连锁方式规模化发展。目前，国内建材家居连锁专业店以红星美凯龙、居然之家为首。

专栏 9-2

红星美凯龙和居然之家的经营的范围及基本情况

公司 项目	红星美凯龙	居然之家
业　　态	家居建材：家居、家装、建材	家居建材：家居、家装、家纺、家饰、建材
主要网点	北京、上海、常州、天津、南京等36个城市	全国大中城市
客单消费	100～10 000元	20～10 000元
目标人群	月收入4 000以上，有消费能力的家庭	中高档收入人群
店铺总数	60多家	21家
开店计划	全国高速拓展，到2020年建成200家品牌连锁大卖场	到2011年年初开到40家店，以40家店为基础到2015年发展到100家店
开店方式	直营，加盟	直营、加盟：①租赁经营；②直接投资；③特许加盟

(续表)

项目 \ 公司	红星美凯龙	居然之家
营业面积	5万~20万平方米	5万~8万平方米
选址标准	① 位于城市主干道交汇处、广场四周、十字路口、丁字路口、环路两侧，最好是传统家居、建材市场附近、城市重点发展方位 ② 项目本身、周边或商圈内有非竞争性的综合超市、百货店或其他专业市场 ③ 周边有多条公交线路通过，交通便利；商圈5~10千米范围内，常住总人口覆盖50万~80万。每10 000平方米建筑面积，配100个停车位	① 位于城市经济发达区域或重点开发区域 ② 紧邻城市主要交通干线，或者地处成熟的家居建材商圈 ③ 建筑面积在5万~8万平方米 ④ 物业配套设施齐全 ⑤ 地面停车场车位不少于300个

除了上述国内家居连锁专业店知名品牌外，国外的知名家居连锁专业店有宜家家居和百安居。

宜家家居于1943年创建于瑞典，创始人是英格瓦·坎普拉德，秉承"为尽可能多的顾客提供他们能够负担，设计精良，功能齐全，价格低廉的家居用品"的经营宗旨，2004年，宜家以128亿欧元的销售额位居世界家居用品销售企业之首。经过60多年的发展，宜家现已成为全球最具影响力的家居用品零售商。销售的商品主要包括：座椅/沙发系列，办公用品，卧室系列，厨房系列，照明系列，纺织品，炊具系列，房屋储藏系列，儿童产品系列等约10 000个产品。

宜家家居以经营家居建材和家居用品为主，其目标客户群的月收入一般要达到4 000元以上有一定消费能力，客单消费一般是设定为100~10 000元之间。宜家实行全球化的采购模式，其产品是从各贸易区域(Trading Area)采购后运抵全球26个分销中心，再送货至宜家在全球的商场。宜家的采购理念及对供应商的评估主要包括4个方面：持续的价格改进；严格的供货表现/服务水平；质量好且健康的产品；环保及社会责任。

宜家家居1998年在中国开设第一家店。到目前为止，在全球34个国家和地区拥有240个商场，其中有8家在中国，分别在：北京、上海、广州、成都、深圳、南京、沈阳。宜家全球化采购的16个采购贸易区域中有3个在中国大陆，分别为华南区、华中区和华北区。

百安居(B&Q)隶属于世界知名企业英国翠丰集团(Kingfisher Group)，总部位于伦敦，是欧洲最大、世界领先的建材家居零售集团。百安居于1999年进入中国市场，针对本地消费者的需求，首创了装修与建材超市相结合的"一站式服务"模式。B&Q百安居提倡的是具有国际品质的产品与服务，严格的质检体系，规范的施工操作，迅速的反馈与售后服务，以及"安全、健康、环保"的绿色家装理念。

本 章 小 结

1. 专业店（Speciality Store 或 Specialized Store）是指专门经营某一类或某几类，甚至某一种商品的零售业态。专业店既能创造新生活，又能创造新市场，是值得大型连锁公司关注的零售业务。专业店一般具有三个特点：强调特色与选择性；紧跟时尚与流行性；专业服务与专业性。

2. 专业店是一个品类繁杂、规模巨大、变化无常的行业。国际上大型零售公司几乎有一半以上有专业店业务。美国把专业店分为：汽车及零部件经销店，家具与家居装潢店，电子电器店，建材经销店，食品饮料店，保健用品及药品店，加油站，服装服饰店和运动、休闲、图书、音乐用品店等九类。

3. 专业店的发展经历了独立发展、分化发展和高档化发展三个阶段。专业店的增长速度由于受经济萧条的影响而有所下降，总的发展趋势是：大型化、多样化、个性化、DIY和网络销售。

4. 近年来，家电专业连锁店在我国得到快速发展，苏宁电器与国美电器已占据我国连锁百强排行榜的第一和第二位。苏宁电器与国美电器实施的是统一品牌和形象标识、统一采购、统一配送、统一管理和统一资金结算的"五统一"连锁经营模式。汽车4S店实行的是整车销售（Sale）、零配件（Sparepart）、售后服务（Service）、信息反馈（Survey）等"四位一体"的汽车特许经营模式。家居建材专业店是以专门销售建材、装饰、家居用品为主的零售业态，在国内市场上已经有红星美凯龙、居然之家、好美家、宜家家居、百安居等知名品牌。

问题思考

1. 什么是专业店？它有哪些特征与基本类型？
2. 了解专业店的发展过程以及专业店与百货店的相互关联性。
3. 熟悉全球主要的专业店。
4. UNIQLO在日本很成功，但在国际市场上的表现很不理想，原因是什么？

 实践应用

好美家的发展之路

好美家装潢建材有限公司成立于 1998 年,是一家全国性专业连锁超市公司。好美家来自"Homemart"的谐音,公司就是致力于为大家创造一个美好的家园。在好美家任何一家商场都有 50 000 余种装潢建材,每类商品都有精选的几种品牌可供顾客选择,包括瓷砖、地毯、厨房设备、电工电料、园艺、居家用品、五金工具、门窗型材、地板、油漆涂料、卫生洁具龙头等。好美家隶属于中国最大的商业集团——百联集团,也是中国第一家引进欧式风格的本土品牌装潢建材连锁超市。随着中国房地产行业的高速发展,好美家也开始全面的扩张,先后在上海、北京、广州、南京、成都、武汉、宁波等 9 个中国主要的城市开设了 29 家好美家建材大卖场。

好美家从一开始成立就走建材超市的经营模式,提出"一站购齐"的经营理念,产品线跨度非常大,木制品、卫浴等,所有在家装中的商品都可以提供。好美家提供的服务还包括家装。顾客拿到一套房子,从设计到施工、监理都可以由好美家提供服务。另外,好美家的业务又发展到了家具的零售。从好美家提供的经营范围来说,已经和居家完全结合起来,不仅是硬装潢,而且是以整个居家的概念为顾客提供服务。在服务上,好美家开创很多新的服务模式,如退货保障,顾客购买好美家的商品 1 个月内可以退货,只要顾客不影响好美家再次销售就行,如墙地砖没有被泡过水就可以退。因为好美家为顾客提供的产品很多都是半成品,买瓷砖、地板一般都会多买,若买少了再补货可能会颜色不太一样,所以超市会建议你多买一些,买多了可以退。还有就是免费送货,不仅免费送货到顾客家的楼下,好美家还创造了送货上楼的服务。顾客的货比较多、比较集中(好美家确定的指标是每次送货在一万元以上)或者体积大(不到一万元)好美家会给顾客送上楼,这是公司提供的配套服务,不会另外收费。另外,好美家还推出一个低价保障,就是和同行业、同业态的商家相比,如果消费者能够提供别家的价格比好美家低的消费凭证,好美家可以返还差价的两倍。顾客退货的流程和手续也比较方便。

好美家提供的上述服务以及从国外引进的建材超市经营模式,应该说能够促成好美家快速扩张,发展连锁店,树立品牌形象。但在 2008 年和 2009 年,好美家纷纷缩减店面,南京、北京等地先后关闭好美家门店,由此让人看到好美家在经营方式上所遇到的瓶颈和压力。

在关闭部分门店后,好美家重新调整其发展战略,利用集团优势和自身品牌优势,在 2009 年引进"店中店"模式,即在已有的好美家门店中开设百福特欧美家具生活馆。在 2009 年 5 月 1 日,好美家—百福特欧美家具生活馆上海的天山店、南

方店、共江店三店全新开业。

好美家—百福特是好美家在全球金融危机的不利因素下,抓住危机中隐藏的机遇,斥巨资与东方国际集团下属出口家具厂商进行战略合作,共同推出的全新家具品牌,主营专销欧美市场的仿古经典家具,通过好美家成熟的建材、装潢、家具一体化经营平台和网点优势,让国内消费者可以享受到低价高品质的商品。此举也标志着好美家逐步由经营传统硬装潢产品开始向家具、家用软装潢饰品延伸业态的转型,这也是好美家作为国内第一个以超市实价的形式经营家具,且销售高品质欧美实木框架家具的建材连锁超市,在经营方式上做出实质性的创新举动,以达到在低迷的市场环境中寻商机、扩内需、促消费、保增长的目的。

讨论题:
1. 好美家在经营方式上所遇到的瓶颈和压力是什么?
2. 好美家—百福特欧美家具生活馆的推出能给好美家带来什么?

第十章　百货店连锁

1. 熟悉百货店的发展历史与业态特征。
2. 认识我国百货店的发展过程和特点。
3. 掌握购物中心的业态特征。
4. 了解购物中心的发展趋势。

　　百货商店的产生被誉为零售业的第一次革命。零售业的业态变革有一个周期性的发展规律。从发达国家百货业发展规律来看,百货业增长具有明显的"阶段性"特征,高增长主要体现在工业革命的中后期,随后百货业开始走下坡路,出现整体衰退。中国零售业近年的轨迹向人们昭示,百货业进入新的黄金起点。购物中心发端于20世纪50年代的美国,现已成为欧美国家的主流零售业态。随着上海正大广场、厦门城市广场、大连和平广场、宁波天一广场、深圳铜锣湾广场、浙江银泰百货等一批具有国际水准的购物中心相继开业,我国购物中心的发展步入了一个新的时期。

【引导案例】

太平洋百货

　　太平洋百货集团属于中国台湾的太平洋SOGO百货集团事业体。太平洋SOGO百货集团创立于1987年11月11日,为一个综合型的百货事业体。优质的商品、良好的服务,时时以顾客生活形态来办理各项百货的促销活动,深受消费者赞誉。1993年开始进入中国内地百货零售市场,目前太平洋SOGO百货集团在海内外共设有14家店,其中大陆9家,分别是:上海徐汇店、上海淮海店、上海不夜城店、成都春熙店、成都全兴店、重庆大都会店、重庆立洋店、北京盈科店、大连连洋店。

作为都会百货的突出代表,太平洋百货在对流行时尚市场把握的基础上,将消费市场定位选择在人口超过 300 万的大城市,消费对象定位为喜好时髦、追求时尚的 18～35 岁的青年男女群体。根据这一市场定位,太平洋百货尽其所能刻意营造出与之相适应的经营风格,并在具体经营活动中,将目标顾客不断细分,为其提供丰富时尚的品牌商品。如在化妆品经营中引进的国际性品牌就超过 20 个;女性服装则被细分为少女、淑女、白领丽人等多个层面。形成了太平洋百货经营流行、时尚、精、细的特色。

太平洋百货成立 20 年来,包括进入中国内地市场 16 年来,始终坚持以流行时尚为核心的经营风格,不论是人潮络绎的台北崇光店,还是竞争环境激烈的上海徐家汇店,太平洋百货都业绩突出,并成为当地流行时尚的代名词。

思考题:
太平洋百货有着怎样的业态特征和经营风格?

第一节 百货店的发展历史与业态特征

一、百货店发展简史

百货商店的产生被誉为零售业的第一次革命,19 世纪中叶,由于工业革命的推动,生产力飞速发展,工业日用品日益丰富起来,当小型杂货店不能适应生产的发展和消费的增长,百货商店便应运而生。

世界第一家百货商店是 1852 年在法国巴黎诞生的,叫"本·马尔赛"百货商店。随后,百货商店很快传到了英国、美国、日本,并迅速得以发展。在一个多世纪的世界商业发展中,百货商店一直是一种大量销售商品的零售业的典型主形态,处于统治地位。但现在,百货商店在发达国家都有不同程度的衰落。

上海是中国百货商店的发源地。1926 年,永安公司的百货公司大楼建成开张,永安公司和当时的先施公司(现时装公司)、新新公司(现食品一店)和大新公司(现第一百货商店)成为亚洲最具规模和最现代的百货商店。新中国成立以后,中国百货业走上快速发展的轨道,持续了 40 多年的辉煌,尤其是 90 年代初,百货业开始了新一轮的发展高潮,投资大、规模大的大商场发展达到了巅峰。随后,百货业开始走下坡路,出现整体衰退。在世界商业发展史上,百货商店的由盛至衰是不可抗拒的必然趋势。但是，2005年以来，我国百货业态已摆脱低迷阶段，又重新回到上升通道之中。

二、百货店业态特征

（一）百货店的定义

百货商店发展的历史较长，各国对百货商店有着不同的定义。

1. 美国的定义

百货店是指年销售额在500万美元以上，经营消费者需要的各种服装、纺织品、家居用品、家具以及家电等，其中服装和纺织品的销售额至少要占销售总额的20%的零售商店。

2. 德国的定义

百货店是供应大量商品的零售商店，主要商品是服装、纺织品、家庭用品、食品和娱乐品；销售方式有人员导购（如纺织品部）和自我服务（如食品部）；销售面积超过3 000平方米。

3. 法国的定义

百货店是零售商业企业，拥有较大的销售面积，自由进入，在一个建筑物中提供几乎所有的消费品；一般实行柜台开架售货，提供附加服务，每一个商品部都可以成为一个专业商店；销售面积至少为2 500平方米，至少有10个商品部。

4. 日本的定义

日本通产省对百货店的规定是从业人员超过50人，销售面积至少为1 500平方米（大城市要超过3 000平方米）。

5. 中国的定义

根据中华人民共和国商务部《零售业态分类》标准（GB/T18106—2004）的定义，百货店（Department Store）是在一个建筑物内，经营若干大类商品，实行统一管理、分区销售、满足顾客对时尚商品多样化选择需求的零售业态。

（二）百货店的特征

虽然不同国家对百货店的定义不同，但百货店经营有以下共同特征：

（1）经营商品种类齐全，以满足消费者的需求。百货店要使顾客能够在一个地方买到所要买的东西，其经营的商品种类就要齐全。百货商店以经营男、女、儿童服装，家具和家居用品以及家电为主。将多种类的商品，按部门进行经营管理，虽然每个部门的规模不大，商品销售批量少，但商品的毛利高，这样汇集在一个经营体之中，综合经营的销售额就能够增大。

以中高档消费者和追求时尚的消费者为目标顾客，百货店注重商品的质量，特别注重商品的品牌和其结构，所以也是新商品和品牌进入市场的首选业态。

（2）位于城市繁华区、交通要道和郊区购物中心。百货店一般以流动人口为主要销售对象，因此，通常选择在人口流动大的城市繁华区、交通要道和郊区购物中心。包括百货商店在内的商业繁华街和购物中心，是以其多样、热闹、有吸引力、充满生气、有刺激性、色彩丰富为特点而存在的。百货商店内部装饰得富丽堂皇，橱窗商品陈列得琳琅满目，因而能吸引大量顾客前往参观，更便于顾客进行有比较、有选择地购买。

（3）商品部门化管理。百货商店的经营方法，不是把那些具有千差万别的、各有特性的商品采取"一揽子"的方法来进行经营，而是通过部门的个别管理。创造出最合理的，并符合百货商店这种经营形态的经营方法。在西方国家，大百货商店一般有100~150个商品部，小百货商店有不到10个商品部。正是由于它是把各类商品，按部门进行管理，并联结在一起，因而形成了百货商店的大型化。

（4）采取柜台销售与自选（开架）销售相结合方式。现代百货将超市引进店内经营食品和日用品，多数商品实现开架销售，提供消费者自由选购；对于一些化妆品、珠宝、相机、手机等体积小、价值高、技术含量高、需要的服务多的商品，采用柜台销售。商品柜都有若干服饰整洁、彬彬有礼的营业员为顾客介绍、取送商品，解答问题，包装商品。

（5）为顾客提供一系列服务。高品质、全面的服务是百货的经营特征之一，除了一系列的售前、售中和售后服务外，还提供如分期付款、取款柜员机、免费接送车、停车场、总服务台、消费者教育等服务，有些百货商店还设有餐厅、茶室、儿童休息室等。

（6）良好的形象。商店设施豪华，店堂典雅、明快，顾客即使不买东西，也能在百货商店内欣赏新式时装，观看商店的豪华情景，它已成为城市人们休闲地之一；百货商店是优质、流行与时尚商品的汇集地，是现代城市居民生活的窗口。百货店经营的商品，主要是那些流行性很强的商品，优质高价的高档商品和名牌货、礼品等。

（三）百货商店与大型综合超市的区别

百货商店与大型综合超市的经营面积都较大，商品品种都很丰富，多达二三万种。但两者存在以下区别：

（1）百货商店选址在城市繁华区和交通要道，而大型综合超市选址主要以居民区为主。

（2）百货商店经营的商品以时尚生活日用品为主，大型综合超市以大众化的食品和日用品为主。

（3）百货商店采取柜台销售与自选销售相结合的方式，服务功能较齐全，而大型综合超市采取自选销售方式，是一种自助售货、集中结算的形式。

（4）百货商店的商品价格一般要比大型综合超市定得高。

第二节 我国百货店的发展特点与趋势

一、我国百货店的发展变化

百货业在 2001～2005 年处于低迷阶段，但是随着近年来国内需求的旺盛，社会消费品零售总额平均增长超过 15%，批发零售业增长水平居于世界各国增长前列，加上物价上涨加速推动消费增速持续走高，消费者信心指数止跌回升，百货业态已摆脱低迷阶段，重回上升通道之中。

（一）业态变化

传统大型综合百货商店经过近十年的发展，目前已经处于饱和和分化状态。7 000 平方米以下的向主题店、品牌店、精细化方向发展，15 000 平方米以上的向购物中心方向发展，30 000 平方米以上的向 Shopping Mall 方向发展。新兴百货业态店和大型购物中心迅速成长。

（二）经营方式变化

从经营方式来说，中国百货与外国百货区别很大，无论从租赁保底，到联营扣点，对零售商而言只是一份"二房东"管理，对供应商而言只是一个直销窗口。这种经营方式形成于 20 世纪八九十年代，传统百货商店经历了一个放弃经销、代销商品，全面转向联营、引厂进店甚至场地出租方式的转型，实际上成为"二房东"。这是在传统大型综合百货商场为减轻历史包袱，向供应商推卸经营成本，实施利润最大化的持续压力情况下形成的。而国外百货店经营的商品大多实行买断经营，按专业化、类别化、特色化细分市场定位，并直接进行顾客服务和经销商品的信息及物流服务，形成物流百货、品类百货、折扣百货、流行百货、精品百货等不同业态类型。

近阶段，国内品牌百货商店再次开始调整经营方式，首先是扩大与品牌商的联营，逐步与顶级品牌商扩展经销和授权代理业务，并开始出现类别化的自有品牌专业店。

（三）市场需求变化

随着专业化和综合化的业态演进，零售业按品类和目标客户群细分业种，传统百货业的空间更趋"狭窄"。新世纪以来，由于消费品市场的极大发展，百货店作为经营选购品的专业店，开始向两极分化，一极是大众时尚商品，另一极就是奢侈品，市场进一步细分。单纯的以商品经营为特征的百货店越来越向类别化、特色化发展，而与品牌供应商建立全面的供应链合作，成为品牌供应商的分销渠道和服务平台。

购物中心和 Shopping Mall 的兴起，扩大了传统百货的服务内容，不仅满足了购物需求,百货店自身只是作为主力店进入购物中心,更注重与休闲、娱乐、餐饮、文化消费结合的多业态组合,实现"一站式"满足消费需求。

(四)规模和经营水平变化

区域化和规模化是百货企业发展的必然方向。在一个城市商圈有限的市场空间里,品牌企业因其品牌商品的占有率和服务质量的商誉而占有更大的市场份额,赢得更多的顾客,如王府井百货、百盛百货、武汉广场、燕莎友谊商城、广州友谊商店等,其单店销售能力一般达到1亿元/年·万平方米,成为衡量一个百货店经营水平的标准,强者越强。

这些企业一个显著的特征就是不但重视发展规模,更重视稳定商圈内的长期顾客忠诚度和特色服务,并着重于内在资产增值和运营管理技术水平的提升,管理内涵更加复杂化、精细化。

(五)市场竞争和环境变化

加入WTO,外资零售企业以全面的竞争态势分化和渗透零售业的每一个领域,专业百货店不仅要经营商品,更要经营商誉、经营商圈、经营顾客、经营购物环境、经营不断更新的消费者需求,信息技术已经成为百货企业快速响应市场的核心竞争力。

二、我国百货店的发展特点

零售业的业态变革有一个周期性的发展规律。从发达国家百货业发展规律来看,百货业增长具有明显的"阶段性"特征,高增长主要体现在工业革命的中后期,尤其是后期向后工业革命期的转变阶段。而我国的大城市已经开始进入工业化中后期阶段,因此该阶段是百货的快速发展期,而过了这一阶段,百货企业将进入新的收入和盈利不稳定的阶段。中国零售业十多年的轨迹向人们昭示,零售业态的发展转轮如今又落到了百货店上,标志着百货业进入新的黄金起点。

居民消费升级是百货业增长的推动力,其擅长经营的品牌服装、化妆品等商品,主要满足顾客的心理需求,属于享受型消费。我国消费升级呈现出持续性的特点,将使得百货业景气周期得以延长。其特点和标志如下。

1. 外资加快了发展步伐

由于欧美国家进入中国的零售业态以大型综合超市为主,又由于亚洲最有实力的日本百货公司迟迟没有进入中国,现今中国零售市场上的外资百货店都来自中国台湾、香港地区和东南亚,如太平洋百货、新世界百货、百盛百货等。自2007年起,这些百货公司都制定了宏伟的发展计划,抢占中国零售市场的百货店发展份额。有迹象表明,一些来自台湾、香港地区的零售公司准备出售他们在中国大陆的大型综合超市,把更多的发展力倾注在现代百货店的发展上。现代百货店的国际化竞争赋予了现代百货店新的发展内涵。

2. 城市的核心商圈中出现了以百货店为主力店的城市商业中心

在大城市的核心商圈中出现了许多以现代百货店为主力店的城市商业中心（特指地处城市中心，规模在5万～10万平方米之间的大型商业设施）。开发城市商业中心主要是原有地处核心城市中心的百货店的改建和扩建，地产商新开发的商业地产项目。也就是说，新一轮的现代百货店的发展是伴随着中国城市化进程加快的发展，也是政府城市发展新目标实现的商业形式，更成为地产商商业项目能成功开发不可或缺的"黄金业态"。

3. 百货店真正成为了购物中心中的核心业态与旗舰店

据不完全统计资料显示，中国目前的商业地产项目中，已建成和在建中的超过10万平方米的购物中心已超过300个。从世界零售业的发展来看，购物中心一定是未来商业发展的主要潮流。在大型购物中心中，零售业态有三大板块，即百货店、超市和专业专卖店，而现代百货店都当之无愧地成为大型购物中心中的核心业态与旗舰店。也就是说，当购物中心成为未来商业发展的主流型商业形态时，现代百货店有了新市场发展的大空间。

4. 大型综合超市百货化发展趋势明显

零售业发展的实践预示着下一轮百货店发展的趋向，这种趋向也使得目前中国零售业的第一主力——大型综合超市，也要实现百货化的业态变形。这种变形表现出三种形式：第一，调整商品结构，大幅度地增加百货的品种，甚至将服饰与鞋类等品牌专卖店直接引进大型综合超市中；第二，在同一个建筑内除大型综合超市之外，其他营业场地发展百货类商铺引进的招商经营；第三，不愿在未来百货店发展过程中被边缘化的超市公司，直接开设百货店与自己开设的大型综合超市实行"同业差异、异业互补"的经营。与此同时，现代百货店也在不断地提升配套性超市商场的等级，使之成为适合现代百货顾客需求的"家庭生活馆"。由此可以预言，一个零售公司同时具有百货店和大型综合超市这两个业态，其未来的市场空间是能主动性放大的。

三、我国百货店的发展趋势

（一）现代百货店将继续走大型化与综合化的发展道路

与世界百货业发展小型化、专业化和配套型的发展走势不同，中国现代百货店将继续大型化和综合化这样两个发展趋势。

中国现代百货店的这一发展道路取决于以下因素：

一是人口大国需要大型化与综合化百货店。中国继起性消费能量的提升是建立在巨量消费者基础上的，奢侈品、高档消费品、时尚品牌等商品的消费面对的是远比国外多得多的消费人口基数和消费能量基数,百货店的大型化和综合化发展才能适应这种消费容量。

二是差异化和个性化追求需要大型化与综合化百货店。需求的差异性意味着反同质化的消费个性化,个性化的特点是以个人为单位的衡量。13亿人的个性化消费的基础是如此之大,从"以人为本"的理念出发,百货店的大型化与综合化给了大基数的中国消费者彰显个性化需求的空间,并同时需要体现选择性和便利性。

三是中国商业地产的迅猛发展给了百货店大型化综合化发展的物业条件。可能国外现代百货店小型化和专业化发展是为了连锁化发展的需要,同时购物中心的发展成为商业潮流,于是替代了百货店大型化与综合化的发展。但中国现代百货店的发展遇到了一次商业地产迅猛发展的历史机遇,如此多的大型商业地产项目被开发出来之际,恰逢中国百货店新发展之时,这种历史机遇对中国现代百货店来说真是世界仅有!世纪仅有!

(二)现代百货店将竞争购物中心业态组织者的地位

世界百货店发展进程从某种意义上说是被购物中心的发展打断的,当中国的购物中心发展还处在零售业态与服务业态组织者缺位的阶段,连锁化、规模化和高效管理的购物中心企业还没产生的阶段,现代百货店与大型综合超市等大型零售业态一样具有成为未来购物中心业态组织者和管理者的可能。这一地位是通过市场竞争得来的,不但需要实现新的经营业务的专业化转型与公司组织架构的再造,也需要综合商业规划布局、商业物业管理、品牌商组合等专门技术。如能竞争到购物中心业态组织者和管理者的地位,百货店将开发出新的经营业务和新的盈利模式,并创造世界百货业的辉煌。

(三)业态进一步细分将成为必然,传统百货将转向现代百货

业态进一步细分主要在于消费分层越来越清晰,尤其是追求时尚、尊贵、新奇体验的消费群体不断壮大,因此使百货店经营再次分化,出现了众多百货店类型。业态进一步细分体现了门店较为明确的市场定位,是百货业成熟的标志。

现代百货的发展趋势将朝着以下两个方向:一个是向多元化、综合性发展,另一个是向主题型、职能型发展。其中,多元化、综合性百货店内生性增长显著,而主题型、专业型百货店连锁发展较为显著。

百货业将从"品种齐全,薄利多销"经营转变为"专而精"的品牌经营,与品牌供应商建立合作,成为品牌供应商的分销渠道和服务平台。顾客在购买这些商品的过程中,不仅享受商品本身带来的快乐,同时也享受到购物环境、高附加值的服务带来的满足。从传统百货转到现代百货,百货业整体将焕发生机。百货业的经营理念将继续调整,品牌高端化趋势越来越明显,商品结构调整不断加快,百货成为品牌商品的代言人。

(四)百货店外资进入的力度大大低于超市业

欧美国家进入中国的零售业态以大型综合超市为主,真正的欧美百货巨头如美国的Sears、加拿大的Huddson & Bay、法国的Lafayette、英国的哈罗斯、Selfridges等都没有正式进入中国。亚洲最有实力的日本百货公司在中国试水,但发展速度缓慢。

法国的Lafayette、英国的哈罗斯等对中国市场已表现出极大的兴趣,预计今后几年外资将加大进入我国百货业的力度,推动行业加快整合。但由于国外百货业对中国市场消费情况需要进一步熟悉和适应,对国内百货企业形成压力还存在一定的时滞,未来若干年国内百货业仍然面临一个相对宽松的市场环境。

(五)超市、家电连锁对百货店的冲击进一步减少

20世纪90年代中后期至2004年,由于连锁超市、大卖场、家电专业店等新业态的涌现,曾经使得传统百货丧失了零售市场的主导地位。但是随着自身业态转型,百货店与超市经营的商品差异性越来越大,两者商品结构重叠度缩减到25%左右,今后重叠度越来越小,百货与超市相对独立的竞争环境越来越明显。

家电产品销售曾经受家电连锁冲击,从百货公司退出,但是家电销售有重新进入百货商场的趋势。不过,百货商场家电销售定位高端市场,与百货商场内其他品牌商品一样,能够接近高端消费群体。

(六)联营赢利模式保持稳定,新的经营方式将深入探索

联营模式占到百货店销售的70%~90%,该模式今后仍是百货店主流的盈利模式。联营的实质是变相的租金,百货店依靠经营策划、整体形象定位,为品牌经营商提供经销平台和服务,与其共同分享经营利润。赢利模式的稳定有助于百货店经营业绩的持续稳定发展。

今后几年,自营商品采购的力度将会加大。以买断经营为主的业务能够大幅提高门店商品的毛利率,是经营差异化、个性化的必要手段,也是百货店对赢利模式改进的探索。自营要求采购部门具有较高的市场预见能力和采购水平,其发展是一个长期的系统工程,需要一个合理的培育期。

(七)连锁扩张的进程仍相对缓慢,区域性公司业绩提升空间会比较高

百货店连锁发展较弱的现状短期内难以改变,门店数量的增长速度要慢于超市和电器专业连锁店的增长。但百货店一旦开店成功,则防守性也很强,短期内,竞争对手很难夺取成功门店的客流量。目前选择全国分散布点扩张的,主要以百盛、太平洋等强势外资品牌为代表。内资百货开展连锁成功企业的数量极少。而区域龙头百货企业,在当地具有较强的品牌优势和对供应商议价能力,随着本区域销售市场的不断增长和企业网点渗透度的加强,具有垄断性成长,其业绩提升的空间会高于全国性公司与单体百货。

（八）行业整合趋势加大，集中度将逐渐提高

我国零售行业集中度比较低。2006年,我国连锁百强总销售额占社会批发零售总额的13.39%（美国前10名零售企业的市场集中度在20%以上），而百货业行业更是如此，三大百货零售商百联、大商、王府井主营业务收入总额只占社会批发零售总额的0.5%左右。整个业态呈现"群龙无首、强强割据"的特点。低集中度、高竞争使我国百货业态平均毛利率在17%左右，同国外百货30%的行业平均毛利率水平相比，存在较大差距。

在优势企业和外资企业的并购扩张下，行业整合将是今后业态发展的必然趋势，百货行业的集中度将逐渐提高，并带动行业利润率水平的提升。

第三节 购物中心的特征与发展趋势

一、购物中心的特征

购物中心发端于20世纪50年代的美国，现已成为欧美国家的主流零售业态，销售额已占据其社会消费品总额的一半左右。购物中心全称Shopping Mall，音译"摩尔"或"销品贸"，意为超大型购物中心，属于一种新型的复合型商业业态。

根据我国《零售业态分类》国家标准的定义：购物中心（Shopping Center/Shopping Mall）是多种零售业态、服务设施集中在由企业有计划地开发、管理、运营的一个建筑物内或一个区域内，向消费者提供消费、娱乐、休闲等多种综合性服务的商业集合体，并将购物中心区分为社区购物中心（Community Shopping Center）、市区购物中心（Regional Shopping Center）、城郊购物中心（Super-Regional Shopping Center）。

根据台湾购物中心发展协会的定义：购物中心是按单一开发主体所规划的商业形态，是集购物、休闲娱乐、餐饮、文教及生活服务等功能于一体的复合性商业空间；此空间以高品质的购物环境满足消费者的购物方便性、消费舒适性及娱乐选择性的要求，同时具备以下条件：一是购物中心的总营业面积在2万平方米以上，大型购物中心的面积不小于10万平方米，特大型购物中心的面积超过20万平方米；二是全部卖场内要有15家以上独立营业的商家；三是卖场面积最大的营业单位，其面积不大于卖场总面积的80%，其他零售商店之总营业面积已超过4 000平方米者，则不受此规定之限制；四是全部营业单位应共同成立管理委员会，通过单一的经营管理组织，以维护全体商店共同利益为出发点进行整体联合广告行销及管理维护工作；五是能提供足够的停车位。

美国斯特林大学 John A. Dawson 教授把购物中心定义为：一群建筑组合在一起的商业设施，其地段的规划、开发、所有和经营是作为一个操作单体，这个单体的设置、规模、商店类型都和它所服务的区域有关，这个单体通常提供与其性质和总体规模相适应的即时停车或辅助停车设施。这个定义倾向于从管理方面来加以考虑。

虽然各国购物中心的发展形态不同，对购物中心定义也不完全一致，但有些基本要素是为各国所公认的，即购物中心是由一组零售商及其相关的所有服务性、商业性设施共同组合而成的，其土地、建筑及相关服务内容必须经过完整的规划、开发及一致的经营管理，附设一定面积的停车场，而其所包含的商业业种的数量必须大致满足其所服务到的临近地区。也就是说，购物中心不是一个简单分散式的经营模式，而是一个统一高效运作的有机整体。

二、购物中心发展的理论基础

购物中心作为零售业中最为先进的业态，发展可谓迅猛，且与传统百货相比有其独到的优势，因此其发展趋势是不可阻挡的。然而，购物中心能够不断地发展与繁荣并不是由于它的独创性，而是因为它能不断适应消费者的需求而改变经营理念，其成功发展是建立在一系列的经济学原理上的。

（一）同类业态聚集理论

同类业态聚集即是指经营类似品种的商户在一个商业地点聚集的现象。这种聚集依赖于能提供更多的信息和比较机会来降低购物风险和寻找成本，当开发商将低档和高档的同类商业品种放到一起时，比较机会就会增大。

"同类零售商集聚理论"以多目的购物顾客的购物风险和寻找成本最小化为基础、以顾客效用最大化为核心，解释了在同一位置或同一购物中心出售同类商品的零售商的行为；同时可以解释在过去的几十年里，为什么美国的某些大型区域商业中心会如此发达。

（二）比较购物行为理论

比较购物行为指的是消费者在选择购物时，不会仅仅选择去最近一家就随之作出购买决定，而是在对多种经营同类业态的商家进行比较之后，选择购买最适合的商品。

西方学者通过对区域型购物中心消费者购物行为的研究发现，种类变量（某种零售业态为满足比较购物需求而具有的多样性，即同类别商品业种的商品种类多样性）和服务质量、服务数量、商店密度、购物环境等很大程度上影响了消费者对某一商业区域的忠诚度，进而发现某一商业中心的竞争者数量很大程度上决定了这个商业中心的盈利和投资回报率。尤其是种类变量，在服饰、超市、药店、家具、普通零售、杂货店、器皿、百货商店这八种商业业种当中是最重要和作用最大的。

这个发现揭示了种类数量和比较购物理论在消费者选择购物地点时的重要性。

实验数据表明,消费者将放弃最近的商店,而会去选择较远的聚集了大量的经营同类商品的不同零售店的商业中心去购物,以满足比较购物的要求。而购物中心正是集中了多种经营同类业态的商家,可供商品选择的空间最大化,因此为消费者创造了丰富的比较机会,最大限度地满足了消费者比较购物的需求。

(三)积聚引力理论

积聚引力也称相邻引力,是指潜在顾客的增加与商品竞争者相互毗邻之间的关系,即销售类似但并不相同商品的零售商店倾向于互相毗邻。理由是,潜在顾客对形成群集的每一家商店的光顾率要大于它们分散时对每一家的光顾率,而光顾率直接与销售额相关。如:街边的餐馆、快餐店经常互相毗邻,妇女服饰店、鞋帽店、珠宝店经常靠在一起。

考虑今天购物中心发展的多功能化、娱乐化倾向,便是更宽泛意义上的、超出零售业范围的积聚引力效应。购物、餐饮、影视、游戏、教育、展览、运动等各种商业领域集聚一堂,相互影响、共同提升彼此的利润。

三、我国购物中心的发展历程与发展趋势

(一)购物中心在中国的发展历程

随着人们生活水平和文化素质的提高,消费者购物不仅是为了满足物质生活的需要,更将购物视为集休闲、娱乐、文化、交流为一体的一种精神享受过程,集聚多种功能于一身的规模庞大的现代购物中心应运而生,成为都市人的生活乐园,这是零售业发展到一定阶段的必然趋势。

从国内购物中心的发展来看,主要经历了以下历程:

1. 萌芽阶段(20世纪90年代中期)

20世纪90年代中期,一批香港房地产巨头(和记黄埔、长江实业、新世界、恒基、新鸿基、嘉里、九龙仓、太古、恒隆集团等)在北京、上海等大城市的黄金商圈兴建高档写字楼,这些写字楼大多附带有大面积的商场裙房,随即形成了有香港特色的购物中心 Shopping Centre 或购物广场 Shopping Plaza。其中主要的代表有:上海的嘉里不夜城、时代广场、香港广场、华润时代广场、梅龙镇广场,北京的赛特购物中心、国贸商城、恒基商城、中粮广场、新东安广场等。

由于这些香港式购物中心的业态复合度太低且规模面积也偏小,故这一时期的购物中心尚称不上 Shopping Mall。

此外,纯物业出租型购物中心在香港之所以能经营良好,是建立在香港拥有大量不同行业、不同业态、不同特色、不同品牌的连锁商家的基础上的。而当时内地的连锁商家仍集中在服饰和超市两类,其他行业的连锁商家都很少。在此情况下,

内地许多香港式购物中心曾一度招商困难,商铺入驻率较低。在内地真正经营很成功的香港式购物中心为数不多,但随着内地新兴的连锁商家不断出现,香港式购物中心的经营也正在好转。

2. 初步形成阶段(20世纪90年代末期)

20世纪90年代末期,随着广州天河城、大连胜利广场、新玛特,上海友谊南方商城、港汇广场,北京新世界中心、庄胜崇光百货广场的陆续建成开业,内地逐渐形成了一批业态复合度较高、规模面积较大且经营也较成功的真正的购物中心。在这批成功者的引导下,内地各个城市都开始兴建各自的购物中心。

3. 加速发展阶段(21世纪初至今)

继超市、大卖场之后,购物中心目前正在掀起我国商业新一轮的业态革命,连锁购物中心也开始出现。2002年,上海正大广场、厦门城市广场、大连和平广场、宁波天一广场、深圳铜锣湾广场等一批具有国际水准的购物中心相继开业,标志着内地购物中心的发展步入了一个新的时期。

目前国内各大传统零售商业集团(上海友谊、上海华联、北京华联、北京王府井、武汉广场、深圳铜锣湾广场、大连商场集团等)、房地产巨头(大连万达、中信集团、华润集团、香港新世界、香港嘉里等)、海外专业的购物中心开发商(菲律宾SM集团、泰国正大集团、印尼三林集团等)乃至外资传统零售集团(马来西亚百盛、中国台湾地区太平洋和好又多、中国香港地区新世界百货、法国欧尚Auchan等)都已开始在全国各大城市开发一批购物中心。其中正大集团、大连万达、上海华联、深圳铜锣湾广场、新世界集团等更计划在全国搞连锁购物中心。

但北京和上海发展购物中心的策略有所不同。由于北京私车拥有量较高,且北京的城区较大(比上海大几乎1倍)。故北京的购物中心都选址在郊区5环路上,且规模较大(20万~60万平方米),走的是美国购物中心的模式。而上海由于私车拥有量较低,且上海的城区较小,居民又偏爱住在市区。故上海的购物中心都选址在市区区级商圈(如五角场、中山公园等),但规模较小(10万~20万平方米),走的是我国香港地区和新加坡购物中心的模式。

目前国内最大的购物中心是24万平方米的上海正大广场。在建中较大的购物中心有:成都47万平方米的熊猫万国商城、广州37.6万平方米的正大集团天河正佳商业广场、武汉中商集团的40万平方米团结商贸城购物中心、上海吴中路上26万平方米的"虹桥商贸城"、北京孙河一带65万平方米的"春天"等。随着这些项目的陆续建成,内地将逐步迎来购物中心的时代。

(二)中国购物中心的发展趋势

1. 统筹规划将进一步加强,开发选址将更加科学

在政府宏观调控下,购物中心的发展将更加合理、适度、有序。据了解,我国今

后将对购物中心开发项目实行更加严格的土地供应控制,对开发商的银行信贷条件和规模实行更加严格的审查。

选址是购物中心的生命。今后,开发商将更加注重科学选址,充分考虑市场环境和消费增长的因素,避免盲目竞争、恶性竞争。

2. 社区型和郊外广域型的购物中心将成为发展主力

目前我国的购物中心,以5万~15万平方米的中等规模为主,80%集中在中心城区,而在广大的郊区和社区还有很大空间。从国际经验看,购物中心是现代零售商业的重要部分,其建设发展同商业结构布局和城市功能具有较为明显的关联性,购物中心已呈现大型化向中型、小型化回归的趋势,大型和豪华已经不再是购物中心发展的唯一目标。所以以大型住宅区为依托,2万~5万平方米的多功能社区型购物中心和在郊区城镇和交通便利、辐射力强的郊区区域,建设广域型购物中心将成为今后购物中心的发展主力。

3. 经营定位更加层次化、多样化,综合消费服务功能进一步强化

多业态、多功能、多形式商业集聚是购物中心的一大特点,也是购物中心的生命力,这是就购物中心单体而言的。就一个城市而言,购物中心还应当体现层次化、多样化。在层次化方面,各个购物中心经营定位将有高有低,具有不同的目标市场;在多样化方面,各个购物中心业态、功能、形式的组合各不相同,形成各自的特点。购物中心将更加注重增强综合消费服务功能,更加注重发挥创造消费、满足消费的积极作用。

本 章 小 结

1. 百货店(Department Store)是在一个建筑物内,经营若干大类商品,实行统一管理,分区销售,满足顾客对时尚商品多样化选择需求的零售业态。百货店经历了150多年的发展历史,经过一次次变革,目前仍然是一种主导的零售业态。随着消费水平与生活质量的提高,百货店具有良好的发展前景,与专业品牌、购物中心、商业地产的融合,将会使百货店的发展呈现出新的发展态势。

2. 百货店以中高档消费者和追求时尚的消费者为目标顾客,百货店注重商品的质量,特别注重商品的品牌和其结构,也是新商品和品牌进入市场的首选业态。百货店位于城市繁华区、交通要道和郊区购物中心,实行商品部门化管理,采取柜台销售与自选(开架)销售相结合方式。为顾客提供高品质、全面的服务。

3. 购物中心(Shopping Center/Shopping Mall)是多种零售业态、服务设施集中在由企业有计划地开发、管理、运营的一个建筑物内或一个区域内,向消费者提

供消费、娱乐、休闲等多种综合性服务的商业集合体。购物中心属于一种新型的复合型商业业态。购物中心发展的理论主要有同类业态聚集理论、比较购物行为理论和积聚引力理论。

4. 我国购物中心的发展经历了萌芽阶段(20世纪90年代中期)、初步形成阶段(20世纪90年代末期)和加速发展阶段(21世纪初至今)。随着大型社区和城镇化的发展,社区型和郊外广域型的购物中心将成为发展的主力。购物中心将更加注重增强综合消费服务功能,更加注重发挥创造消费、满足消费的积极作用。

1. 百货店的产生被誉为零售业的第一次革命,其革命性的突破主要体现在哪些方面?

2. 简述百货店的主要业态特征,比较百货店与大型综合超市的区别。

3. 分析我国百货店采取"租赁保底"和"联营扣点"经营方式的背景和主要缺陷。

4. 你同意"世界百货业发展呈小型化、专业化和配套型的走势,而中国现代百货店将继续朝大型化和综合化方向发展"的判断吗?请说明你的看法和理由。

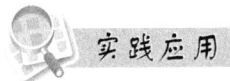

百盛购物中心

百盛百货是金狮集团于1987年创立的,在近十年的时间里发展显著。连锁百货商店遍设马来西亚各主要城市,至今已开设了三十多个购物中心以及精品专卖连锁店,成为全马百货店最大、最成功的零售连锁集团。

百盛于1994年进驻中国零售业市场,并在北京复兴门内大街开设首家百货店,定位于中高档消费群体。百盛是最早在中国经营时尚百货的外资连锁企业之一,并且目前已经发展成为中国最大的时尚百货集团之一,已在中国18个省27个主要城市开设了连锁店,例如:北京、上海、岳阳、山东烟台、青岛、天津、重庆、河北石家庄、山西太原、河南郑州、江苏无锡、常州、常熟、东台、四川成都、江西南昌、安徽合肥、贵州贵阳、云南昆明、陕西西安、广西南宁、辽宁沈阳、大连、黑龙江哈尔滨、浙江绍兴、广东汕头等。

对中国日益富足的中高档消费群体而言,百盛已成为家喻户晓并标志着品味和时尚的知名品牌。百盛与许多国内、国际知名品牌建立了长期而稳定的合作伙伴关系,使百盛能够不断地在商品和品牌组合等方面得以完善,并通过引入质量好、价值含量高的品牌或创新产品系列提高商品的吸引力,从而加强并巩固百盛在中国市场的领先地位。

讨论题:

1. 分析百盛购物中心的业态特征和经营特点。
2. 分析百盛购物中心的竞争优势,它能给我们带来怎样的经营启示?

附录 连锁经营术语
(SB/T10465—2008)

1 范围

本标准确定了连锁经营的基础术语及其定义。

本标准适用于在中华人民共和国境内与连锁经营有关的教学、科研、营运和管理机构及其相关活动。

2 连锁经营基础

2.1 零售 retail

将产品和服务销售给消费者,从而增加产品和服务价值的商业活动。

2.2 零售商 retailer

将产品和服务销售给消费者,供其使用的商业企业。零售商是连接供应商和消费者的分销渠道中的最终业务环节。

2.3 零售业 retail industry

以向最终消费者销售商品和服务为主的行业。

2.4 零售业态 retail formats

零售企业为满足不同的消费需求进行相应的要素组合而形成的不同经营形式。

2.5 连锁经营 chain operation

经营同类商品或服务,使用统一商号的若干店铺,在同一总部的管理下,采取统一采购或特许经营等方式,实现规模效益的组织形式。

2.6 连锁经营类型

2.6.1 直营连锁 corporate chain

连锁店铺由连锁公司全资或控股开设,在总部的直接控制下,开展统一经营的连锁经营形式。

2.6.2 特许连锁 franchise chain

拥有注册商标、企业标志、专利、专有技术等经营资源的企业(特许人),以合同形式将其拥有的经营资源许可其他经营者(被特许人)使用,被特许人按合同约定在统一的经营模式下开展经营,并向特许人支付特许经营费用的连锁经营形式。

2.6.3 自愿连锁 voluntary chain

若干个店铺或企业自愿组合起来,在不改变各自资产所有权关系的情况下,以同一个品牌形象面对消费者,以共同进货为纽带开展的连锁经营形式。

2.7 零售业态分类

2.7.1 食杂店 traditional grocery store

以香烟、酒、饮料、休闲食品为主,独立、传统的无明显品牌形象的零售业态。

2.7.2 便利店 convenience store

满足顾客便利性需求为主要目的的零售业态。

2.7.3 折扣店 discount store

店铺装修简单,提供有限服务,商品价格低廉的一种小型超市业态。拥有不到2 000个品种,经营一定数量的自有品牌商品。

2.7.4 超市 supermarket

开架售货,集中收款,满足社区消费者日常生活需要的零售业态。根据商品结构的不同,可以分为食品超市和综合超市。

2.7.5 大型超市 hypermarket

营业面积6 000平方米以上,品种齐全,满足顾客一次性购齐的零售业态。根据商品结构,可以分为以经营食品为主的大型超市和以经营日用品为主的大型超市。

2.7.6 仓储会员店 warehouse club

以会员制为基础,实行储销一体、以提供有限服务和低价格商品为主要特征的零售业态。

2.7.7 百货店 department store

在一个建筑物内,经营若干大类商品,实行统一管理,分区销售,满足顾客对时尚商品多样化、个性化需求的零售业态。

2.7.8 专业店 speciality store

以专门经营某一大类商品为主的零售业态。

例如办公用品专业店(Office Supply)、玩具专业店(Toy Stores)、家电专业店(Home Appliance)、药品专业店(Drug Store)、服饰店(Apparel Shop)等。

2.7.9 专卖店 exclusive shop

以专门经营或被授权经营某一主要品牌商品为主的零售业态。

2.7.10 家居建材商店 home center

以专门销售建材、装饰、家居用品为主的零售业态。

2.7.11 购物中心 shopping mall

多种零售业态、服务设施集中在由企业有计划地开发、管理、运营的一个建筑物内或一个区域内,向消费者提供综合性服务的商业集合体。

2.8 总部 headquarters
负责连锁企业资源的开发、配置、控制和使用等功能的企业核心管理机构。

2.9 店铺 outlet
连锁企业经营管理的基础,按照总部的指示和服务规范要求,承担日常销售业务,又称门店。

2.10 直营店 company-owned store
由连锁企业总部投资开设并在总部统一管理下经营的店铺。

2.11 加盟店 franchised store
特许连锁中,被特许人获得特许人授权后,使用其商标、商号、经营模式、专利和专有技术等经营资源建立的店铺。

2.12 3s 原则 3s principles
连锁经营的重要原则,即标准化原则、专业化原则和简单化原则。

a) 标准化 standardization
为持续性地生产、销售预期品质的商品而设定的既合理又较理想的状态、条件以能反复动作的经营系统。

b) 专业化 specialization
企业或个人在某方面努力追求卓越,将工作特定化,并进一步寻求强有力的能力和开发创造出独具特色的技巧及系统。

c) 简单化 simplification
为维持限定的作业,创造任何人都能轻松且快速熟悉作业的条件。

2.13 零售活动组合 retail mix
零售商用以满足顾客需要并影响其采购决策的各种活动的组合,其要素包括所销售的各种商品组合、商品定价、广告和促销计划、商店设计和视觉推销以及为顾客提供的服务等。

2.14 零售战略 retail strategy
零售商通过制定计划以集中资源实现目标,包括(1)零售商计划销售商品的目标市场;(2)零售商满足目标市场需求的销售过程的特点;(3)零售商获得优于其他竞争对手的竞争力。

3 信息技术

3.1 条码 bar code
由一组规则排列的条、空及其对应字符组成的标记,用以表示一定的信息。

3.2 店内条码 in-store bar code
由商店自己编制并印制的条码标签,只限于店内使用。

3.3 原印条码　source marking
在生产阶段印在商品或包装上的条形码。

3.4 扫描器　scanner
通过扫描将条码符号信息转变成能输入到译码器的电信号的光电设备。

3.5 销售时点系统　point of sale system (POS)
利用光学式自动读取设备,按照商品的最小类别读取实时销售信息以及采购、配送等阶段发生的各种信息,并通过通讯网络将其传递给计算机系统进行加工、处理和传送的系统。

3.6 无线射频识别　radio frequency identification (RFID)
通过射频信号自动识别目标对象并获取相关数据信息的一种非接触式的自动识别技术。

3.7 消磁　magnetic abatement
在收银过程中对贴记在商品上的防盗码进行解除磁性的工作。

3.8 电子数据交换　electronic data interchange (EDI)
采用标准化的格式,利用计算机网络进行业务数据的传输和处理。

3.9 计算机辅助订货系统　computer assisted ordering
基于库存和客户需求信息,利用计算机进行自动订货管理的系统。

3.10 电子订货系统　electronic ordering system (EOS)
不同组织间利用通信网络和终端设备进行订货作业与订货信息交换的系统。

3.11 管理信息系统　management information system (MIS)
由人、计算机及其他外围设备等组成的能进行信息的收集、传递、存贮、加工、维护和使用的系统。

3.12 自动补货　automatic replenishment
基于管理信息系统,分析历史销售数据和当前库存水平,预测未来商品需求,并据此持续补充库存的一种技术。

3.13 电子商务　e-commerce
以电子形式进行的商务活动。它在供应商、消费者、政府机构和其他业务伙伴之间通过任一电子方式(如电子邮件、报文、万维网技术、电子公告牌、智能卡、电子资金转账、电子数据交换、数据自动采集技术等)实现标准化的非结构化或结构化的业务信息共享,以管理和执行商业、行政和消费活动中的交易。

3.14 企业资源计划系统　enterprise resource planning (ERP)
在制造资源计划(MRPⅡ)的基础上,通过前馈的物流和反馈的信息流、资金流,把客户需求和企业内部的生产经营活动以及供应商的资源整合在一起,体现完全按用户需求进行经营管理的一种全新的管理方法。

3.15 数据挖掘 data mining
从大量的数据中抽取出潜在、新颖、有效信息、模式、趋势的过程。

3.16 数据仓库 data warehouse
从不同来源收集数据,储放到集中式的电脑位置并加以管理,通过各种工具分析数据,并产生报表以供决策使用的大型数据库管理系统。

3.17 商业智能 business intelligence (BI)
利用数据仓库、联机分析处理工具和数据挖掘等技术,将企业中现有的数据转化为知识,帮助企业做出明智的业务经营决策的技术。

3.18 自助结账 self check-out
顾客在选购商品后,在收银台自行完成对商品称重、扫描、付款的全过程。

3.19 订单时点系统 order point system
当存货降低至事先决定的特点或水准时,自动下发固定数量货品订单的系统。

3.20 有效客户反应 efficient consumer response (ECR)
以满足顾客要求和最大限度降低物流过程费用为原则,能及时做出准确反应,使提供的物品供应或服务流程最佳化的一种供应链管理战略。

3.21 快速响应 quick response
供应链成员企业之间建立战略合作伙伴关系,利用电子数据交换(EDI)等信息技术进行信息交换与信息共享,用高频率小批量配送方式补货,以实现缩短交货周期、减少库存、提高顾客服务水平和企业竞争力为目的的一种供应链管理策略。

3.22 协同规划预补货 collaborative planning、forecasting & replenishment (CPFR)
通过贸易伙伴之间的信息共享、协同预测、联合计划等更广、更深度的合作,降低需求预测误差,提高企业合作的协同度,实现供应链成本进一步降低的管理方法。

4 设施设备

4.1 货架 rack
商店中用来存放、展示商品的设施。

4.2 敞开式货架 gondola
单独的、带有多层背靠背货架的自选货柜。

4.3 独立式货架 free-standing rack structure
独立放置,不和屋顶或墙壁相连的货架。

4.4 固定式货架 fixed rack
固定在地面的货架,非移动式货架。

4.5 购物车 shopping cart
顾客购物时用来放置商品的推车。

4.6 购物篮 shopping basket
顾客购物时用来放置商品的篮子。

4.7 自助服务器 kiosk
设置在营业场所内或单独设立，用于商品介绍或宣传、自动售货、电子商务交易等的设施。

4.8 冰台 ice table
超市中专门用来展示、陈列商品的金属台，台上覆盖冰碎以保持温度。

4.9 售货车 cart
带有车轮的，能够提供最简单的商品展示的流动零售设施。

5 供应链管理

5.1 供应链 supply chain
生产及流通过程中，涉及将产品或服务提供给最终用户所形成的网链结构。

5.2 供应链管理 supply chain management
对供应链涉及的全部活动进行计划、组织、协调与控制。

5.3 冷链 cold chain
根据物品特性，为保持其品质而采用的从生产到消费的过程中始终处于低温状态的物流网络。

5.4 冷冻货车 reefer
有温度控制的货车或拖车。

5.5 采购管理

5.5.1 供应商 supplier
向连锁企业提供产品的企业。

5.5.2 供应商认证 supplier certification
对供应商的生产或储存条件、产品品质、以往供货记录等进行评估的过程。

5.5.3 采购 purchasing
为了销售或加工后销售，通过货币结算向供应商取得商品所有权的交易行为。

5.5.4 采购成本 purchasing cost
购进商品的入账金额。

5.5.5 采购订单 purchase order
连锁企业开出的要求供应商供货的订购单据，包括产品品名、价格、交货条件等内容。

5.5.6 订单接受 order acceptance
连锁企业下订单给供应商,供应商告知连锁企业接受此订单。

5.5.7 前置时间 lead time
从订货到收到货物的时间。

5.5.8 集中采购 centralized purchasing
连锁企业总部统一采购商品的采购活动。

5.5.9 提前采购 forward buying
连锁企业在供应商降低或提高价格前,进行的减少或增加采购数量的采购活动。

5.5.10 定量订购 fixed order quantity
当存货低于事先设定的数量时,每次订购的数量都相同,但下订单的时间间隔可能不同。

5.5.11 定时订购 fixed order interval
根据前置时间与订单间隔时间,设定最大存货量,以后定期检视存货,根据现有存货量和最大存货量的差异以决定订购的数量。

5.5.12 联合采购 cooperative purchasing
多个企业联合起来向同一供应商采购商品以获得较大的议价能力和数量折扣。

5.5.13 经济订购量 economic order quantity
在固定的订单数量系统中,使单位存货成本为最低的订购量。

5.5.14 捆绑合同 tying contract
供应商与连锁企业签订的合同,要求连锁企业必须购买其不想购买的商品(被捆绑商品),才能采购到所期望的商品(捆绑商品)。

5.5.15 累计数量折扣 cumulative quantity discount
在指定时期内,当零售商采购的商品达到一定数量时从供应商处得到的折扣。

5.5.16 供应商返点 returns percentage
根据销售情况,供应商给予连锁企业的折扣比例。

5.6 物流

5.6.1 物流 logistics
物品从供应地向接收地的实体流动过程。根据实际需要,将运输、储存、装卸、搬运、包装、流通加工、配送、信息处理等基本功能实施有机地结合。

5.6.2 物流活动 logistics activity
物流过程中的运输、储存、装卸、搬运、包装、流通加工与信息处理。

5.6.3 物流管理 logistics management
为达到既定的目标,对物流的全过程进行计划、组织、协调与控制。

5.6.4 物流联盟 logistics alliance

两个或两个以上的经济组织为实现特定的物流目标而采取的长期联合与合作。

5.6.5 物流弹性 logistics flexibility

物流公司应付客户额外需求的能力,如客户的新产品推出、产品促销、产品回收、产品大量移仓、流通加工等。

5.6.6 物流标签 logistics label

记录物流单元相关信息的载体。

5.6.7 第三方物流 third party logistics (TPL,3PL)

独立于供需双方,为客户提供专项或全面的物流系统设计或系统运营的物流服务模式。

5.6.8 紧急标签 hot tag

贴在需要特殊处理的货物上标签,其配送要比一般配送快。

5.6.9 实时货物追踪 real-time tracking system

利用电脑实时系统了解货物的流向。

5.6.10 托盘 pallet

在运输、搬运和存储过程中,将物品规整为货物单元时,作为承载面并包括承载面上辅助结构件的装置。

5.6.11 托盘化 palletize

把东西放在托盘上,以托盘为单位来运送、储存商品。

5.6.12 托盘交换协议 pallet exchange program

两个或两个以上的托运人和收货人之间通过协议,记录每一托盘的运送,一起控制总托盘数。

5.6.13 托盘流动式货架 pallet flow racks

一种货架储存系统,托盘由货架的一端放入,在滚轮上滑动至货架的另一端。

5.6.14 托盘内空间 deck opening

托盘上下层板之间的空间。

5.6.15 托盘式货架 pallet rack

以储放在托盘为主,放置装载托盘的多层货架。

5.6.16 堆高机 forklift truck

马达操控的托运设备,有行动能力,可举起和放下托盘,货物置于托盘上,可以移动货物至仓库不同位置。

5.6.17 储位档案 locator file

记录物品的储存位置档案。

5.6.18 储位移转 location transfer
在物流中心内,把货物从一储位移至另一储位。

5.6.19 移仓 warehouse transfer
货物从一物流中心移至另一物流中心。

5.6.20 配送 distribution
在经济合理区域范围内,根据客户要求,对物品进行拣选、加工、包装、分割、组配等作业,并按时送达指定地点的物流活动。

5.6.21 配送中心 distribution center
从事配送业务且具有完善信息网络的场所或组织。应基本符合下列要求:
a) 主要为特定客户或末端客户提供服务;
b) 配送功能健全;
c) 辐射范围小;
d) 提供高频率、小批量、多批次配送服务。

5.6.22 店铺直送 direct store delivery (DSD)
商品从供应商处直接运送到店铺。

5.6.23 统一配送 centralized delivery
由配送中心将商品配送至店铺。

5.6.24 配送仓库 distribution warehouse
根据客户订单货品只短期储存就配送出去,并做流通加工的仓库,注重货物流动的速度和方便性。

5.6.25 配送成本 delivery costs
完成配送活动所发生的费用的总称。

5.6.26 配送地点 place of delivery
配送活动的最终目的地。

5.6.27 配送风险 delivery risk
对收货人而来说,货物没有准时送达,以致影响工作的进度的可能性。

5.6.28 配送前通知 notify before delivery
在配送至收货人前,事先约定配送时间。

5.6.29 配送日 delivery date
供应商和零售商在销售合约中约定某日交货,供货商如未能准时交货,有赔偿零售商的责任。

5.6.30 配送证明 proof of delivery
收货人收到货时,签给运送人的包括货物的相关信息的证明,是完成配送工作的证据。

5.6.31 配送周期 delivery cycle
从接到订单到客户收到货物的时间。

5.6.32 退货 return outwards
零售商把不合乎公司要求、有瑕疵、超过预定到货时间等不符合售卖标准的商品退回供应商。

5.6.33 零退货 zero returns
供应商销售货物给零售商后,不管实际上消费者退给零售商的退货率为多少,由供应商以产品销售点的某比率金额支付给零售商,供应商不再接受零售商的退货,由零售商承担处理退货产品的责任。

5.6.34 退货处理 return goods handling
物流系统中,有关退货过程的处理。

5.6.35 退货中心 return center
物流系统中,退货退回的地方。

5.6.36 包装区 packaging area
物流中心内进行包装作业的区域。

5.7 库存管理

5.7.1 理货单 tally sheet
注明进货或出货数量的文件。

5.7.2 进货纪录 goods received records
记录仓管人员收到货物的文件。

5.7.3 进货检验 receiving inspection
进货时对产品数量、品质的检验。

5.7.4 收货区 receiving space
对仓储物品入库前进行核查、检验等作业的区域。

5.7.5 冷藏区 chill space
仓库内温度保持在0～10℃范围的区域。

5.7.6 冷冻区 freeze space
仓库内温度保持在0℃以下(不含0℃)的区域。

5.7.7 净储存面积 net storage area
物流中心或仓库中用于存放货物的区域,不包含走道、进货区、出货区和办公室。

5.7.8 冷藏货品 refrigerated freight
在储存或运输中时,温度在冻结点以上至7℃以下的货品。

5.7.9 冷冻冷藏仓库 refrigerated warehouse
用来储放易腐商品的仓库,能够温对度进行控制。

5.7.10　冷冻冷藏柜　freezer
用来储存易腐商品的冷柜,能够温对度进行控制。

5.7.11　加工中心　process center
生鲜食品加工处理的区域或组织,处理后的生鲜食品再配送至各零售店。

5.7.12　库存　stock
储存作为今后按预定的目的使用而处于闲置或非生产状态的物品。广义的库存还包括处于制造加工状态和运输状态的物品。

5.7.13　存货　inventory
可用来销售的现货商品。

5.7.14　库存周期　stock cycle time
在一定范围内,库存物品从入库到出库的平均时间。

5.7.15　零库存　zero stock
商品在采购、生产、销售、配送等一个或几个经营环节中,不以仓库存储的形式存在,而均处于周转的状态。

5.7.16　负库存　negative stock
销售数量大于系统库存数量而导致的库存异常现象。

5.7.17　安全库存　safety stock
为保证商品销售的正常进行而保持一定的库存量作为缓冲,以避免因商品短缺而影响销售。

5.7.18　暂库存　forward reserve stock
库存中即将销售的商品。

5.7.19　安全库存天数　safety stock time
库存可支持销售的安全天数。

5.7.20　循环库存　cycle stock
用于满足在供应商两次送货之间所发生的需求的平均库存量。

5.7.21　库存更正　stock modification
对信息管理系统的库存数据进行修正。

5.7.22　存货报告　inventory report
说明现有存货状况的报表。

5.7.23　存货平衡　inventory balance
存货商品花样、品种和服务水平的抉择。

5.7.24　存货期　inventory age
商品贮存在库房的时间段。

5.7.25 存货周转率 inventory turnover
产品销售成本与存货平均余额的比率,用以衡量一定时期内存货资产的周转速度。

5.7.26 过时存货 obsolete inventory
仍然拥有但没有任何理由继续保有的存货。

5.7.27 季节性存货 seasonal inventory
应付季节性需求的存货或因季节性变化而引起的存货。

5.7.28 平均存货 average inventory
若干期内的现有存货的总数除以若干期内的月份数。

5.7.29 期末存货 ending inventory
在一会计周期结束时,所拥有的存货。

5.7.30 实际存货 on-hand balance
存货记录上的现有存货。

5.7.31 完全存货 complete inventory
一种储存所有的品项以应付客户立即需求的存货策略。

5.7.32 缺货 out-of-stock
消费者购买时,零售商没有存货的现象。

5.7.33 缺货率 stock-out rate
缺货商品种类与商品数量的比率,是衡量缺货程度及其影响的指标。

5.7.34 缺货成本 out-of-stock costs
由于缺货造成的丧失销售的成本和延迟交货的成本。

5.7.35 缺货登记 want book
记录脱销商品或有需求商品的信息。

5.7.36 入库确认 input verification
确认货物已入库,并知道其储位。

5.7.37 订单频率 order frequency
订单中包含某项货品的频率。

5.7.38 订单拣货区 order pick storage area
物流中心人员收到订单后,进行拣货的区域。

5.7.39 越库 cross docking
货物从收货过程直接到出货过程,不经过仓储环节,其间用最少的搬运和存储作业,减少收货到发货的时间,降低仓库存储空间的占用,同时也降低货物的保管成本。

5.7.40 仓库管理系统 warehouse management system(WMS)
用来管理仓库内部的人员、库存、工作时间、订单和设备的操作系统。

6 财务管理

6.1 销售额 sale
通过销售给顾客的商品中所获得或产生的金额。

6.2 净销售额 net sale
销售总额减去因消费者退货而支付的资金得到数额。

6.3 费用回收 expense recovery
向承租商所收取的维护与修缮、电费、保全费用、保险费、税等。

6.4 净营运收入 net operating income
总收入扣除税收、保险、水电费、管理资、冷暖气费、修费及设备汰换费等营运支出费用后的收入。

6.5 销售成本 sale cost
销售商品的所有费用总和。

6.6 费用 expense
在经营过程中发生的各项耗费。

6.7 退换成本 alteration cost
退换带来的重新包装、装配或修理费用。

6.8 水电费用 utilities expense
商店公共区域费用的一种,包括电费、瓦斯费、油费、室外照明电费。

6.9 毛利 gross margin
净销售额减去销售成本后的余额。

6.10 毛利率 gross margin rate
毛利占销售额的比例,是衡量企业营运效率的指标之一。

6.11 毛利存货周转回报率 gross margin return on inventory (GMROI)
商品经营效益的一个综合指标,要求将毛利率和存货周转同时考虑,该指标计算公式为:毛利存货周转回报率＝企业综合毛利率×存货年周转次数＝企业综合毛利率/存货周转率。

6.12 净利润 net profit
毛利减去费用和损失后的总金额。

6.13 贡献毛利 contribution margin
总毛利减去所有商品经营费用。

6.14 会计成本法 cost method of accounting
在一张会计表格内记录每种商品的成本,或价格标签及货架上成本代码的方法。

6.15 销售面积　sale floor
展示产品和服务以及进行销售活动的区域。

6.16 米效　per linear meter sale
在超市货架上,陈列面直线长度上每延米实现的销售额。

6.17 坪效　per square meter sale
单位面积实现的销售额。

6.18 人效　per capita sale
平均每人实现的销售额。

6.19 销售效率比例　sale efficiency ratio
某一种类商品所占的卖场面积相对于其总销售的比例。

6.20 销售标杆　sales benchmark
一零售商店与另一零售商店比较其销售额、租金及其他统计数字。

6.21 同店铺销售　same store sale
开业一年以上的店铺的销售额。

6.22 日平均售量　daily mean sales (D.M.S)
单项货品日平均售量数。

6.23 财务报告　financial report
每月财务收支的报表,提供当月与累计的预算与实际收支情形。

6.24 财务总监　chief financial officer
企业内负责财务工作的负责人。

6.25 关键绩效指标　key performance indicator (KPI)
衡量营运效率的重要指标,如库存周转、坪效、人效等。

6.26 人工成本销售比　labor as percent of sale
是用来计算人工成本占销售额的一个指标,表示企业用工的效率情况。

6.27 钱包份额　wallet share
用于比较不同零售商或不同业态所拥有的消费者钱包中的份额。

6.28 账期　days of payment
零售商与供应商通过合同约定的在收到供应商货物后支付供应商货款的期限。

6.29 报损　damage report
由于破包、损坏等原因导致商品完全失去或不能维持其使用价值,按废品进行处理。

6.30 实效面积　actual space
在营业面积的基础上,删除公用过道等公共设施以外的面积。

7 现场管理

7.1 商品分类

7.1.1 单品　stock keeping unit（SKU）

商品的最小分类单位。

7.1.2 单品管理　SKU control

通过电脑系统对某一单品的毛利额、进货量、退货量、库存量等,进行销售信息和趋势的分析,把握某一单品的订货、进货情况的一种管理方法。

7.1.3 生鲜商品　fresh product

人们日常生活中所消费的商品,主要包括蔬菜、水果、水产、肉类、奶制品等。

7.1.4 农产品　agricultural produce

来源于农业的初级产品,即在农业活动中获得的植物、动物、微生物及其产品。

7.1.5 易腐商品　perishable product

常温下容易腐败、变质的产品。

7.1.6 报废　scrap

商品由于变质或破包、损坏而不能销售,需按废品处理。

7.1.7 产品生命周期　product life cycle

产品的市场寿命,即产品从进入市场到退出市场的过程,包括介绍期、增长期、成熟期、衰退期等阶段。

7.1.8 保质期　guarantee period

指产品在正常条件下的质量保证期限。

7.1.9 产品识别符号　logo

产品、服务或企业一致、独特的字样识别名称,经常伴随图画符号。

7.1.10 产品说明标签　fact tag

贴于产品外表,说明产品特性的标签。

7.1.11 称重标签　weight tag

称重商品特用的标签,一般内含商品名称、包装时间、单价、重量、保质期限等。

7.1.12 等级标签　grade labeling

在产品的包装上用以说明产品品质级别的标志。

7.1.13 降价卷标　off-price label

在商品上显示售价比原定价低的卷标。

7.1.14 款式　style

商品的特征、结构、轮廓、形状。

7.1.15 品类 category
易于区分、能够管理的一组产品或服务,消费者在满足自身需要时认为该组产品或服务是相关的或可以相互替代的。

7.1.16 品类管理 category management
零售商和(或)供应商把所经营的商品分成不同的类别,并把每类商品作为企业经营战略的基本活动单位进行管理的一系列相关的活动,它通过强调向消费者提供超值的产品和服务来提高企业的运营效果。

7.1.17 品类杀手 category killer
营业面积较大但商品品类经营较少的连锁专卖店。

7.1.18 商品深度 depth of merchandise
某一类别的商品不同品种的数量。

7.1.19 商品宽度 breadth of merchandise
零售商提供的不同商品类别的数量。

7.1.20 商品组合 merchandise mix
彼此紧密相关,用来满足特定消费层的需要、针对特定目标市场的商品。

7.1.21 商品种类 variety
零售商所销售的各种不同商品类型的数量。

7.1.22 商品组织结构 assortment
企业经营的不同品种、数量的商品构成情况。

7.1.23 交叉比率 cross ratio
衡量商品贡献度的方法之一,交叉比率=周转率×毛利率,通常以每季为计算期间,交叉比率低的为优先淘汰商品。

7.1.24 商品台账 product reckoning
记录每项商品基本信息的册子。

7.2 商品陈列

7.2.1 收货 receiving
商品到店后,店铺员工接收商品的过程,包括质量查验、数量核对等内容。

7.2.2 空间管理 space management
对于给定的空间或货架,实现商品组合最优、色彩效果最佳的管理过程。

7.2.3 陈列配置表 planogram
以书面表格规划的形式,体现商品排面在货架上的最有效的分配。

7.2.4 陈列定位管理 display positioning management
依照陈列配置表,将商品陈列位置固定,以便于辨识和管理。

7.2.5 先进先出 first in first out

先获得的商品先销售出去,留下存货的制造日期离现在越近,其价值越接近现在的重置价值。

7.2.6 后进先出 last-in first-out

后获得的商品先销售出去,使留下存货为最早的进货,使最近获得货品的成本和销售金额能匹配。

7.2.7 下货 drop

把商品从存货区拿出,放在销售区补货或者销售。

7.2.8 上架 display on shelf

把商品摆放在货架上。

7.2.9 动线 moving line

店铺的布局设计,便于顾客购买商品和扩大销售,同时便于商品上架。

7.2.10 黄金线 golden line

商品陈列时,最容易让顾客看到或拿到的区域,一般指肩膀以下至腰部以上的区域,高度约在80～120厘米左右。

7.2.11 陈列 display

商品的摆放方式。

7.2.12 关联陈列 cross display

为促进销售,将相关联的商品陈列在同一地区或附近。

7.2.13 垂直陈列 vertical display

同类商品集中垂直陈列于上下多层货架。

7.2.14 前进陈列 forward display

商品没有全部摆满货架的时候,利用先进先出原则,将商品向前排列,使排面充盈。

7.2.15 平行陈列 horizontal display

同类货品平行陈列多排于同一层货架。

7.2.16 堆头 floor mega-display

在商店的货架两侧、主通道、入口处、收银机旁等人流数量较多的位置大量摆放商品的陈列方式。

7.2.17 端架 end cap

货架两端的位置,通常用以陈列高利润的商品或特价的商品。

7.2.18 端架陈列 TG base display

利用端架进行的陈列,通常陈列促销商品。

7.2.19 大量陈列 mass display

在卖场辟出一个空间或将端架拆除,将单一商品或2～3个品项的商品作量化陈列。

7.2.20 比较性陈列 compare display
把相同商品,依不同价格、品牌予以分类,然后陈列在一起,供顾客选择。

7.2.21 理货 tally
对店铺内的商品进行整理的活动。

7.2.22 补货 replenishment
依照规定的陈列位置,定时或不定时地将缺货商品或陈列不足的商品,补充到货架上去的作业。

7.2.23 销售报告 sales report
按部门列出商品号、商品描述、价格、销售数量、销售额以及现有库存的已订购商品的数量,定期提交的报告。

7.2.24 荒草 discard goods
顾客散落在店铺内的零星商品。

7.2.25 拾零 collect
捡回顾客遗弃在各角落的零星商品。

7.3 商品盘点

7.3.1 盘点 counting
定期或不定期地对店内商品进行清点,以确实掌握该期间的经营绩效及库存情况。

7.3.2 盘点表 count sheet
盘点时所用的记录文件。

7.3.3 定期盘点 periodic inventory
每隔固定时间盘点各项存货。

7.3.4 实地盘点 physical inventory
到现场计数存货来确定存货的数量。

7.3.5 盘差 counting shrinkage/surplus
盘点中发现的商品记录与实际库存数量的差距。

7.4 商品定价

7.4.1 标价 ticketing and marking
制作价格标签并贴到商品上的过程。

7.4.2 大减价 riot selling
以大幅度的降价来销售商品。

7.4.3 改价 price amendment
更改商品的零售价或进货价格。

7.4.4 价格卡 price tag
用于标示商品售价并作定位管理的标牌。

7.4.5 尾数定价法 odd pricing
不以整数定价,而以零间结尾定价,使价格看起来低而更有吸引力的一种心理定价策略。

7.4.6 整数定价法 even pricing
按整数而非尾数定价,使商品品牌价值看起来更高的一种心理定价策略。

7.4.7 价格带 price line
商品的销售价格范围,以最低价格和最高价格上、下限为其价格宽度。

7.4.8 捆绑定价 price bundling
将两种或两种以上的不同产品或服务制定一个价格一起销售。

7.5 防损管理

7.5.1 损耗 shrinkage
由于雇员偷窃、顾客偷窃、损坏等引起的商品账面金额与实际盘存金额的差。

7.5.2 损耗率 shrinkage percentage
损耗占销售额的比例。

7.5.3 防损 loss prevention
防止和减少店铺的损失,预防和降低损耗的活动。

7.5.4 电子防盗系统 electronic article surveillance system (EAS)
在体积小、价值大、易于被盗的商品上附上一个电子防盗标签,在商场出口处设置检查门,当带有标签的商品未经收银台扫描通过检查门时,会立即报警的一种防盗系统。

8 营销策略

8.1 ABC分析 ABC analysis
将商品依畅销度排行,计算出每一项商品销售额构成比及累计构成比,以累计构成比为衡量标准,创造80%销售额的约20%的商品为A类商品;创造15%销售额的约40%的商品为B类商品;创造5%销售额约40%的商品为C类商品。

8.2 80/20原则 80/20 rule
零售业中,20%的商品创造80%销售额的一种理念,又叫帕累托原则(Pareto principle)。

8.3 长尾理论 the long tail
用于阐述个体微小需求对销售影响的一种理论,它认为,当商品储存流通展示的场地和渠道足够宽广,商品的生产成本和销售成本下降,那些需求和销量不高的产品所占据的共同市场份额,可以与主流产品的市场份额相比,甚至更大。

8.4 促销 promotion
零售商为吸引消费者、扩大销售而开展的营销活动。

8.5 商品企划 merichandising
在适当时间地点、就适当数量的适当商品,以适当价格销售的营销活动。

8.6 促销广告 promotional advertising
向潜在顾客宣传某些特殊销售活动的广告。

8.7 促销员 promoter
供应商为了更好销售、宣传其商品,而派驻店铺的员工,又称厂商信息员。

8.8 关联促销 cross-promotion
将不同但有一定关联的商品一起推广促销的方法。

8.9 促销车 promotion cart
专门用来在店铺中做商品展示、试吃等活动的设施。

8.10 促销服务费 promotion fee
依照合同约定,为促进供应商特定品牌或特定品种商品的销售,零售商以提供印制海报、开展促销活动、广告宣传等相应服务为条件,向供应商收取的费用。

8.11 销售点广告 point of purchase advertising (POP)
在店铺内,将促销讯息以美工绘制或印刷方式,张贴或悬挂在商品附近或显著之处,吸引顾客注意力并达成刺激销售之目的。

8.12 DM海报 direct mail (DM)
由连锁企业印制的、采取邮寄、定点派发、选择性派送到消费者住处等方式的宣传广告,又称手招。

8.13 插页广告 preprint
零售商出资印刷并夹在报纸中单独成页的广告。

8.14 换档 shift
更换相连两期DM海报的商品,同时更换相应DM海报商品的陈列、价格。

8.15 目录营销 catalog marketing
将包括图案、质地说明、价格及订单等多项内容的商品目录,按选好的顾客名单邮寄或者通过目录柜台陈列架发送给来店顾客,顾客根据目录选择商品,将订单邮寄给目录营销商或打电话、发邮件回复订购,销售商再将商品寄送到顾客手中并收款的零售类型。

8.16 折扣广告 off-price advertising
在特定促销期间推广折价商品的广告。

8.17 清仓 clearance
对品质有瑕疵的或滞销、积压、过季的商品进行降价处理的活动。

8.18 优惠券 coupon
顾客购买某商品时可以获得折扣的凭证。

8.19 会员卡 membership card
企业营销活动的重要载体,用于记录会员的个人资料、消费记录等信息。

8.20 贴花 applique
消费者收集产品或服务的购买凭证,达到活动规定的数量即可换取不同的奖励。

8.21 积分换购 cumulative points buying
将消费者购买商品或服务的消费金额换算为积分并记入消费档案,达到一定的积分即可换取或以优惠价格购买相应的商品。

8.22 积分回报 cumulative points rebates
根据顾客在一定时间内的购物金额,通过预定比例,借助系统计算,返还给顾客一定数量的现金或一定价值的商品。

8.23 叠加吸引力 cumulative attraction
通过一组相似或互补的活动使促销产生更大的吸引力。

8.24 搭配 tie-ins
吸引顾客注意力的售货方法,把一件商品和另一件联系起来销售。

8.25 价格促销 price promotion
以降价的方式促销产品,吸引客户购买,增加销售量。

8.26 产品线 product line
一组用途类似、价格在一范围内、可以组合起来一起作计划和营销,销售给类似客户的产品。

8.27 产品组合 product mix
一个企业生产或经营的全部产品线、产品项目的组合方式,包括四个变数:宽度、长度、深度和密度。

8.28 引导品项 leader item
以较低价格吸引较多购买者,以带来整体最大利润的商品。

8.29 同质产品 homogeneous commodity
对消费者来说,没有差别化,彼此可以替代的同类产品。

8.30 促销产品 promotional product
通过减价或其他方式以刺激销售的产品。

8.31 试吃(用)品 tasting (testing) sample
用来促进销售的、供消费者免费品尝或试用的商品。

8.32　赠品　free promotional product
为刺激销售,对购买一定数量或额度商品的顾客,所馈赠的商品。

8.33　自有品牌商品　private brand
零售商为建立商品差异化形象而选定某些商品,委托制造商生产加工,并冠以零售企业拥有和命名的品牌,在零售商自身渠道销售的商品。

8.34　畅销商品　fast selling merchandise
补货额度和订货频度高,销售量和订货量都大的商品。

8.35　滞销商品　slow-moving merchandise
销售效果不明显或很难卖出的商品。

8.36　冲动购买型商品　impulse merchandise
未经预先计划而购买的商品。

8.37　大众化商品　staple merchandise
顾客持续需求的商品。

8.38　店门摆放的零码商品　door busters
尺寸不全、大幅降价的少量商品。

8.39　耐用商品　durable merchandise
使用寿命长,可以多次使用的商品。

8.40　非耐用商品　non-durable merchandise
使用寿命短,购买后很快就被消耗掉的商品。

8.41　季节性商品　seasonal merchandise
销售额随季节变化而变化的商品。

8.42　减价品　discounted merchandise
在原有价格基础上削价出售的商品。

8.43　便利性商品　convenience products
消费者经常购买、且不用花费很多时间去选择的商品。

8.44　可立即销售的商品　floor-ready merchandise
零售商收到的已包含所有必要的标签、价格等,可立即展示销售,不需作任何准备作业的货品。

8.45　楼层就绪商品　floor-ready
不需要店铺员工做任何准备工作就能销售的商品。

9　消费者研究

9.1　商圈　trading area
以店铺所在地点为中心,沿着一定的方向和距离扩展,那些优先选择到该店来消费的顾客所分布的地区范围。

9.2 商圈分析 business zone analysis

对商圈的构成情况、特点、范围以及影响商圈规模变化的因素进行实地调查和分析,为选择店址、制定和调整经营方针和策略提供依据。

9.3 核心商圈 core zone

离店铺最近,顾客密度最高的区域。

9.4 次要商圈 secondary zone

除了核心商圈外的次要销售来源区域。

9.5 城市商业网点规划 commercial outlet planning

根据城市总体规划和商业发展的要求,对城市未来商业网点的商业功能、结构、布局和建设规模所做的统筹规划。

9.6 城市商业街 high street

沿城市道路两侧形成的、具备专业服务特色功能的商业聚集区。

9.7 中心商业区 central business district

担负城市商业中心和城市社交活动中心职能的地区,由城市中最繁华的街区与街道组成,为城市的商业零售中心。

9.8 次级商业区 secondary business district

城市中两条主要街道交叉口处的店铺聚集区,汇集至少一家百货商店和诸多的专业商店、杂货商店等。

9.9 huff模型 huffs model

用来确定居住在某个特定地区的顾客,到某个指定的商店或购物中心进行购物的可能性的分析模型。

9.10 团购 group purchase

一次性的大量购物。

9.11 环保消费者 green consumer

购买产品时关注环保因素的消费者。

9.12 来客数 transaction count

店内收银机所统计的某一段时间交易客数。

9.13 客单价 basket value

每一位顾客平均购买商品的金额。

9.14 神秘购物者 secret shopper

由连锁企业职员或企业委托的特定消费者乔装成购物者,来评测商店销售人员态度、商品管理与陈列技巧、商店布置情形等。

附录 连锁经营术语(SB/T10465—2008)

9.15 顾客档案 customer profile
顾客人口特性与购买形态、购买产品等信息的综合描述。

9.16 顾客服务部 customer service department
连锁企业中处理顾客需求和不满的部门。

9.17 顾客购买全过程 customer buying process
顾客购买商品或服务过程的每个阶段,包括需求确认、信息寻求、备选对象的评估和选择、购买及购买后评估。

9.18 冲动式购物 impulse buying
顾客在进入商店之前没有购买某种商品的意图,却在进入商店后购买某种商品的行为。

9.19 顾客退货 customer return
顾客根据相关法规退回的商品。

9.20 顾客折扣 customer allowance
顾客得到的额外价格折扣。

9.21 稽核 audit
为防止顾客遗漏商品,或避免收银员收款时发生错误,在顾客离开时对其所购商品进行核对的行为。

9.22 退款 refund
按照购买价格的一定比例把一定数额的现金退还给顾客的行为。

9.23 客户关系管理 customer relationship management (CRM)
企业整合所有的接触点,以及各种技术以加强销售、客户服务、企业资源规划等,从而获得、保持、增加客户,并增加收入和利润。

9.24 满意度 satisfaction
顾客对商店或产品满足其需求程度的消费后评价行为。

9.25 购物者拦截调查 shopper intercept survey
随机拦截购物者进行调查,以搜集购物行为相关信息的一种调查方法。

9.26 客源调查 point-of-original survey
了解店铺主要顾客来源的调查。

9.27 品牌忠诚度 brand loyalty
由于品牌质量、品牌文化等多种因素,使消费者对某一品牌形成偏好并长期购买这一品牌商品的行为。

9.28 商店忠诚度 store loyalty
顾客偏好同一商店,习惯性地光顾该商店的状态。

9.29 **客流量** passenger flow

进出商店的顾客数量。

9.30 **顾客终身价值** customer lifetime value

每位顾客在未来可能为企业带来的收益总和。

9.31 **购物常客计划** frequent shopper program

零售商为了增加顾客的忠诚度和重复购买而实施的一项促销服务项目,通常以折扣、奖品、或者某种优惠作为对顾客的回报。

主要参考文献

[1] 周勇.新编管理理念与实务[M].上海：立信会计出版社,1995.
[2] 周勇.连锁超市运作规范[M].上海：立信会计出版社,1997.
[3] 周勇.连锁超市经营[M].北京：中国商业出版社,1997.
[4] 周勇.连锁店经营管理基础[M].上海：立信会计出版社,2004.
[5] 周勇.连锁店经营管理实务[M].上海：立信会计出版社,2004.
[6] 周勇.连锁经营原理[M].2版.北京：高等教育出版社,2008.
[7] 周勇,张大成,池丽华.商业营运管理[M].上海：立信会计出版社,2010.
[8] 王琍,周勇.零售学[M].上海：立信会计出版社,2010.
[9] 张晔清.连锁经营管理原理[M].上海：立信会计出版社,2006.
[10] 方名山.连锁经营原理[M].北京：高等教育出版社,2008.
[11] 汤伟伟,姬敏.现代连锁经营与管理[M].北京：清华大学出版社,2010.